Découvrez l'histoire par les archives de presse

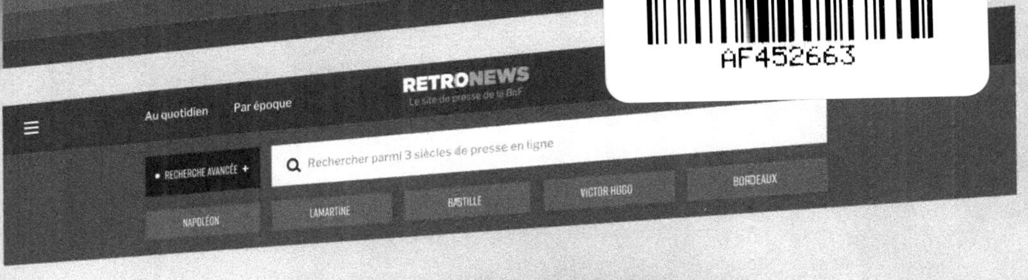

RETRONEWS

Le site de presse de la BnF

www.retronews.fr

JOURNAL D'ÉDUCATION

Physique, Morale, et Intellectuelle.

ENSEIGNEMENT
THÉORIQUE, PRATIQUE, ET POSITIF.

RECUEIL DIVISÉ EN DEUX PARTIES :

La 1re, destinée aux **PARENTS** et aux **PROFESSEURS**, sous le titre de *Pédagogie* (science de l'Éducation), et *Didactique* (art d'enseigner) ;
La 2me, adressée aux **ÉLÈVES DES DEUX SEXES**, sous le titre de *Connaissances diverses*, *Mélanges instructifs et amusants* ;

FONDÉ ET DIRIGÉ

PAR P.-A. CLOUZET AÎNÉ,

Professeur de Belles-Lettres, et Auteur de différents ouvrages didactiques.

14me ANNÉE : 1862-1863.

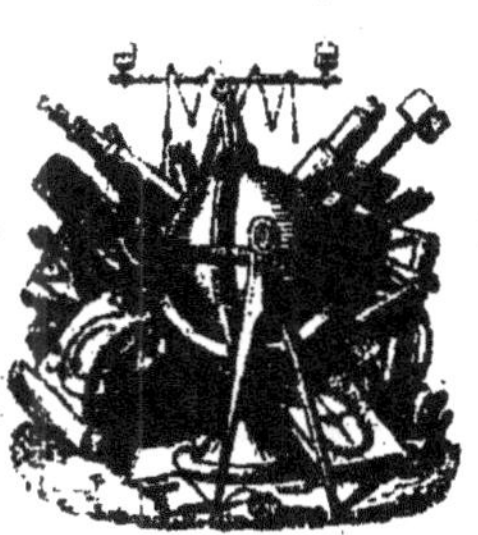

BORDEAUX,

IMPRIMERIE DE J. DELMAS, RUE SAINTE-CATHERINE, 139.

Le Bureau du *Journal d'Éducation* est rue Porte-Dijeaux, 45,
(A côté du Bureau du *Journal de Bordeaux*, près de la place Puy-Paulin.)

JOURNAL D'ÉDUCATION

PHYSIQUE, MORALE, ET INTELLECTUELLE.

CONDITIONS DE L'ABONNEMENT.

Le *Journal d'Education* paraît le 1er de chaque mois, par cahier de vingt-quatre pages in-8o, avec couverture imprimée.

Le prix de l'abonnement est de 10 francs par an, payables 5 francs tous les six mois, et d'avance.

On ne peut pas souscrire pour moins d'une année. — L'année commence le 1er Novembre.

Les abonnés *du dehors* paieront 50 c. de plus par an, pour recevoir le Journal par la poste (soit 25 c. de plus par six mois).

ON SOUSCRIT :

A Bordeaux, chez le Directeur, M. CLOUZET aîné, rue Porte-Dijeaux, 45, (à côté du Bureau de l'*Indicateur*, près de la place Puy-Paulin); — et chez les principaux Libraires.

A Paris, chez M. Jules TARDIEU, Libraire-Éditeur, rue de Tournon, 13.

JOURNAL D'ÉDUCATION

Physique, Morale, et Intellectuelle.

ENSEIGNEMENT

THÉORIQUE, PRATIQUE, ET POSITIF.

RECUEIL DIVISÉ EN DEUX PARTIES :

La 1re, destinée aux **PARENTS** et aux **PROFESSEURS**, sous le titre de *Pédagogie* (science de l'Éducation), et *Didactique* (art d'enseigner);

La 2me, adressée aux **ÉLÈVES DES DEUX SEXES**, sous le titre de *Connaissances diverses, Mélanges instructifs et amusants;*

FONDÉ ET DIRIGÉ

PAR **P.-A. CLOUZET** AÎNÉ,

Professeur de Belles-Lettres, et Auteur de différents ouvrages didactiques.

14me ANNÉE : 1862-1863.

BORDEAUX,

IMPRIMERIE DE BALARAC JEUNE, RUE D'ALBRET, 26.

1er **NOVEMBRE 1862.**

JOURNAL D'ÉDUCATION

PHYSIQUE, MORALE, ET INTELLECTUELLE.

14ᵐᵉ année. — Nᵒ 1ᵉʳ. — Novembre 1862.

1ʳᵉ PARTIE,
POUR LES PARENTS ET LES PROFESSEURS.

PÉDAGOGIE (OU SCIENCE DE L'ÉDUCATION.) *
DIDACTIQUE (OU ART D'ENSEIGNER.)

DES PUNITIONS ET DES RÉCOMPENSES,
Des Reproches et des Encouragements.

L'autorité se servant alternativement des reproches et des encouragements, des peines et des récompenses, pour appuyer ses volontés et soutenir son pouvoir, le succès qu'elle obtiendra de ses efforts dépendra en grande partie du judicieux emploi qu'elle fera de ces mobiles, de la manière sobre et motivée dont le blâme ou l'éloge seront dispensés, de l'exactitude qui sera apportée dans l'accomplissement des menaces de punitions et des promesses de récompenses ; de plusieurs autres circonstances enfin qui trouveront naturellement leur place dans le développement de ces points principaux.

Nous observerons d'abord que la fréquence, soit des éloges, soit des réprimandes, en affaiblit ou en dénature nécessairement l'effet. Si chacune des circonstances puériles qui se présentent constamment dans les premières années de la vie des enfants, est une occasion de louange ou de réprimande ; si on leur répète qu'ils sont sots ou qu'ils sont sages, qu'on les aime ou qu'on ne les aime plus, jusqu'à ce qu'ils soient blasés sur ces expressions,

---

(*) Le mot *Pédagogie* ne doit pas être pris en mauvaise part, comme le mot *pédagogue*. L'Académie définit ainsi le mot *Pédagogie* : *Instruction, éducation des enfants ;* puis elle ajoute : *La Pédagogie est un art fort important, qui exige beaucoup de raison, de lumières et d'expérience.*

ils arrivent au point de les entendre avec une parfaite indifférence, ou peut-être, suivant la plus ou moins grande mobilité de
leurs nerfs, sont-ils maintenus dans un état d'irritabilité également contraire au but que l'on a en vue. (')

Loue-t-on un enfant outre mesure, il finit par se faire un
besoin de cet encens qui flatte sa vanité et paralyse les ressources
qu'il eût trouvées dans sa propre énergie. D'autre part, des reproches trop réitérés ont la tendance bien plus fâcheuse d'aigrir
le caractère, de l'écraser sous le poids d'une sévérité habituelle.
Puis, lorsque les réprimandes ont perdu toute efficacité, on a recours pour les appuyer à des démonstrations de colère, peut-être
même à des moyens plus rudes encore; et de là à la perte de toute
influence salutaire sur le caractère des enfants, il n'y a qu'un
pas qui est bientôt franchi, aussitôt qu'il se mêle à ces corrections
un sentiment d'irritation personnelle.

Une punition infligée sous cette impulsion pourra bien contraindre un enfant à se soumettre, mais elle n'influencera jamais
sa volonté d'une manière durable ou efficace. Locke observe que
les enfants qui ont été châtiés le plus souvent deviennent rarement des hommes estimables; d'où il conclut que ce mode d'éducation, qui a d'ailleurs peu de résultats heureux, produit assurément beaucoup de mal.

Il faut donc s'efforcer d'agir par la douceur plutôt que par
l'intimidation, encourager plutôt que punir. Si le caractère particulier d'un enfant rend le choix impossible, il faut du moins
avoir toujours présent à l'esprit ce principe, que les punitions,
comme ces remèdes violents dont la Médecine est souvent forcée
de faire usage, sont nuisibles par leur nature même, et que l'effet
désiré une fois obtenu, on doit en cesser l'application pour revenir à un système plus doux.

On sent aisément d'après ce qui vient d'être dit, qu'il faut

(') La menace de n'aimer plus un enfant lorsqu'il désobéit, et la promesse de le reprendre en amitié lorsqu'il sera sage, sont au nombre de
ces expressions qui deviennent insignifiantes, parce qu'elles ne peuvent
être prises pour sérieuses ou sincères. Un enfant sait fort bien qu'il est
aimé de sa mère malgré ses défauts, et que l'affection qu'elle lui porte
ne peut pas varier à chaque fluctuation de sa sagesse. Pourquoi donc
accoutumer l'enfant à ne voir qu'un jeu dans une affection inaltérable?
Pourquoi le familiariser avec une menace qui n'est et ne peut être pour
lui qu'un vain son?

éviter avec le plus grand soin tout correctif trop violent, ainsi que tous ceux qui tendraient à effrayer l'imagination ; tels que l'usage dégradant du fouet, les corrections manuelles, l'emprisonnement dans un lieu obscur.

Le Maître d'une des écoles de petits enfants, les mieux dirigées de l'Angleterre, celle du quartier de Spitalfields à Londres, désapprouve hautement toute correction de ce genre, son expérience et ses nombreuses observations lui en ayant démontré les graves inconvénients. Il raconte à ce sujet, qu'étant un jour dans la salle commune de l'école, il vit entrer un enfant, qui se précipita dans ses bras en donnant tous les signes d'un effroi extrême : ses cris furent suivis de convulsions si violentes, que le Maître crut le voir expirer à ses yeux. Le petit malheureux avait jadis été puni par une maîtresse ignorante qui l'avait renfermé dans un endroit obscur, en lui disant qu'un *homme noir* viendrait l'y prendre ; la terreur avait produit sur sa frêle organisation une révolution subite qui avait failli lui coûter la vie. Depuis lors, ces accidents se renouvelaient chaque fois qu'il revoyait son ancienne maîtresse, ou qu'un objet quelconque lui rappelait les circonstances de la punition dont elle l'avait menacé.

S'il est nécessaire d'infliger une punition, l'on peut enfermer pendant un temps déterminé l'enfant rebelle dans une chambre où il soit seul, mais qui soit éclairée ; on peut le faire dîner à part, ou simplement lui faire subir les conséquences naturelles de sa faute : ainsi on lui enlèvera son fouet s'il en a frappé son frère ; s'il se montre exigeant à table on le servira le dernier et sans la moindre indulgence. Ces légers châtiments, infligés d'un ton net et décisif, auront généralement du succès, car c'est moins la sévérité d'une punition que sa certitude et son immédiate exécution qui font une impression salutaire ; il y aura infiniment moins de chance qu'un enfant en frappe un autre, s'il est moralement convaincu de voir sa faute suivie d'une punition peu sévère, mais immédiate, que s'il a la perspective d'une punition beaucoup plus rigoureuse, mais éloignée ou incertaine.

L'exactitude ne doit pas se borner à l'accomplissement des menaces ; l'observation des promesses exige non moins de ponctualité. Ce n'est point employer une expression trop forte que de dire qu'il faut être esclave de sa parole, car cette parole, il faut la tenir en son entier sans chercher à l'éluder par des motifs de convenance ou d'intérêt particulier. Une mère, qui a dit à son enfant que lorsque sa leçon sera terminée, elle lui rendra le jouet dont elle l'a privé momentanément, doit scrupuleusement maintenir sa parole, lors même que, par sa conduite subséquente, l'enfant n'aurait pas mérité cette indulgence ; s'il est nécessaire de le punir, il faut le faire sans enfreindre la parole antérieurement donnée, laquelle étant inviolable ne doit subir aucune altération. On sait que lord Chesterfield, ayant oublié qu'il avait promis à son fils encore enfant de le rendre témoin de la chute d'un mur que des ouvriers démolissaient, fit reconstruire le mur pour tenir, en le faisant abattre une seconde fois, la parole qu'il avait donnée. — (*).

EXTRAITS DIVERS
sur l'Éducation et sur l'Enseignement.

Instruis le jeune enfant *à l'entrée de sa voie* : lors même qu'il sera devenu vieux, il ne s'en détournera point.

(Proverbes de Salomon, XXII, 6.)

Les Règles, dit Condillac, sont comme des garde-fous mis sur les ponts, non pas pour faire marcher les voyageurs, mais pour les empêcher de tomber. — Si cela est, ainsi qu'il n'est pas permis d'en douter, il faut que les règles soient fort simples et en petit nombre. (Lacroix. — *Géométrie.*)

La *Géométrie* est peut-être, de toutes les parties des Mathématiques, celle que l'on doit apprendre la première ; elle me paraît très-propre à intéresser les enfants, pourvu qu'on la leur présente principalement par rapport à ses applications, soit sur le papier, soit sur le terrain. Les opérations de *tracé* et de *mesurage* ne manqueront pas de les occuper agréablement, et les conduiront ensuite, comme par la main, au raisonnement. (Le même.)

La *Géométrie* suppose peu ou presque pas de connaissance en

(*) Cet article est extrait d'un ouvrage traduit de l'Anglais, intitulé : *Essai sur l'Éducation de l'enfance.* (*Hints on education,* par Mrs HOARE.) — A Paris, chez Cherbuliez. (1 vol. in-8°, 1837.)

Arithmétique, et offre d'ailleurs les moyens de rendre palpables les opérations de cette dernière science. (Le même.)

Il me semble presque impossible de faire *un livre pour le* 1er *âge*, dans quelque science que ce soit. (Le même.)

On peut avoir trois principaux objets dans l'*étude de la vérité* : l'un, de la découvrir quand on la cherche ; l'autre, de la démontrer quand on la possède ; le dernier, de la discerner d'avec le faux quand on l'examine. (Pascal. — *Pensées.*)

En appelant, comme on le doit d'après l'étymologie de ces mots, *synthèse*, la marche suivant laquelle on procède du simple au composé ; *analyse*, celle par laquelle on revient du composé au simple, on verra que ces deux méthodes se rencontrent presque toujours ensemble : il n'y a même de connaissances complè-tes que celles qui résultent du concours de l'une et de l'autre ; mais elles varient un peu dans leur forme, suivant la nature des sujets auxquels on les applique. (Lacroix. — *Géométrie.*)

Les règles guident le génie, mais elles n'y suppléent pas ; s'il manque, elles ne peuvent plus servir de rien.

En enseignement, comme en beaucoup d'autres choses, il faut savoir attendre l'heure des fruits, l'heure de la moisson ; « *il faut*, » suivant une belle expression de Necker, *ne pas être envieux du* » *temps.* » — Un proverbe espagnol dit aussi : *Il faut donner le temps au temps.*

La première règle du bon sens dans l'art d'instruire, dit Marmontel, est de ne faire faire aux apprentis que ce qu'ils feront étant maîtres, en commençant par ce qu'il y a de plus simple et de plus facile. — Et cependant, combien de fois ne fait-on pas le contraire : on surcharge l'esprit des enfants d'une foule d'inutilités ; et l'on emploie pour les choses utiles, nécessaires, la marche la moins raisonnée, la moins logique !.....

Les observations d'un sot apprennent jusqu'à quel degré de simplicité il faut descendre pour être compris de tous

(La Bruyère.)

On se sert de la raison comme d'un instrument pour acquérir les sciences ; on devrait se servir, au contraire, des sciences comme d'un instrument pour perfectionner sa raison.

(Port-Royal.)

Populariser la science, ce n'est pas l'abaisser, c'est la rendre plus compréhensible, plus attrayante, la mettre à la portée de tous les esprits désireux de s'instruire, et lui donner une application utile et pratique.   (Feuchtersleben. — *Hygiène de l'âme.*)

L'homme n'invente rien. Gœthe a dit avec raison : Toute idée est une reproduction.   (Le même.)

HYGIÈNE DE L'AME.

Les Pensées suivantes sont extraites d'un ouvrage traduit de l'Allemand, dont nous avons déjà parlé à la fin de l'année dernière : *Hygiène de l'âme*, par Mr de FEUCHTERSLEBEN. (Voyez 13e année, p. 252.)—Nous en avons même donné un extrait intitulé : *De la mauvaise humeur* (p. 279). — Nous venons aujourd'hui citer quelques-unes des *Maximes et Pensées* qui terminent le volume :

1. Y a-t-il un art de prolonger la vie ? A ceux qui le connaissent, enseignez plutôt l'art de la supporter.

2. Tout le secret de l'art de prolonger la vie, c'est de ne pas l'abréger.

3. Toujours écouter, toujours penser, toujours apprendre, c'est par là que nous vivons. Qui n'aspire plus à rien, qui n'apprend rien, n'est pas digne de vivre.

4. La patience est l'appui de la faiblesse ; l'impatience est la ruine de la force.

5. Chaque homme porte en lui un germe de folie. La sérénité et l'activité de l'esprit sont les seules forces capables d'en empêcher le développement.

6. Le beau a droit à notre recherche et à notre amour ; le beau, c'est l'aliment du bien et de la santé.

7. Ce qu'il importe de conserver toujours, c'est moins la lumière de l'intelligence que le calme et la sérénité.

8. Recherchez la société des hommes dont le commerce vous rend plus apte à continuer le travail de la vie ; fuyez la contagion de celui qui laisse en vous du vide et de la faiblesse.

9. Les livres sont des lunettes à travers lesquelles on voit le monde ; elles sont nécessaires pour les yeux faibles dont elles fortifient et conservent la vue ; mais il vaut mieux pouvoir se passer de leur secours.

10. Hippel a dit : « La méditation profonde habitue l'âme à vivre en dehors de son enveloppe corporelle. Elle la prépare ainsi à la vie future. »

11. Un optimisme modéré, fruit naturel d'une saine philosophie, convient à l'hygiène morale. Quand on est mécontent du monde, on l'est de soi-même ; et, dans ce cas, comment échap-

per à la mauvaise humeur? comment conserver la santé de l'âme?

12. Il n'est personne qui n'ait eu quelque jour un bonheur inattendu. Songez aux caprices du sort, et vous ne désespèrerez jamais. Le souvenir fera naître en vous et entretiendra l'espérance.

13. Sachons nous traiter nous-mêmes comme Reil traitait, dit-on, ses malades. Entre ses mains, on pouvait perdre la vie, on ne perdait jamais l'espoir.

14. Loin de nous la prétention d'imposer à l'homme une complète égalité d'humeur. Il n'est piano si parfait qui ne puisse être discordé par l'humidité. Quand l'instrument est ainsi dérangé, il est difficile de bien jouer ; mais le virtuose y réussit encore, tant que les cordes ne sont pas toutes faussées ou muettes.

15. J'ai fait dernièrement une expérience très-significative sur les dispositions que détermine la clarté du jour. La lampe qui brûle pendant la nuit dans ma chambre à coucher, jetait de vives lueurs. Je m'éveillai, sans savoir quelle heure il était. Des idées graves et même sombres vinrent, comme d'habitude, s'emparer de mon âme ; elles éloignaient de moi le sommeil. L'horloge sonna : il était cinq heures. Je reconnus que la clarté que j'avais attribuée à la flamme de la lampe, était la lueur croissante du jour. Aussitôt la disposition de mon esprit se trouva changée. Les mêmes objets qui venaient d'attrister ma pensée, m'apparurent sous un aspect riant, et je repris courage. Ce changement fut très-sensible pour moi ; ce fut comme une secousse dans le cerveau.

16. « Je ne sais, mais j'aurais plus d'horreur d'un poison *noir* que d'une eau transparente comme celle-ci, » dit dans une pièce de Clara Gazul une jeune fille, qui près de s'empoisonner, regarde le breuvage limpide. Ces mots contiennent pour nous une leçon. Tout dépend de la couleur que nous donnons aux choses que le destin nous envoie.

17. Le vice fondamental de l'homme, c'est la paresse. Chez les gens éclairés, il se cache sous le masque d'un scepticisme froid, sombre, soi-disant philosophique, que représente d'une manière frappante le type de Hamlet. C'est une renonciation à soi-même, une maladie, une mort volontaire. Le réveil de l'énergie individuelle est la condition de la santé et de la vie.

18. La vertu, le bien-être résultent de la direction que l'on se donne à soi-même.

19. Vous qui avez réfléchi sur les phases de votre existence physique et morale, interrogez votre expérience et demandez-vous si les sentiments ne se règlent par sur les idées bien plus que les idées sur les sentiments.

20. Les défauts des premières années exercent, jusque dans l'âge le plus avancé, leur action physique ou morale ; il en est de même des bonnes qualités acquises de bonne heure.

21. Le millionnaire, dont l'esprit sans culture ignore le grand art d'user noblement de ses richesses et ne connaît pas d'occupation d'un ordre élevé, se fatigue dans la jouissance et le desir ; il éprouve vaguement le besoin de trouver quelque part une résistance capable d'éveiller son activité.

22. On n'a pas encore déterminé le degré de perturbation morale où commence la folie.

23. Un moyen essentiel peut conserver la santé, c'est de savoir apprécier et développer convenablement les avantages de chaque période de la vie : la fraîcheur de la jeunesse et son insouciance pleine de vigueur, la modération réfléchie de l'âge viril, le coup d'œil calme de la vieillesse. Les tourments de la pensée sont funestes pour un jeune homme, comme le sont pour un vieillard les emportements de la colère. La nature bienveillante a donné à chaque saison de la vie humaine des fleurs et des fruits qui lui sont propres.

24. Il ne serait pas moins salutaire de considérer avec attention et reconnaissance cette multitude de bienfaits inaperçus que nous prodigue sans cesse la générosité de la nature. L'homme se montre chaque jour froid et insensible à une foule de jouissances réelles dont l'appréciation lui donnerait une satisfaction durable. Des esprits délicats en ont fait souvent la remarque. Apprenons à tenir compte de tout ce qui nous arrive de bon et d'agréable, à goûter le bonheur de respirer, de voir la lumière, de sentir la douce chaleur du soleil ; à comprendre enfin que chaque journée d'existence est pour nous un présent de la nature auquel nous n'avons pas droit de prétendre.

25. Le bonheur de l'âme consiste en réalité à se posséder et à s'agrandir. J'en appelle à l'expérience de tout homme éclairé : à quel moment s'est-il senti le plus heureux ? n'est-ce pas à cette époque de la jeunesse où chaque jour révélait à son intelligence des mondes nouveaux et de nouvelles sphères d'idées ? Plus on avance en âge, plus ce bonheur devient rare. Les conceptions terrestres ont des limites visibles ; ce qui soutient le vieillard expérimenté, c'est le regard qu'il plonge au-delà du monde dans les régions de l'infini.

26. L'hypocondrie ne consiste pas seulement à se croire atteint d'un mal chimérique, mais encore à étudier avec un soin minutieux les maux qu'on éprouve réellement.

27. Sache vouloir, fais ce que dois : voilà en deux mots toute l'hygiène de l'âme. — (*)

(*) Extrait de l'*Hygiène de l'Ame*, par Mr DE FEUCHTERSLEBEN, Professeur à la Faculté de Médecine de Vienne. Traduit de l'Allemand sur la 20e édition, par le Docteur *Schlesinger-Rahier*. (In-12, 1860, 2e édition ; à Paris, chez J.-B. Baillière et Fils, rue Hautefeuille, 19.)— Prix : 2 francs.

CONNAISSANCES DIVERSES.
MÉLANGES INSTRUCTIFS ET AMUSANTS.

TAPE POUR TAPE, OU LA LOI DU TALION.
(Traduit de l'Anglais.)

> Œil pour œil, dent pour dent.
> (Moïse, — dans *Le Lévitique.*)

Il existe une loi d'ancien renom, elle vient de la nature, elle est de tous les pays : son nom latin est *lex talionis, loi du talion*; mais si, pour la désigner, quelqu'un a besoin d'un terme, qu'il donne une tape à son voisin, celui-ci lui en rendra une bonne sur le dos, et lui dira : *tape pour tape.*

Cette loi de la justice ne paraît pas appartenir seulement aux hommes, les éléphants lui obéissent également. A ce propos, je vous raconterai une histoire qui nous vient de la ville de Delhi.

Un majestueux éléphant, l'orgueil des états du grand Aurengzeb, allait un jour boire et se rafraîchir à la rivière ; son conducteur était assis sur le dos de l'animal, et comme il cheminait dans la foule, un de ses amis le régala d'une noix de coco en pleine maturité.

La noix de coco renferme un excellent fruit ; mais ce fruit est emprisonné dans une enveloppe fort dure. Impatient de manger l'intérieur, notre homme essaie d'ouvrir sa noix ; il s'efforce, travaille, s'acharne, et jure.

Enfin, tout-à-fait impatienté, il s'écrie : qui me donnera une pierre pour briser cette maudite enveloppe? mais, réfléchissant tout-à-coup: eh! n'ai-je pas ici, se dit-il à lui-même, un os bien dur qui me rendra ce service? puis, moitié sérieusement, moitié badinant, il heurte sa noix contre le front de sa monture.

L'éléphant a, tout comme nous, du discernement; il connaît la différence qu'il y a entre des paroles et des coups, entre un jeu brutal et un commerce de bons procédés. Usez-en bien avec lui, il fera de son mieux, et vous servira fidèlement ; mais il ne saurait digérer les insultes qu'il n'a pas provoquées ; il les médite et les paie dûment.

Faire de ma tête une enclume ! pensa le grand animal, ne fut certainement jamais le vœu de la nature ; ainsi, mon maître, vous vous en repentirez ; secouant ensuite ses larges oreilles, il continua son chemin. Le conducteur le mena à l'eau, et ne pensa plus à l'aventure ; mais l'éléphant la retint très-bien dans sa mémoire : il avait senti l'injure, et connaissait l'homme qui l'avait faite.

Une semaine ou deux se passent ; puis vient un jour de marché, où le conducteur et la bête cheminent de nouveau ensemble, entre deux rangs de boutiques et de baraques, où toutes sortes de vivres et de marchandises étaient étalées. Ils arrivent enfin à la loge d'un jardinier, devant laquelle étaient empilées des noix de coco. Ah ! se dit l'éléphant à lui-même, c'est à présent mon tour de montrer la manière de briser les noix de coco ; l'ami perché sur mon cou sera bien aise de l'apprendre.

Alors, il en prend une au tas avec sa trompe, l'élève au-dessus de sa tête, et la lance sur le malheureux conducteur, qui songeait alors à toute autre chose ; le coup fut si direct et si violent, que la noix craqua de partout, et avec elle le crâne qu'elle avait heurté.

Jeunes gens ! quand vous vous sentez enclins à prendre des libertés grossières, rappelez-vous le *tape pour tape*, et ne donnez pas un soufflet à l'éléphant, car il vous paierait de la même monnaie. — (*)

IMPROMPTU
fait dans une belle nuit d'été.

Tous ces vastes pays d'azur et de lumière,
Tirés du sein du vide, et formés sans matière,
Arrondis sans compas, et tournant sans pivot,
Ont à peine coûté la dépense d'un mot.

(Voltaire.)

(*) Extrait des *Soirées au logis*, ouvrage traduit de l'Anglais (de J. AIKIN et MISTRISS BARBAULD). 5 Volumes in-12.

EXERCEZ-VOUS A LA PATIENCE.

Les impatients n'ont jamais rien gagné.

La patience est une vertu qui nous fait supporter un mal qu'on ne saurait empêcher. (Diderot.)

La patience est le courage de la vertu. (L'Abbé de Saint-Pierre.)

La patience est pour l'âme comme un trésor caché. (Publius Syrus.)

La patience est amère, mais le fruit en est doux. (J.-J. Rousseau.)

La patience épure le sang et calme l'esprit. (Rulhière.)

Il s'est grandement trompé celui qui a cru pouvoir appeler la patience *la force des faibles*; car il faut être bien fort pour être toujours modéré, toujours patient. (Descuret.)

La patience est la mère de l'indulgence, si nécessaire dans toutes les positions sociales. Une sotte vanité persuade à quelques gens qu'il y va de leur gloire de ne rien endurer; mais l'expérience journalière nous montre que l'homme doux et patient intéresse tout le monde, et qu'on l'estime bien plus que celui qui se laisse emporter par la colère. (Giraud.)

La patience est une vertu obscure, mais de première nécessité, et d'un usage si fréquent dans la vie, que sans son aide nous succomberions bientôt sous le poids des maux et des peines qui accompagnent l'humanité. (Sanial Dubay.)

Les plus grands hommes sont les plus patients.

Les hommes du meilleur commerce sont les plus patients.

Les plus patients dans le commerce de la vie sont les plus heureux. (L'Abbé de Saint-Pierre.)

Il faut apprendre à tirer parti de tout, du bien et du mal, et faire en sorte qu'à « quelque chose malheur nous soit bon. » C'est ainsi qu'agissait Socrate. On sait qu'il avait une femme d'un caractère opiniâtre, taquin et querelleur. Alcibiade, étonné des caprices et de l'incessante mauvaise humeur de celle-ci, demanda à Socrate comment il ne chassait pas une si méchante femme.— « Parce que, répondit le Philosophe, en la souffrant ainsi chez moi, j'exerce ma patience et je m'habitue à supporter plus facilement au dehors les sottises et les mauvais traitements d'autrui ; j'imite ces cavaliers qui prennent un cheval fougueux pour le dompter, afin de monter ensuite plus facilement les autres.   (D. Caron.) — (')

Nous devenons chaque jour plus impatients. Ce n'est pas étonnant ; tout nous y porte : la vapeur, l'électricité..... Nous voulons arriver à la fortune avec la même rapidité. Le moyen, avec cela, d'avoir de la patience, et de laisser faire au temps !... — C'était bon autrefois ; mais aujourd'hui c'est bien différent : nous voulons, non pas marcher, mais *courir* avec le siècle.

LA FEUILLE FLÉTRIE.

Pourquoi tomber déjà, feuille jaune et flétrie ?
J'aimais ton doux aspect, dans ce triste vallon.
Un printemps, un été furent toute ta vie ;
Et tu vas sommeiller sur le pâle gazon.

Pauvre feuille ! il n'est plus le temps où ta verdure
Ombrageait le rameau dépouillé maintenant.
Si fraîche au mois de mai ! faut-il que la froidure
Te laisse à peine encore un incertain moment !

L'hiver, saison des nuits, s'avance et décolore
Ce qui servait d'asile aux habitants des cieux ;
Tu meurs, un vent du soir vient t'embrasser encore :
Mais ses baisers glacés pour toi sont des adieux.

                                             (Elisa Mercœur.)

CONTRASTES.
(Sujet d'un tableau.)

Sur un riche tapis, une belle rose se fane près d'une tête de mort ; et dans ce crâne, erre à plaisir une gracieuse vipère.....

(') Extrait de *La Science pratique de la vie: Hygiène physique et morale; Préceptes, Règles de conduite;* par L. J. LARCHER. (In-12, 1859 ; à Paris, chez Magnin, Blanchard et Cᵉ, rue Honoré-Chevalier, 3.) Prix : 3 fr.

UNE COLLECTION DE FAUTES D'ORTHOGRAPHE.

Nous avons vu cette semaine, raconte M. Paul d'Ivoy, une
bien précieuse collection d'autographes. Celui qui la possède est
un journaliste émérite qui a une réputation très-grande et très-
méritée. Cette collection n'est pas très-nombreuse, elle ne se compose que de quatre-vingt-deux pièces. Du reste, elle est nécessairement très-restreinte par sa nature même : c'est une collection presque complète d'autographes d'Académiciens. Cette collection, commencée en 1838, ne contient que des autographes
des Académiciens qui vivaient alors, et de ceux qui leur ont suc-
cédé depuis.

Ce qui fait le mérite et la singularité de cette petite réunion
d'autographes, ce n'est pas précisément le nom ni l'importance des
signataires ; ce qui en fait la valeur réelle, c'est que chacune des
épîtres qui la composent contient un certain nombre de fautes de
français, ou au moins de fautes d'orthographe ; trois seulement
ne contiennent qu'une faute chacune :

1º Une lettre de Victor Hugo, où *aperçu* est écrit avec deux *p*.

2º Une lettre de Lamartine, où *amulette* est mis au féminin,
tandis qu'amulette est un substantif masculin, malgré sa rime
féminine.

3º Une lettre de M. Émile Augier à une illustre tragédienne,
où *tu aimes* est écrit sans *s* à la fin.

Une seule lettre de toute la collection ne contient pas une seule
faute. Il est vrai que cette lettre ne se compose que d'un seul mot
et d'une signature.

Voici cette lettre textuelle :

« Oui.

« Jules Sandeau. »

Cette lettre est une réponse concise à la lettre d'un ami qui
écrivait à l'auteur de *Mademoiselle de La Seiglière* :

« Veux-tu venir dîner avec moi ce soir ? ».

Notez que cette collection ne remonte pas, comme je vous l'ai
dit, au-delà de 1838, et qu'on n'y voit figurer aucune lettre des
Académiciens grands seigneurs d'autrefois ; du temps, par exemple, où Villars ne savait pas écrire, ni lire ce qu'il était parvenu
à griffonner ; du temps où le Maréchal de Saxe écrivait au Maré-

chal de Noailles qu'on lui avait offert d'être de l'Académie française, et ajoutait :

« Je ai rpondut que se la mallet comme une bage à un chat. » Pourcoy nan aites vous pas ? Je crain les ridiqules,et se luy si » man paret un... »

Au reste, beaucoup d'écrivains très-distingués ont singulièrement négligé leur orthographe ; Picard, entre autres, semait ses lettres et ses manuscrits de fautes plaisantes.

Lorsqu'on lui reprochait ses négligences, il avait l'habitude de répondre :

— Ce n'est pas négligence, c'est ignorance. Je suis académicien, mais non grammairien.

Je reviens à la collection des autographes sans orthographe :

Une lettre de Charles Nodier et une lettre d'Alfred de Musset contiennent deux fautes chacune ; une lettre de M. de Sainte-Beuve, trois fautes ; une lettre de M. Saint-Marc-Girardin, trois fautes ; une lettre de M. Mérimée, quatre fautes, mais des fautes de ponctuation seulement ; une lettre de M. de Vigny et une lettre de M. Empis, quatre fautes ; une lettre de M. Lebrun, cinq fautes ; une lettre de M. Ponsard, cinq fautes ; une lettre de Charles Brifaut, sept fautes ; une lettre de M. Ancelot, huit fautes ; une lettre de Châteaubriand, neuf fautes ; une lettre de M. Scribe, treize fautes : trois fautes de français, cinq fautes d'orthographe proprement dites, un accent et quatre points ou virgules omis.

Une de ces lettres contient quarante-sept fautes. Elle a trois pages, il est vrai. Elle est de l'un de nos écrivains les plus distingués, les plus spirituels et les plus purement élégants. Je ne le nommerai pas, pour ne décourager personne.

Au reste, ces lettres-là seront un jour publiées. Leur possesseur veut en faire un recueil sous forme d'album ; elles seront reproduites en *fac simile* ; il n'attend pour faire cette publication que d'avoir trouvé trois ou quatre lettres qui manquent, pour que sa collection soit complète. Il lui manque entre autres deux autographes d'Académiciens vivants : un autographe de M. Cousin et un de M. le duc de Noailles ; ces deux messieurs sont donc, avec M. Jules Sandeau, les seuls qui soient, jusqu'à nouvel ordre, à l'abri de tout reproche. — (*)

(*) Extrait du *Musée des Familles*.

EXEMPLE FRAPPANT DE SOUVENIR CHEZ UN CHIEN.

On a souvent cité le lion d'Androclès. Voici peut-être un trait aussi curieux :

M. Pibrac, chirurgien célèbre, qui vivait encore peu avant la Révolution, trouve un soir près de sa porte un très-beau chien qui avait la patte cassée et que la douleur accablait — Il le fait ramasser, le recueille, lui remet la patte, le panse, le soigne, et le guérit. Pendant et après ce traitement, le chien lui témoignait une extrême reconnaissance ; M. Pibrac croyait se l'être attaché pour jamais.

Mais ce chien avait un autre maître, et chez eux la première affection est toujours prédominante : elle dure la vie.—Lorsque le convalescent commence à pouvoir courir, il sort et ne revient plus. M. Pibrac regrettait presque sa bonne action : *qui aurait cru,* disait-il, *qu'un chien pût devenir ingrat ?*

Cinq à six mois s'étaient écoulés, quand le chien reparut à la même porte, et y couvre des plus vives caresses M. Pibrac, qui le revoit avec plaisir et veut le faire entrer. Au lieu d'entrer, le chien alternativement lui léchait les mains et le tirait par son habit comme pour lui montrer quelque chose... C'était une chienne de ses amies dont la patte était cassée, et qu'il amenait à son bienfaiteur pour être guérie comme il l'avait été.

(Bory de St-Vincent. — *Instinct et mœurs des animaux.*)

CHAQUE SOIR, INTERROGEZ VOTRE CONSCIENCE.

Quand l'heure du sommeil vient fermer ta paupière,
Sur le jour qui n'est plus, porte un regard sévère ;
Sur le bien, sur le mal, interroge ton cœur ;
Sois toi-même ton juge et ton accusateur :
Le repentir du mal te rendra l'innocence,
Le souvenir du bien sera ta récompense.

(Vers dorés de *Pythagore,* traduits par *De Lachabeaussière.*)—(*)

(*) Les *Vers dorés* de Pythagore sont des préceptes moraux.

DES PLAISIRS DE L'ESPRIT ;
Ils sont bien supérieurs aux plaisirs du corps.

Malheur à ceux qui, par le mot de plaisirs, n'imaginent que ceux des sens! Faute de connaître les plaisirs de l'âme qui durent, ils courent après des plaisirs passagers, qui ne dépendent pas d'eux et qui finissent précisément dans le temps qu'ils en auraient le plus besoin pour adoucir l'amertume de leur vie. Il n'y a que l'étude et les connaissances qui élèvent les hommes à l'heureux état de goûter des plaisirs parfaits. La vue des belles choses et l'admiration qu'elles excitent deviennent des sources intarissables de plaisirs. L'esprit ne s'use pas, il se perfectionne par l'usage qu'on en fait.   (Saint-Évremond.)

QUELQUES BEAUX VERS RETROUVÉS.

Voici de magnifiques vers, trouvés dans un monastère de Laval, au-dessous d'une tête de mort, peinte par un des trappistes :

> Squelette, qu'as-tu fait de l'âme ?
> Lampe, qu'as-tu fait de ta flamme ?
> Cage déserte, qu'as-tu fait
> De ton bel oiseau qui chantait ?
> Volcan, qu'as-tu fait de ta lave ?
> Qu'as-tu fait de ton maître, esclave ?

Les critiques érudits et les savants se mettent aussitôt l'esprit à la torture, et chacun d'eux attribue à un poète du 17e ou du 18e siècle ces vers énergiques, dont ils reconnaissent parfaitement la facture. Une polémique s'organise dans les journaux... et, un beau jour, la question arrive dans le salon de Mme Anaïs Ségalas :

— Mais, s'écrie la charmante femme-poëte, ces vers *magnifiques*, ces vers que vous trouvez marqués au coin du grand siècle.....

— Hé bien ?

— Je sais de qui ils sont !

— Et de qui donc, s'il vous plaît ?

— De moi !

Et c'est la vérité. Seulement, quelque touriste les aura un jour gravés, avec infiniment d'à-propos, au-dessous de la tête de mort du trappiste de Laval, et de là l'erreur et la discussion relative à leur origine.

Ces vers, pour être de Mme Anaïs Ségalas, en sont-ils moins bien inspirés, moins énergiques, moins beaux ? Non, sans doute; mais si on l'eût nommée tout d'abord, cela eût infiniment diminué leur mérite réel aux yeux d'une foule de gens, car il n'est pas seulement vrai que nul n'est prophète dans son propre pays, mais surtout que nul n'y est prophète de son vivant !

Et, à propos de couvents, voici également des vers de Molière restés longtemps inédits, et que l'on relira ici avec plaisir.

Ces vers ont été découverts au Cabinet des estampes de la Bibliothèque impériale (tome Ier de l'œuvre de Chauveau), au bas d'une gravure de Ledoyen, faite d'après ce dessinateur, et qui représente la Confrérie de l'Esclavage de Notre-Dame-de-la-Charité, établie en l'église des Religieux de la Charité, par notre saint-père le pape Alexandre VII, en 1665 :

Brisez les tristes fers du honteux esclavage
Où vous tient du péché le commerce honteux,
Et venez recevoir le glorieux servage
Que vous tendent les mains de la Reine des cieux.
L'un sur vous à vos sens donne pleine victoire,
L'autre sur vos desirs vous fait régner en roi ;
L'un vous tire aux enfers, et l'autre dans la gloire ;
Hélas ! peut-on, mortels, balancer sur le choix ?

(J.-B. Poquelin de Molière.) — (*)

LE VÉRITABLE BONHEUR DE L'HOMME.

On n'est heureux ni par la fortune, ni par les dignités, ni par le savoir, ni par les plaisirs du monde, ni par la solitude; mais on est heureux par le témoignage d'*une conscience sans reproche*: c'est là que se trouvent la paix, le plaisir solide de l'âme, le bonheur; et dans cette matière, nos écrivains sacrés se sont montrés bien plus éclairés que tous les sages de l'Antiquité. Ce bonheur est au pouvoir de tous, et il n'est au pouvoir de personne de nous le ravir: il est indépendant de tous les accidents de la vie hu-

---

(*) Extrait du *Musée des Familles.*

maine, il reste dans nous quand tout périt autour de nous. L'homme vertueux peut bien souffrir ; mais, dans le calme de son âme pure, il ne voudrait pas changer sa destinée contre celle des méchants qui sembleraient être les plus heureux des mortels.

(Frayssinous.)

ESPRIT ET BON SENS,
ou Recueil de Pensées, Maximes, Réflexions sur divers sujets,
Extraites de différents auteurs.

1. Il y a des gens qui répètent des opinions, et qui n'en ont point ; c'est pour cela qu'il faut une morale publique, des doctrines publiques, afin qu'ils ne répètent que de bonnes opinions.

2. Les belles poésies et les belles pensées qu'on apprend et qu'on récite souvent, entretiennent l'esprit dans une certaine élévation qui ennoblit le style de ceux qui écrivent, et inspirent de grands sentiments. (Gassendi.)

3. Dans le monde, la part des gens de Lettres est la meilleure, parce qu'ils n'ont pas le loisir de s'ennuyer, ni même de se plaindre de tout ce qui afflige les autres jusqu'au fond de l'âme.

4. Les Lettres embellissent la vie, ornent l'esprit, élèvent l'âme, polissent les mœurs, forment le cœur, chassent l'ennui, calment les chagrins, et procurent mille douceurs.

5. Toutes les fois qu'on a mêlé un calcul à une bonne action, le calcul n'a pas réussi.

6. La Providence a sagement placé au bout de toutes les joies de ce monde, pour peu qu'elles soient illégitimes, un déboire qui leur sert de contre-poids. (P.-J. Sthal.)

7. Eussiez-vous l'âme aussi ardente que le foyer de l'Etna, si vous avez un père, une mère, une femme, des enfants, vous ne pouvez redouter les anxiétés de l'ennui. Par le sentiment, nous jouissons de la nature, de la patrie, des hommes qui nous environnent : Voilà les seuls, les vrais plaisirs de la vie, et dont rien ne peut nous distraire ni nous indemniser. (Napoléon.)

8. L'art d'être heureux est celui de distribuer l'espérance sur toute sa vie. (Mme Necker de Saussure.)

9. Parmi les gens qui passent pour avoir de l'esprit, il y en a beaucoup qui ne peuvent dire quatre mots de suite sans dire une sottise.

10. Le monde dit : *Tuez le temps !* L'Évangile dit : *Rachetez le temps !*

11. Le bien ne fait pas de bruit, et le bruit ne fait pas de bien.

12. *Le chat ne vous caresse pas, il se caresse à vous,* a dit un spirituel écrivain. Combien cela fait penser aux égoïstes, qui, jusque dans l'amitié, ne recherchent qu'eux-mêmes !.....

13. La vie est un prêt dont, souvent, on paie bien cher les intérêts.

14. Le monde est un vaste cimetière où des races mourantes marchent et se promènent sur des races éteintes.

15. Un honnête homme a presque toujours plus d'esprit qu'il ne lui en faut ; un fripon n'a pas assez de tout son esprit.

16. Les mendiants et les flatteurs diffèrent en un point : Ceux-là vont nu-pieds ; et ceux-ci, nu-tête.

17. Si la loi est la justice écrite, comme le dit M. de Lévis, on peut ajouter : Le juge est une loi parlante ; la loi, un juge muet.

18. Les hommes, après avoir occupé un peu plus de terrain les uns que les autres, vont tous ensemble dans un abîme où l'on ne reconnaît plus les rangs qui les distinguaient.

19. La beauté est une lettre de recommandation dont le crédit n'est pas de durée.

20. Nous naissons dans les pleurs, nous vivons dans les plaintes, et nous mourons dans les regrets.

21. Savoir, c'est pouvoir.   (Bacon.)

22. Personne n'est parfaitement heureux, à moins qu'il n'ait ceux qu'il aime pour témoins de son bonheur.

23. C'est lorsque nous sommes éloignés de notre patrie que nous sentons l'instinct qui nous y attache.

24.   A tous les cœurs bien nés que la Patrie est chère !
                    (Voltaire, — dans *Tancrède.*)

25. Pouvoir vivre avec soi-même, et savoir vivre avec les autres, c'est la science de la vie.

26. Voir les choses ce qu'elles sont, et les estimer ce qu'elles valent, c'est le moyen de ne pas éprouver de désappointement.

27. Quoiqu'il y ait une foule de passions qui divisent les hommes, ils s'entendent tous dès qu'il s'agit de leurs intérêts.

28. Je ne connais de biens que ceux que l'on partage.

(Florian.)

29. Le spectacle de la mer fait toujours une impression profonde ; elle est l'image de cet infini qui attire sans cesse la pensée, et dans lequel sans cesse elle va se perdre.

(Mme de Staël.)

30. La vie est un long sacrifice.

31. Le bonheur est dans l'observation du devoir.

32. Qui remplit ses devoirs augmente ses plaisirs.

(Morel de Vindé.)

33. Le souvenir des soins rendus à ceux qu'on a aimés, est la
seule consolation qui nous reste, quand on les a perdus.

34. Si quelque chose peut nous consoler de la perte d'un ami,
c'est le souvenir que nous gardons à sa mémoire ; c'est ce culte
pieux et pur que les cœurs sensibles et aimants rendent aux
qualités morales et intellectuelles de celui qui n'est plus et qu'ils
n'oublieront jamais......

(*La suite au prochain Numéro.*)

L'AUMONE.

Voici venir, mes sœurs, le dernier mois d'automne ;
Un beau jour maintenant est rare et passager :
Le pauvre, demi-nu, des premiers froids s'étonne ;
    Travaillons pour le soulager.

La fortune ici-bas n'est pour nous qu'une épreuve.
Qui possède beaucoup doit donner beaucoup d'or,
Et qui possède peu devra donner encor ;
C'est le cœur qui fait tout ; le denier de la veuve
    Sera compté comme un trésor.

Donnons, mais sans éclat, et même avec mystère ;
Là-haut veille, mes sœurs, un témoin précieux ;
Donnons : ce qu'on répand d'aumônes sur la terre
    S'amasse en trésor dans les cieux.

(Guiraud. — *Chants élégiaques.*)

Bordeaux, Imprimerie de Balarac jeune, rue d'Albret, 26, près la Mairie et la Cathédrale.

JOURNAL D'ÉDUCATION

PHYSIQUE, MORALE, ET INTELLECTUELLE.

14ᵐᵉ année. — Nº 2. —Décembre 1862.

1ʳᵉ PARTIE,
POUR LES PARENTS ET LES PROFESSEURS.

PÉDAGOGIE (OU SCIENCE DE L'ÉDUCATION.)
DIDACTIQUE (OU ART D'ENSEIGNER.)

ÉTUDIEZ LE CARACTÈRE DES ENFANTS.

Vous saurez employer avec succès les ressorts de la crainte et
et de l'amour, si vous connaissez parfaitement le caractère des
enfants confiés à vos soins. Les enfants ont des traits généraux
qui leur sont communs à tous ; mais il est une infinité de traits
particuliers qui les différencient. Il n'est peut-être pas plus
difficile de trouver deux feuilles d'arbres entièrement semblables
que deux caractères d'enfants parfaitement jumeaux.

Tâcher de les réduire tous au même niveau, ce serait vouloir
forcer la nature ; chercher à les diriger par les mêmes ressorts,
ce serait tenter l'impossible. Étudiez donc soigneusement tous
ces caractères divers ; recueillez tous les renseignements que
leurs parents, leurs voisins, leurs amis pourront vous trans-
mettre ; observez-les sans affectation dans les promenades et
dans les jeux, où le naturel, affranchi des contraintes de la classe, éclate dans sa liberté ; gagnez leur confiance, et obtenez d'eux
la révélation des secrètes pensées de leurs cœurs. Par une telle
étude, vous parviendrez à les bien connaître, et vous emploierez
avec chacun d'eux les moyens les plus appropriés à sa nature.

Il en est dont le naturel vif et enjoué ne sait rien prendre au
sérieux, et dont les fautes, toujours causées par la légèreté, sont
à peu près sans conséquence.

Il en est d'autres dont l'humeur est sombre et farouche, et qui, lorsqu'ils font le mal, le font avec une préméditation coupable.

Chez quelques-uns un extérieur doux, modeste et docile est l'indice des qualités les plus heureuses ; chez d'autres, ces mêmes dehors cachent une hypocrisie profonde et servent de voile à tous les vices.

Il y en a (j'ose à peine le dire) à qui il ne faut jamais montrer d'amitié : l'affection qu'on leur témoigne les rend orgueilleux et insolents.

Il y en a qu'il faut bien se garder de blesser par un mot un peu vif : ils s'en exagèrent l'importance, se croient en butte à l'indifférence et au mépris, se découragent et ne travaillent plus.

D'autres, au contraire, languiraient s'ils n'étaient réveillés par des paroles vives ; sans cette animation extérieure du maître qui se communique à eux, ils s'endormiraient dans une incurable apathie.

Il en est à qui il faut parler avec une familiarité amicale, qui les anime et les remplit de joie et d'espoir.

Avec d'autres, la voix doit toujours être grave, le maintien sévère : il faut les tenir à distance.

Il en est que la crainte retient, d'autres qu'elle abrutit et décourage.

Il en est de si ardents, de si impétueux, qu'il faut les modérer même dans le bien et employer sans cesse avec eux la bride et le mors.

Il en est qu'il faut savoir deviner, et qui, sous un extérieur presque stupide, cachent un esprit pénétrant et une sensibilité profonde.

Je m'arrête ; car vouloir détailler les traits qui différencient tous les caractères des jeunes élèves, ce serait entreprendre une tâche infinie.

On me dira peut-être : « Parmi ces caractères divers, il en est de bien peu aimables : l'apathique, l'indifférent, celui qu'une juste sévérité exaspère, celui qu'une bonté indulgente enhardit au mal, méritent-ils qu'on se donne tant de peine pour eux ? Ne suffit-il pas de les contraindre tous à l'obéissance par la rigueur ?

Ce n'est pas vous qui vous permettrez une telle objection. Vous savez qu'un maître qui agirait inconsidérément envers ces jeunes esprits, les pousserait infailliblement au mal, et que le seul moyen de les améliorer, c'est d'user avec chacun d'eux du remède qui peut le guérir.

Que penserait-on d'un médecin qui ne daignerait pas consulter le tempérament de ses malades, et qui appliquerait indistinctement à tous le même traitement ? Ne le regarderait-on pas avec raison comme un assassin ? Un maître qui agirait de même ne pourrait-il pas à juste titre être considéré comme le meurtrier de ces jeunes âmes qu'on lui confie ?

Dans les commencements de votre exercice, vous vous tromperez peut-être plus d'une fois dans l'appréciation des caractères. Dès que vos propres observations ou les sages remontrances d'un supérieur ou d'un ami vous auront averti de votre erreur, hâtez-vous de la réparer. Plus vous avancerez dans le caractère, plus vos fautes deviendront rares. Vous acquerrez insensiblement et ce tact qui fait apprécier promptement et sûrement les caractères, et cette habitude qui fait que, presque sans y penser, on emploie instinctivement avec chacun d'eux le moyen qui doit réussir.

(Th. H. Barrau.)

UN MOYEN

pour faire apprendre vite l'Histoire de France, dans une École.

Je lisais l'autre jour cette pensée de Locke : « Pour moi, j'ai » toujours cru qu'on pouvait faire aux enfants un plaisir et un » divertissement de *tout* ce qu'on leur enseigne, et qu'on ne devrait » leur proposer l'étude que comme une chose amusante et diver- » tissante. »

J'en demande pardon au philosophe anglais , mais je ne saurais être de son avis. Vouloir faire un jeu continuel de l'étude, vouloir qu'elle ne présente qu'un aspect agréable, est une véritable utopie. Cette idée peut venir à l'esprit d'un penseur, mais les maîtres intelligents savent qu'elle n'est pas applicable dans la pratique.

Qui ne sait, du reste, que le jeu a ses dégoûts et ses ennuis comme le travail, et qu'un enfant qu'on obligerait à toujours jouer ne s'en montrerait pas plus heureux ? D'ailleurs, tous les essais qui ont été faits jusqu'à ce jour du système exclusif d'instruire en jouant, ont prouvé la vérité de ce que j'avance ; j'irai plus loin, et je dirai que, lors même que ce système réussirait, (ce qui n'est pas et ne peut être), il serait dangereux de l'appliquer. L'enfant bientôt deviendra . homme, et il verra que les actes ordinaires dont se compose la vie sont loin de présenter toujours de l'attrait ; il faudra qu'il vainque sa répugnance, qu'il applique son esprit à des choses sérieuses et abstraites; heureux même si ses occupations ne sont pas en désaccord avec ses goûts et ses penchants !

Il n'est pas destiné à ne parcourir que des sentiers fleuris, et, s'il rencontre quelques roses sur son chemin, il s'apercevra bien vite que toutes ont leurs épines ! Il est donc utile, dès le jeune âge, d'habituer les enfants à savoir accomplir un devoir quoi qn'il en coûte : il est indispensable de leur apprendre à lutter contre les difficultés, à faire des efforts pour les vaincre, à leur montrer qu'on n'arrive au repos que par le travail.

Disons bien vite maintenant qu'autant nous blâmerions le système du jeu dans l'enseignement, autant nous louons le maître intelligent qui sait proportionner les difficultés au degré d'intelligence, qui sait présenter ses leçons d'une manière attrayante, qui sait enfin, par mille moyens ingénieux, captiver l'attention de ses élèves, et faire entrer la science dans leur esprit d'une manière simple, douce et agréable ; c'est dans cette méthode que réside le secret du succès des ouvrages du savant directeur de *L'École-Normale*, de l'homme qui, de notre temps, je ne crains pas de le dire, est celui qui a le mieux compris les devoirs de l'enseignement. Mais qu'on veuille bien remarquer que ce que je n'adopte pas en règle générale, je suis loin de le bannir dans des circonstances particulières ; en voici la preuve :

Un jour, c'était quatre mois avant les prix, je remarquais que mes élèves étaient très-faibles sur l'Histoire de France, malgré mes leçons régulières de la semaine ; — voici ce que j'imaginai:

Je choisis vingt et un enfants dans ma première et dans ma seconde division, je donnai à chacun d'eux le nom d'un des rois de la première race, et je lui fis apprendre un abrégé court, mais pourtant complet, de la vie du roi qu'il devait représenter et personnifier. Deux jours après, mes vingt et un élèves savaient parfaitement la leçon qui leur avait été donnée; je les plaçai par ordre chronologique, puis je la leur fis réciter. Alors chaque règne passa successivement sous nos yeux, et comme j'avais eu le soin, dans mon résumé, de prendre le style des énigmes, de faire parler à la première personne, d'animer le sujet, de l'égayer, je pus jouir d'un curieux spectacle. Pendant une heure que dura la récitation, j'eus le plus grand silence dans ma classe, l'attention était éveillée, la curiosité excitée : aussi les règnes se succédaient, les faits se déroulaient à la satisfaction générale, ce n'était plus une étude, un devoir, c'était un plaisir et un divertissement. A côté des rois, et un peu au-dessous, se trouvaient les maires du palais ; puis, à la fin, un élève se leva pour représenter *l'Histoire*. L'Histoire qui, calme, sans colère, sans passion, vint juger les rois les uns après les autres. Elle distribua, à l'un, la louange; à l'autre, le blâme ; à celui-ci, l'honneur, la gloire; à l'autre, la honte ; à tous elle dit la vérité, telle qu'elle apparaît à la postérité, telle qu'elle ressort à la suite des siècles ; puis , en quelques mots, elle porta son jugement sur la première race, et fit connaître les causes de son abaissement et de sa chute.

Après quatre répétitions semblables, chaque élève fut capable de répondre à toutes les questions que je lui adressai. La manière de prononcer, les gestes, les moindres particularités de celui qui représentait tel ou tel roi, faisaient qu'on se rappelait parfaitement tous les détails de son règne ; et la preuve, c'est qu'un jour j'entendis un élève dire à un de ses camarades : « Voyons donc comment le fier Sicambre, le vainqueur de Tolbiac et de Vouillé, va s'en tirer aujourd'hui. Que nous dira-t-il du vase de Soissons et du massacre des membres de sa famille ? » Le mois suivant, je fis la même chose pour la seconde race ; puis, enfin, la troisième eut son tour, et je pus me convaincre, en voyant des résultats inespérés, que, dans l'instruction, les petits moyens suggérés par l'expérience ne sont jamais à dédaigner.

X.— (*)

(*) Extrait de *L'Ecole Normale. Journal de l'Enseignement pratique,* *sous la direction de* Mr PIERRE LAROUSSE.

BONTÉ ET SÉVÉRITÉ.

Il ne suffit pas d'être zélé, patient, exact ; ce qui ne vous importe pas moins, c'est de prendre de l'autorité sur les enfants et de vous faire obéir.

L'obéissance des enfants résultera de deux sentiments que vous devez leur inspirer à la fois et qui se prêtent un mutuel appui : la crainte et l'amour. Une sage sévérité produit la crainte ; une bonté paternelle fait naître l'amour. C'est ce dernier sentiment qui doit dominer dans l'éducation, en sorte que la sévérité même ait sa cause et sa source dans la bonté.

Jugez d'après ce principe ces maîtres durs et grossiers qui, n'osant satisfaire par des coups la fureur qui les anime, écrasent à force de brutales invectives la naïve timidité des enfants. Malheur à l'instituteur qui entre dans cette voie ! il ne pourra plus en sortir ; ce sera là son premier châtiment. Lorsqu'on s'est laissé aller une ou deux fois à de tels emportements, on en contracte l'habitude ; on est incapable de se contenir, on ne sait plus rien dire avec douceur, on devient de plus en plus grossier, insultant, et l'on ne s'en aperçoit même pas.

Qu'arrive-t-il de là ? Les enfants s'accoutument à ces dehors furieux, qu'ils croient un accompagnement nécessaire de la peine qu'on se donne pour les instruire. Il en résulte que, si l'on veut agir doucement et naturellement avec eux, on ne produit plus aucun effet : ils sont devenus semblables à des gens sourds que le bruit du tonnerre seul peut réveiller. Leur sensibilité est émoussée, et ne peut plus être excitée que pas des mots piquants, par des paroles blessantes. Fidèles imitateurs de leur maître, ils sont brutaux les uns envers les autres, grossiers envers lui. Quoi de plus hideux que le spectacle d'une telle classe !

Je ne crains pas pour vous la contagion d'un si odieux exemple ; mais vous tomberiez dans un excès non moins dangereux, quoique d'une nature toute différente, si vous poussiez la bonté jusqu'à la familiarité. Sachez vous mettre à la portée des plus petits enfants, mais ne redevenez pas enfant vous-même. N'ayez point pour eux de puériles complaisances. Un père peut se les permettre quelquefois ; un maître, jamais. L'autorité d'un père est tellement inhérente à sa personne, qu'il ne peut guère craindre de la compromettre; celle de l'instituteur n'est qu'empruntée; il s'exposerait à la perdre, s'il s'oubliait un seul instant. Vous avez peut-être lu que Henri IV, pour amuser ses petits enfants, courait avec eux dans sa chambre, à cheval sur un bâton. Loin d'affaiblir sa gloire, cette faiblesse de l'amour paternel en rehausse l'éclat : on aime à voir un si bon père dans un si grand roi. Mais vous, vous êtes toujours exposé au soupçon de petitesse dans les idées. Pour que l'on ne vous confonde pas avec les enfants que vous instruisez, pour qu'ils ne vous croient pas eux-mêmes semblable à eux, conservez toujours la dignité dans la bonté.

Cette bonté même n'a de mérite qu'autant qu'une juste sévérité lui donne du prix. Les enfants n'aiment guère sincèrement que celui qui sait se faire craindre ; ils ne savent gré de sa douceur qu'à celui qui a fait preuve d'énergie. C'est donc une grande erreur que d'agir sans cesse avec les enfants comme avec des personnes raisonnables. Cette conduite, séduisante peut-être dans la théorie, est détestable dans la pratique. Si l'enfant comprenait toutes les conséquences de sa condüite, s'il réfléchissait avant d'agir, s'il savait immoler une jouissance présente à un avantage à venir, en un mot, s'il avait, comme nous, de la raison, ayant en outre son aimable innocence, la pureté de ses jeunes idées et toute la chasteté du cœur, il serait bien supérieur à nous. N'espérons pas une chose si contraire à la nature. Rien n'est plus facile pour un esprit droit et ferme que de tout obtenir des enfants par l'autorité. Ce serait folie que de vouloir substituer à ce moyen d'action des raisonnements mal compris et bientôt oubliés. Que de choses on doit leur défendre, sans que la prudence permette de leur expliquer la défense ! Que d'occasions où le raisonnement les conduirait à leur perte, et où l'obéissance seule peut les sauver !

On a parlé de conduire l'enfance uniquement par le sentiment. Ce mode d'éducation ne serait peut-être pas, à la rigueur, impossible pour un enfant isolé, dont l'heureux naturel aurait été dès le berceau dirigé par une tendresse éclairée, et qu'une surveillance de tous les instants pourrait soustraire à toutes les mauvaises impressions. Mais du moment où les enfants sont réunis et forment ce qu'on appelle une classe, la légèreté de ces jeunes esprits s'ac

croît par leur contact réciproque, et l'autorité seule peut l'empêcher de dégénérer en une dissipation qui perdrait tout. Ira-t-on,
à chaque faute, faire appel à leurs sentiments ? mais c'est profaner les choses les plus saintes que d'en abuser ainsi à tout propos ; on ne doit attaquer le cœur que dans les grandes occasions.

Il est, en fait d'éducation, des théories qui sont innocentes tant
qu'elles ne sont que des théories ; mais du moment qu'un maître imprudent veut les mettre en pratique, elles deviennent coupables ; car elles ne s'expérimentent qu'aux dépens de la jeunesse, dont elles compromettent l'avenir.

Soyez donc très-réservé dans l'exercice de cette noble vertu
qu'on appelle *indulgence*. C'est enhardir les enfants au mal, que
d'être indulgent mal à propos, c'est-à-dire quand leur repentir
n'est pas profond et sincère, et surtout quand la faute porte un
caractère de malice. Les enfants ne vous sauront aucun gré de
votre bonté, ils ne la comprendront pas ; ils ne verront que l'impunité, qui les rendra plus méchants. Les esprits faux, les mauvais cœurs (et il peut s'en trouver parmi eux) sont incapables
de comprendre les sentiments élevés. Ils vous croiraient d'autant
plus faible que vous auriez été plus indulgent. Qui peut prévoir
jusqu'où irait alors leur perversité insolente ? Dans leur propre
intérêt, sachez être sévère.

Si une faute a été commise contre vous personnellement, ne
cédez pas à un mouvement de générosité qui vous ferait craindre
que la punition ne ressemblât à la vengeance. Ne souffrez jamais
qu'on blesse dans votre personne le respect dû par l'enfant à son
maître. Des fautes de ce genre sont mortelles pour la discipline ;
si elles se renouvellent fréquemment, la classe devient impossible,
ou, si elle subsiste encore, il vaudrait mieux qu'elle fût fermée,
puisqu'elle devient pour les enfants l'école du mal. Des enfants
qui manquent de respect à leur maître ne respecteront personne ;
plus tard, ils se riront de leurs parents, des magistrats, des lois.

(Th.-H. Barrau.)

MOYEN DE PRÉSERVER LES ENFANTS DE L'ENNUI.

Le seul moyen de préserver l'enfance de l'ennui, c'est de l'habituer à *l'activité*. L'enfant se dégoûte bien moins d'un jouet lorsqu'il a coopéré lui-même à sa fabrication. Le résultat est ici doublement favorable : le marmot qui s'est ingénié à nouer des ficelles à chacune des extrémités d'un bâton pour simuler des rênes et qui se met à caracoler sur cette monture de son invention, s'amuse bien mieux que son riche compagnon, pourvu d'un splendide cheval de bois qui lui arrive pompeusement enharnaché de chez le marchand en vogue. Une vieille botte, traînée au bout d'une corde, remplace très-convenablement la magnifique miniature de carrosse où parade avec ennui un marmot richard. La botte est laide, usée, elle se butte dans le sable, se heurte à chaque pierre, le tirage est difficile, et Dieu sait quels cahots bousculent cette carcasse à moitié défoncée; mais le plaisir naît de l'obstacle. Pour que cet objet informe soit devenu voiture, combien a-t-il fallu d'efforts d'imagination et de labeurs matériels ! il a fallu démonter et remonter la botte, couper ici, ajouter là, bref, adapter la chose à sa destination nouvelle ; et cependant, en somme, ce n'est qu'une vieille carcasse de botte, dont l'enfant aperçoit très-bien l'imperfection lorsque son premier enthousiasme est passé. Aussi, voyez comme il réfléchit, comme il songe à soulager le tirage au moyen de roues, à neutraliser les cahots par des ressorts ! de succès en succès et d'innovations en innovations, il imagine et crée à son usage tout un rudiment de mécanique...

Croyez-vous qu'il se soit ennuyé ? Non pas ! je vous l'assure. Il s'est amusé, beaucoup amusé. Observez ses yeux animés et ses joues toutes roses de satisfaction, cela vous garantit qu'il vient de prendre sa plus salubre et sa plus bienfaisante récréation. (*)

CE QU'UNE JEUNE PERSONNE
doit savoir en Dessin et en Peinture.

Autant il est convenable pour une jeune personne de dessiner agréablement et de peindre des paysages ou des fleurs, autant il est embarrassant et périlleux, pour mille raisons, d'aborder la grande peinture. Mais c'est une tentation si séduisante ! il ne faut ni titres ni diplômes, l'art tend les bras à tous ; pourquoi ne

---

(*) Extrait des *Délassements du Travail*, par MAURICE CRISTAL. (In-18, 1861; à Paris, chez Martinon, rue Grenelle-St-Honoré.)— Prix : 60 centimes.

serait-on pas une Rosa Bonheur, une madame O'Connel? Et pourtant si l'on comptait, d'un côté, le petit nombre d'artistes véritables qui sortent de ces écoles, et de l'autre toutes les prétentions qui en résultent, on renoncerait un peu à ces académies dont les élèves impuissantes assiégent chaque année les portes de nos expositions. La maison est abandonnée; les pauvres mères, loin de trouver du secours dans leurs filles, les accompagnent à l'atelier et succombent à la peine. On perd le goût des occupations domestiques et on arrive à faire, en présence des curieux, une copie au Louvre ou au Luxembourg, œuvre imparfaite dont il est souvent difficile de tirer parti; ce qui n'empêche pas que dans les plus petits ménages on entende dire avec orgueil: ma fille sera *artiste*. — (*)

CURIOSITÉ DES ENFANTS,

Avantages qu'on peut en tirer pour leur éducation.

La curiosité des enfants est un penchant de la nature qui va comme au-devant de l'instruction; ne manquez pas d'en profiter. Par exemple, à la campagne ils voient un moulin, et ils veulent savoir ce que c'est; il faut leur montrer comment se prépare l'aliment qui nourrit l'homme. Ils aperçoivent des moissonneurs, et il faut leur expliquer ce qu'ils font, comment est-ce qu'on sème le blé, et comment il se multiplie dans la terre. A la ville ils voient des boutiques où s'exercent plusieurs arts, et où l'on vend diverses marchandises. Il ne faut jamais être importuné de leurs demandes, ce sont des ouvertures que la nature vous offre pour faciliter l'instruction; témoignez y prendre plaisir; par là vous leur enseignerez insensiblement comment se font toutes les choses qui servent à l'homme, et sur lesquelles roule le commerce. Peu à peu, sans étude particulière, ils connaîtront la bonne manière de faire toutes ces choses, et le juste prix de chacune, ce qui est le vrai fond de l'économie.

(Fénelon.)

(*) Extrait du charmant petit livre intitulé: *Pour Parvenir. Légende*, par J. T. DE SAINT-GERMAIN, (auteur de la *Légende de l'Épingle*, de l'*Art d'être heureux*, de *Lady Clare*, de *La Veilleuse*, et de plusieurs autres compositions pleines de sentiment et de vérité.)

BULLETIN BIBLIOGRAPHIQUE.

Livres. — Musique. — Dessin. — Cartes. — Atlas.

> Il faut lire pour s'instruire, pour se corriger,
> pour se consoler, et pour s'amuser.
> (CHRISTINE DE PISAN.)

1. La Trève de Dieu. Souvenirs d'un dimanche d'été, par *J. T. de Saint-Germain*. (In-18, 1862 ; 2ᵉ édition ; à Paris, chez Jules Tardieu, rue de Tournon, 13.) — Prix : 1 franc.

2. Le Chalet d'Auteuil, par *J. T. de Saint-Germain*. (In-18, 1862 ; à Paris, même adresse.) — Prix : 1 franc.

3. Les Femmes qui savent souffrir, par *A. Bouchet*. ¡In-12, 1862 ; à Paris, chez Maillet, rue Tronchet, 15.) — Prix : 1 fr.

4. Un Ange sur la terre (Lagrimas), scènes de mœurs contemporaines, par Fernan Caballero, traduit de l'Espagnol par *Alphonse Marchais*. (In-12, 1862 ; à Paris, même adresse). — Prix : 1 franc.

5. Épreuves et Consolations, par Mˡˡᵉ A** M**. (In-18, 1860, 2ᵉ édition ; à Paris, même adresse.) — Prix : 1 franc.

6. Le Robinson des Demoiselles, par Mᵐᵉ *Woillez*. ¡In-8º, nouvelle édition ; à Paris, même adresse.) — Prix : 4 francs.

7. Revue pour tous. Journal illustré, paraissant tous les Dimanches. (Bureaux : rue des Saints-Pères, 29.— Directeur : Mʳ *Camille Étiévant*.) Prix : 10 francs par an.

8. Errata du Dictionnaire de l'Académie française, ou Remarques critiques sur les irrégularités qu'il présente, avec l'indication de certaines Règles à établir, par *B. Pautex*, Professeur de Langue française, Membre de plusieurs Sociétés savantes. (In-8º, 1862, 2ᵉ édition ; à Paris, chez Cherbuliez, rue de la Monnaie, 10.) — Prix : 6 francs.

Nous connaissons peu de livres de critique grammaticale faits avec autant de conscience, de modération, et de lumières que celui-ci. Que de patience, de soins, et de temps il a fallu pour réunir tant d'observations grammaticales et littéraires ! Nous félicitons M. Pautex du travail vraiment utile qu'il vient de publier ; il a fait un ouvrage nouveau de cette seconde édition, que les Professeurs et les Écrivains doivent s'empresser d'acquérir.

9. Les Récréations instructives sur les Animaux, les Arts et

Métiers, l'Agriculture, l'Industrie, les Sciences et autres sujets variés ; accompagnées de 12 Tableaux synoptiques coloriés et de 12 Rondes ou Chansonnettes en musique sur des airs populaires pour l'Enfance et la Jeunesse; tirées de l'Éducation nouvelle, Journal des Mères et des Enfants, Recueil publié à Paris, sous la direction de M. *Jules Delbrück*. 3e série. (Grand in-8º, 1863; à Paris, chez Hacbette et comp., Boulevard Saint-Germain, 77.) Prix broché : 12 francs.

Cette 3e série est digne des deux premières, que nous avons déjà recommandées à nos Lecteurs. Peu de Recueils destinés à la Jeunesse sont aussi intéressants que celui-ci. Trois mots peuvent résumer les qualités qu'on y remarque : Instruction, Agrément, et Moralité.

Musique.

10. Nouvelle Méthode élémentaire d'Orgue ou d'Harmonium, par *Georges Schmitt*, organiste du grand orgue de Saint-Sulpice. (Grand in-8º ; à Paris, chez E. Repos, Libraire-éditeur, rue Bonaparte, 70.) — Prix net : 3 francs.

11. Traité complet des Modulations, par *Georges Schmitt*, organiste de Saint-Sulpice. (Grand in-8º ; à Paris, même adresse.) — Prix net : 3 francs.

12. L'Art de préluder sur l'Orgue, dédié à M. Aristide Cavaillé-Coll, facteur de grandes orgues, par *Georges Schmitt*, organiste de Saint-Sulpice. (Grand in-8º; à Paris, même adresse.) Prix net : 8 francs.

Ces 3 ouvrages, de M. *Georges Schmitt*, se recommandent à l'attention des Organistes et des amateurs d'Harmonium; ils y trouveront des documents précieux pour leurs instruments.

13. Cent Préludes de G. G. *Nivers*, organiste de Saint-Sulpice, de Saint-Cyr, et de la Cour de Louis XIV (1667), transcrits par *Charles Vervoitte*, Maître de Chapelle de Saint-Roch.(Grand in-8º ; à Paris, même adresse.) — Prix net : 8 francs.

14. Manuel des Aspirants aux grades de Sous-chef et de Chef de Musique de l'Armée, par *A. Elwart*, Professeur d'Harmonie au Conservatoire, etc., etc. (In-8º, 2e édition ; à Paris, chez Gérard et Comp., Editeurs de musique, rue Dauphine, 18.) — Prix net : 2 francs.

Excellent Manuel, divisé en 6 livres, dont les 4 premiers sont consacrés à l'*Harmonie*, et forment un petit traité de cette science, écrit avec une simplicité et une clarté remarquables.

(*La suite au prochain numéro.*)

2me PARTIE,

POUR LES ÉLÈVES DES DEUX SEXES.

CONNAISSANCES DIVERSES.

MÉLANGES INSTRUCTIFS ET AMUSANTS.

DE LA CONDITION DES ARTISTES.

La condition des artistes, quels qu'ils soient, est peu enviable généralement. La part qui leur est faite en ce monde n'est pas celle du lion. Après de longues et laborieuses études, c'est à peine s'ils peuvent prendre un tout petit rang dans la cohue des hommes. Le talent acquis, — Dieu sait au prix de quelles épreuves ! — il faut marcher, se démener, intriguer même, pour arriver au but problématique que l'on appelle la gloire. Les premiers venus dans la carrière n'entendent pas qu'on les supplante. L'instinct de la conservation leur donne la rage et leur fait perdre toute charité chrétienne. Un nouveau visage est pour eux un ennemi ; à son approche, les anciens serrent les rangs et jettent le cri de guerre. Il faut du temps, des succès répétés, une patience héroïque pour se faire reconnaître de ces vétérans de l'art. Enfin la place est prise. Le nouveau venu a triomphé de ces premières difficultés. Il compte pour quelque chose aux yeux de ses semblables ; il a la gloire de posséder des émules, des pairs et des rivaux : c'est un grand pas de fait, mais ce n'est pas le dernier.

L'artiste, qui semble avoir été créé pour subjuguer le public, en est toujours l'esclave. Il est à son service alorsmême qu'il paraît en être le maître. S'il le domine par l'ascendant que l'art exerce sur les cœurs, le public s'en venge bien en l'asservissant à ses caprices, à ses goûts frivoles et changeants, à ses modes insensées. L'artiste est le dompteur de bêtes, subjuguant et subjugué. Dominateur craintif, ce n'est qu'en tremblant qu'il passe ses doigts dans la crinière du lion. L'effroi le saisit quand la foule bat des mains à son triomphe ; la peur lui monte à la gorge quand il retire son bras victorieux. Sa faiblesse, il le sait, dépasse sa force et son audace : orateur ou poète, il a vaincu par l'harmonie de sa parole ; peintre, il a fasciné par l'éblouissement de son pinceau ; compositeur ou virtuose, il a charmé par la suavité ou par l'énergie de sa musique, mais il craint le lendemain. Ce monstre qu'il caresse est l'épouvante de ses nuits sans sommeil ; ses rugissements le poursuivent, ses cajoleries lui apparaissent comme une dérision sanglante. Il voit dans ses yeux fauves, la menace ; dans la courbe de ses attitudes, le bond qui écrase et qui tue. Il a un ennemi dans cette force soumise. Il en sera dévoré !...

Que ne fait l'artiste pour se maintenir dans la faveur du public ? Il n'est d'études qui lui coûtent, de veilles qui l'effraient, ni d'âge qui l'arrête. L'aube le voit à sa tâche, et la nuit le retrouve incliné sur l'outil. L'âme, a dit un poète, est un feu qu'il faut nourrir et qui s'éteint s'il ne s'augmente : voilà sa devise et son aiguillon. Ce feu sacré, il l'entretient de toutes les virilités dont son cœur déborde. Il y jette sa jeunesse, ses plaisirs, les joies même de la famille, il y jette sa vie !

Encore s'il contentait ce public, j'allais dire ce despote aux tyrannies bizarres ! Si, à une heure donnée, l'artiste pouvait se reposer dans une aisance modeste et dans une popularité honorable, il n'aurait pas à regretter le sacrifice de ses forces et l'holocauste de son individu tout entier. Mais il en est de ses travaux comme de toutes les œuvres humaines. Ce qu'il a fait hier est à refaire aujourd'hui. Le vent du caprice a soufflé, le flot de la mode a couru sur la terre, adieu la renommée, adieu les auréoles. « Vous aviez apporté des oiseaux, l'ouragan les a tués ; vous aviez planté ce jardin, il est détruit ; tout périt sur la terre, il n'y a que le ciel qui ne change pas (*). »

La fable de Sysiphe sera longtemps l'image des carrières dites libérales, je ne sais trop pourquoi. Le rocher fatal peut s'appeler la gloire ; mais il a aussi un autre nom. Ce n'est pas seulement l'âpre besoin des couronnes, des décorations et de la renommée qui attache l'artiste à son œuvre dévorante ; c'est encore la nécessité de vivre, le droit d'être, que tout homme reçoit dans le

---

(*) Bernardin de Saint-Pierre.

sein de sa mère, et qu'il entend conserver jusqu'à ce qu'il en plaise autrement à Dieu qui le lui a donné. Sans entrer dans des détails qui répugnent toujours à une plume révérencieuse, nous devons signaler, en passant, cet aspect navrant de la vie artistique. C'est là surtout que le rocher monte et retombe lourdement. L'instabilité des positions est en raison directe de l'inconstance des masses. Ce qui faisait hier la fortune d'un artiste, ce qui dans tous les cas constituera sa gloire dans l'avenir, est une cause de désastre aujourd'hui. Un tour de la girouette a suffi pour culbuter une position péniblement conquise. L'idole de la veille est brisée, le public ne lui laisse même pas les débris de l'or dont elle est faite. En arrachant de son front les lauriers encore verts, il lui prend tout ; il coupe les moissons, empoisonne les sources, et ne lui laisse que la famine et la mort.

Sait-on bien cela dans le monde ? A-t-on regardé de près quelquefois dans ces existences humbles ou glorieuses qui reposent sur la faveur publique ? A-t-on vu les maux qu'engendrent l'ignorance et le caprice de la foule ? A-t-on sondé le désespoir de certaines âmes en présence des versatilités de la vogue. Oh ! s'il était permis de franchir le seuil du foyer domestique, nous le conduirions, ce public léger et cruel, là où ses inconséquences ont fait asseoir la faim et la colère, le deuil ou la résignation. Peut-être y regarderait-il à deux fois avant de persécuter ceux qui dépendent de ses faveurs. Il aurait peur d'être injuste, en se prononçant dans des matières auxquelles souvent il n'entend rien. La crainte de briser un talent sérieux et vrai, mais incompris, retiendrait sur ses lèvres un jugement trop précipité. Il serait plus mesuré dans ses préférences, plus prudent dans ses menus propos, plus discret dans ses sympathies.

. . . . (Louis Roger.) — (*)

(*) Extrait de la *Revue de Musique sacrée, ancienne et moderne,* etc. — 12 Francs pour 12 livraisons, donnant par an 200 pages de texte à deux colonnes et 100 pages de musique (grand in-8°.) — A Paris, rue Bonaparte, 70.

Bonne publication que nous recommandons aux Artistes-musiciens, et surtout aux Organistes et Maîtres de Chapelle. — Cette *Revue* est parvenue à sa 4e année depuis le mois de Novembre dernier; elle comtpe au nombre de ses rédacteurs des hommes tout à fait spéciaux et du plus grand mérite.

LE CYGNE.

Le cygne embellit tous les lieux qu'il fréquente ; à la liberté de ses mouvements sur l'eau, on doit le prendre pour le premier des navigateurs ailés, et comme le plus beau modèle que la nature nous ait offert pour l'art de la navigation. La proue du navire n'est-elle pas représentée par sa poitrine arrondie et relevée ; la carène par son large estomac ; le gouvernail, par sa queue ; et les voiles, par ses ailes que le vent pousse ?

Le cygne est avant tout jaloux de sa beauté ; son but est de captiver les regards, et d'attirer les suffrages de la foule. S'il s'établit parmi nous, ce n'est qu'à la condition d'y jouir d'assez d'indépendance ; il entend à son gré se cacher dans les joncs, revenir vers les habitations, se réfugier dans les anses les plus retirées ; en un mot, il veut que l'homme soit son hôte et son ami, non point son tyran.

Chez les Anciens, il venait égayer les fossés des châteaux et décorait la plus grande partie de nos rivières.

Le cygne est si rapide à la nage, qu'un homme marchant au rivage avec la plus grande vitesse ne le suit que difficilement. Supérieur à l'oie, il se procure une nourriture plus délicate et vit de grenouilles, de sangsues, d'herbes, mais surtout d'anguilles. Pour saisir les poissons, il met en pratique mille ruses plus merveilleuses les unes que les autres. Courageux autant qu'adroit, il ne craint pas les plus redoutables oiseaux de proie.

La femelle du cygne couve pendant au moins six semaines, et commence à pondre dès le mois de février. Le nid repose tantôt sur un lit d'herbes sèches, tantôt sur un tas de roseaux abattus et même flottants sur l'eau.

Les petits, écrit Buffon, naissent fort laids et seulement couverts d'un duvet gris ou jaunâtre, comme les oisons ; leurs plumes ne poussent que quelques semaines après, et sont encore de la même couleur. Ce vilain plumage change à la première mue, au mois de septembre ; ils prennent alors beaucoup de plumes blanches, d'autres plus blondes que grises, surtout à la poitrine et sur le dos. Ce plumage chamarré tombe à la seconde mue, et ce n'est qu'à dix-huit mois et même à deux ans que ces oiseaux ont pris leur belle robe d'un blanc pur et sans tache; ce n'est aussi que dans ce temps qu'ils sont en état de produire.

Cet oiseau se plaît dans les cours d'eau sinueux et tranquilles, aux rivages féconds. Chez les Anciens, les fleuves aimés des cygnes étaient, parmi les plus connus, *le Méandre, le Strymon, le Caïstre, le Mincio* ; l'île de Paphos en regorgeait. Dans la saison rigoureuse ils apparaissent en France et sur les côtes britanniques. Quelques-uns passent l'été dans les provinces septentrionales de l'Allemagne ; on en trouve d'innombrables quantités dans la baie d'*Hudson*, en Amérique.

Aux îles Malouines , il existe une variété de cygnes à col noir, en tout semblables aux autres, sauf ce signe caractéristique qui leur a valu leur nom. Les naturalistes disent qu'on a vu des cygnes atteindre l'âge de trois cents ans ; cependant on ne peut authentiquement citer que des cygnes de cent ans, et c'est déjà bien raisonnable pour des cygnes.

(C. de la Barthe.) — *)

Il y a des cygnes entièrement noirs, on en voit au Jardin-des-Plantes de Bordeaux.

A MES OISEAUX.

O que vous chantez bien, mes petits canaris !
C'est que vous avez tout à souhait : belle cage,
Grain nouveau, gai soleil, air pur, et frais breuvage ;
Et votre joie éclate en vos airs favoris !

Mais savez-vous, au moins, d'où vient cette fête ?
Moi, j'achète ce grain dont vous êtes friands :
Mais qui l'a fait germer et mûrir dans les champs ?
Je vous verse cette eau : mais cette eau, qui l'a faite ?

Qui donc a fait couler le limpide ruisseau
Où, dans mon gobelet, pour vous je l'ai puisée ?
C'est moi qui vous ai mis tout près de la croisée,
Quand j'ai vu ce jour pur et ce soleil si beau :

(*) Extrait de la *Science pittoresque*, (*ancien Musée des Sciences*); à Paris, rue de Madame, 21. — Prix : 10 francs par an. (Un numéro par semaine.)

Mais d'où vient ce beau jour, et d'où vient l'astre même?
Qui l'a formé ? qui l'a suspendu dans les airs,
Pour être bienfaiteur et roi de l'univers ?
Dites, le savez-vous ?—C'est quelqu'un qui vous aime,

C'est Dieu, mes canaris ! — La graine et le ruisseau,
L'azur et le soleil, et les cieux et la terre
Sont son œuvre : et c'est lui qui, comme un tendre père,
S'occupe de l'enfant et prend soin de l'oiseau !

C'est Dieu qui vous a faits, c'est Dieu qui vous apprête
Ce repas, cet abri ; c'est lui qui vous revêt,
Dans la saison d'hiver, de ce moelleux duvet
Où, pour vous endormir, vous cachez votre tête ;

Lui qui vous a donné ces jolis petits yeux,
Et cette douce voix aux sémillants ramages !
A lui donc tous vos chants, à lui tous vos hommages !
Chantez, dès que l'aurore apparaît dans les cieux ;

Chantez, lorsqu'à midi ruisselle la lumière ;
Chantez, quand le jour baisse et meurt à l'horizon !
Ensemble, rendons grâce et gloire à son saint nom ;
Au bon Dieu votre chant, au bon Dieu ma prière !

(L. Tournier.) — (*)

SENSATIONS QU'ON ÉPROUVE A L'ASPECT DES MONTAGNES.

L'imagination, que leur aspect transporte, y tombe dans la
vague poésie des songes ; la réalité cesse de vous obséder ; pro-
jets et préoccupations s'évanouissent ; tout ce qui vous entoure
conspire à vous engourdir et à vous charmer, tout : d'étranges
parfums vous pénètrent ; le sentiment de l'infini vous délie de
la servitude des desirs vulgaires ; le style et la grandeur des
lignes vous enlèvent aux idées que traduit la prose ; le cours

---

(*) Extrait d'un Recueil de Poésies, intitulé : *Sais-tu? Oui. — Retiens. = Non. — Apprends.* (In-18, 2e édition ; à Paris, chez Grassart,
libraire, rue de la Paix, 3.) — Prix : 75 c.

accéléré du sang vous porte à une insouciance enivrée. On est ra-
vi de voir de si près ce qui est si grand, fier de chaque ascension
comme d'une conquête, et de contempler du vallon, jusque près
du ciel, les pentes énormes où l'on se suit des yeux par avance,
et que l'on gravira. La fine sonorité de l'air vous berce; les teintes
azurées des ombres prêtent aux objets la fantaisie des visions ;
les pics inaccessibles apparaissent comme des régions enchantées.

Puis, c'est le mélange incessant du gracieux et du terrible,
c'est la secrète animation des solitudes, révélée par des bruits in-
connus ; l'aspect des grands troupeaux, trop petits pour l'immensité de leurs pâturages; et la chanson des eaux jaillissantes, et
l'espoir d'un spectacle imprévu au tournant du chemin, et ces
amas de fleurs épanouies dans une mer d'émeraude, comme les
étoiles dans l'azur ; fleurs qu'on aime sans savoir leurs noms....
C'est surtout la pensée d'égarer ses pas dans des recoins que personne n'a foulés ; c'est, dans la simplicité de la vie même, qui
vous escorte de loin, le reflet des choses primitives que l'homme
n'a pu dénaturer !

Quand il revoit sa patrie, un montagnard, avec plus de charme
encore, doit y retrouver tout ensemble le souvenir de son enfance,
et l'image de l'enfance du monde. — (*)

PRIX DE CERTAINS AUTOGRAPHES.

Les autographes sont fort recherchés de nos jours, surtout
lorsqu'ils contiennent des documents historiques ou littéraires
de quelque importance. Telle lettre, qui aurait autrefois passé
presque inaperçue, peut atteindre aujourd'hui un prix très-élevé.

La valeur des autographes est en général proportionnelle à leur
rareté. Ainsi les autographes de Voltaire ne sont pas aussi chers
relativement que ceux de Malherbe, parce qu'ils sont beaucoup
plus communs. Molière a dû écrire en sa vie un grand nombre de
lettres ; cependant on connaît à peine quelques lignes tracées de
sa main. Une lettre authentique de lui serait vivement disputée.

(*) Extrait d'un livre intitulé: *Dick Moon en France, Journal d'un
Anglais de Paris;* par FRANCIS WEY. (In-12, 1862; à Paris, chez
Hachette.)

A la vente de l'académicien Auger, un billet de Boileau, contenant trois ou quatre phrases insignifiantes, fut payé 100 francs; une lettre très-courte du Tasse, plus de 500 francs. Une lettre de Rabelais ou de Molière monterait beaucoup plus haut.

En 1856, à la vente de la bibliothèque de M. Parison, à Paris, se trouvait un exemplaire des *Commentaires de César*. Ce livre valait par lui-même 2 francs tout au plus. Mais une seule note d'environ quinze lignes écrites de la main de Montaigne sur le le revers du dernier feuillet, excita à un si haut point la convoitise des *autographophiles*, que le volume fut poussé jusqu'à 1,575 francs et adjugé à un représentant de M. le Duc d'Aumale.

Cette ardeur s'étend également à certains ouvrages imprimés qui empruntent de la valeur à une circonstance historique.

En 1816, à la vente publique de la bibliothèque de Maccarty, qui produisit plus d'un million, un des six exemplaires connus de la Bible dite aux *quarante-deux lignes*, imprimée à Mayence, a été achetée par le roi Louis XVIII, moyennant la somme de 20,000 francs. Tout récemment, un exemplaire authentique de la fameuse Bible anglaise, qui passe pour le premier livre imprimé en Angleterre, atteignit, sous le feu des enchères, la somme énorme de 70,000 francs. Enfin, le célèbre Missel de Marie Stuart, celui qu'elle tenait à la main en montant à l'échafaud, et qui porte, dit-on, une empreinte de son sang, vaut aujourd'hui plns de 100,000 francs.

Mais l'exemple le plus curieux sans contredit qu'offre la bibliographie est la fameuse *Guirlande de Julie*, manuscrit sur vélin offert à Mademoiselle Julie-Lucine d'*Angennes de Rambouillet*, par son fiancé le Duc de Montausier.

Ce précieux manuscrit fut acheté, il y a soixante ans, à la vente de la bibliothèque du Duc de la Vallière, 14,510 francs.

Mise aux enchères, *la Guirlande de Julie* atteindrait aujourd'hui un prix considérable. — (*)

Voyez dans la 5ᵉ livraison de l'année dernière (page 117) un article sur la *Guirlande de Julie*.

(*) Extrait du *Jardin des Racines grecques*, par Mʳ PIERRE LAROUSSE. (In-12, 1858 ; à Paris, chez Larousse et Boyer, libraires, rue Saint-André-des-Arts, 49.) — Prix : Partie de l'Élève : 1 fr. 50 c. Partie du Maître : 2 francs.

LE PERE ET L'ENFANT.

—Père, apprenez-moi, je vous prie,
Ce qu'on trouve après le coteau
Qui borne à mes yeux la prairie?

—On trouve un espace nouveau ;
Comme ici, des bois, des campagnes,
Des hameaux, enfin des montagnes.

—Et plus loin ?

        —D'autres monts encor.

—Après ces monts ?

        —La mer immense.

—Après la mer ?

        —Un autre bord.

—Et puis ?

        —On avance, on avance,
Et l'on va si loin, mon petit,
Si loin, toujours faisant sa ronde,
Qu'on trouve enfin le bout du monde...
Au même lieu d'où l'on partit.

              (J.-J. Porchat.) — (*)

UN CHIEN INVOQUANT LA POLICE.

Voici, (dit *l'Aigle* de Toulouse), un nouvel exemple de l'intelligence de la race canine. Jeudi, dans l'après-midi, un chien courait sur le boulevard d'Arcole, poursuivi par des gamins qui lui avaient attaché une casserole à la queue. Malgré la frayeur qu'il éprouvait, l'animal regardait avec soin les maisons du boulevard ; il semblait en chercher une, et, l'ayant trouvée, il n'hésita pas, et entra tout droit dans la maison du Commissaire de Police. Une fois arrivé dans le bureau du magistrat, le chien se

(*) Extrait d'un Recueil de Poésies, intitulé : *Sais-tu ?* etc., etc.
(Voyez la note de la page 42.)

coucha tranquillement et dans l'attitude d'une sécurité complète. Le Commissaire a fait chercher la propriétaire de l'animal, et celle-ci est venue immédiatement réclamer son chien. Quelques jours auparavant, cette femme, qui est d'un certain âge, s'étant trouvée en butte aux mauvaises plaisanteries des mêmes gamins, était allée se plaindre au Commissaire. Le chien avait accompagné sa maîtresse, et, se souvenant sans doute de la protection que le Commissaire lui avait accordée, il la réclamait pour lui-même. —(1)

HYGIÈNE.

TEMPÉRATURE DES APPARTEMENTS.

La température de l'intérieur de nos maisons, qu'on doit s'efforcer de maintenir en été entre 18 et 20 degrés, ne doit pas dépasser 14 à 15 degrés en hiver.

Cette température paraît douce lorsque l'on quitte l'air extérieur où le froid atteint fréquemment 5 ou 6 degrés. Mais, depuis que l'usage des poêles en fonte et le chauffage au charbon de terre se sont généralisés, la chaleur des appartements ou des magasins est quelquefois excessive, et il n'est pas rare de voir le thermomètre monter jusqu'à 25 et 30 degrés. Pendant les gelées rigoureuses, on passe ainsi sans transition d'un froid extrême à une extrême chaleur, et de graves altérations dans la santé ou des attaques d'apoplexie n'ont souvent pas d'autre cause que ces brusques changements de température.

L'uniformité de température, favorable à toutes les constitutions, est surtout indispensable pour les vieillards et pour les enfants. — (2)

---

(1) Extrait du *Cosmos : Revue encyclopédique hebdomadaire des Progrès des Sciences et de leurs applications aux Arts et à l'Industrie;* rédigée par M^r l'Abbé Moigno. (A Paris, chez le Directeur, Mr *Tramblay*, rue de l'Ancienne-Comédie, 18.)— Prix de l'abonnement : Paris, 20 fr.; Départements, 23 fr.; Étranger, 25 fr.

(2) Extrait de la *Gazette de Médecine, Conseiller de la Santé.* Rédacteur en chef : M. Henri Cotin, Docteur en Médecine. (A Paris, rue de Grenelle-Saint-Germain, 39. — Prix : 6 fr. par an, 12 livraisons in-8°.)

ESPRIT ET BON SENS,
ou Recueil de Pensées, Maximes, Réflexions sur divers sujets,
Extraites de différents auteurs.

(SUITE. — *Voyez la dernière livraison, page* 22.)

35. Un mot suffit pour louer un grand homme, et ce mot ne suffit que parce qu'il est répété par toutes les bouches.

36. Les grands hommes jamais n'ont joui de leur gloire.

37. Les soupçons vont plus loin que la vérité.

38. Le temps qui voit tout, et entend tout, découvre tout.
(Sophocle.)

39. Un homme d'esprit a plus de raison de s'ennuyer que personne.

40. Il ne faut pas que vingt années se soient écoulées pour voir changer les hommes d'opinion sur les objets qui leur ont plu, sur les personnes qu'ils ont aimées et haïes, et sur les choses qui leur ont paru les plus vraies et les plus sûres.

41. Il est certains égoïstes qui mettraient le feu à une maison pour faire cuire un œuf. (Bacon.)

42. Une belle femme plaît aux yeux ; une bonne femme plaît au cœur : celle-là est un bijou ; celle-ci est un trésor.

43. Que de gens s'inquiètent de l'avenir et sont travaillés de la *peur de l'inconnu !....*

44. La *loi*, l'*usage*, et la *nécessité* : voilà les trois souverains auxquels obéissent les hommes.

45. La plupart des hommes vivent comme des fous et meurent comme des sots.

46. Penser tout haut et parler tout bas, voilà l'intimité.

47. La vivacité qui augmente en vieillissant, n'est pas loin de la folie.

48. Les illusions heureuses sont ce qu'il y a de mieux dans le monde ; aussi Fontenelle, en le quittant (à l'âge de 100 ans), disait-il : Il était temps que je m'en allasse, car je commençais à voir les choses telles qu'elles sont.

49. Les soucis importuns voltigent comme des hiboux dans la nuit, autour des lambris dorés.

50. Il y a des gens qu'il ne faut voir que de loin en loin, si l'on ne veut pas cesser de les aimer.

51. Entre *ignorer* et *savoir très-bien*, il y a des degrés infinis.

52. Il apparaît de temps en temps sur la terre des hommes rares, qui n'ont ni aïeux ni descendants.

53. Les plus beaux présents que le ciel ait faits à l'homme, c'est de dire la vérité et de faire du bien aux autres.

54. Il y a des gens fort habiles à remplir des bouts-rimés, qui ne feraient pas quatre vers raisonnables.

55. On refuse durement le nécessaire, et l'on accorde aisément le superflu ; on offre les services, et l'on refuse les secours.

56. Que de peines nous nous donnons quelquefois pour faire réussir de petites choses ! que de négligence nous avons souvent mise au contraire à l'exécution des grandes !.....

57. « Le plus heureux mortel a connu les alarmes :
  » Hélas! il n'en est point qui n'aient versé de larmes. »
(***)

58. « Quels que soient ses penchants, le sage les surmonte :
  » C'est de nous que dépend ou la gloire ou la honte. »
(***)

59. Un homme riche qui, pendant cette vie si courte, se prive des choses nécessaires, est indigne des faveurs de la fortune.

60. Parmi les hommes que la fortune a le plus favorisés, il en est peu qui se soient réellement montrés dignes des dons qu'elle n'a cessé de leur prodiguer.

61. L'envie d'être plaint ou d'être admiré fait souvent la plus grande partie de nos confidences.

62. On prévoit les regrets avant la faute , mais ce n'est qu'après qu'on en connaît bien toute l'amertume.

63. « Soyons vrais : de nos maux n'accusons que nous-mêmes. »
(La Harpe. — Dans *Warwick*.)

64. La vivacité d'esprit se trouve rarement unie à un jugement sain ; c'est pour cette raison que ceux qui parlent le plus facilement ne sont pas toujours ceux qui ont le plus de bon sens.

65. Les grands besoins viennent des grands biens, et rendent la richesse presque égale à la pauvreté.
(*La suite au prochain numéro.*)

Bordeaux, Imprimerie de BALARAC jeune, rue d'Albret, 26, près la Mairie et la Cathédrale.

JOURNAL D'ÉDUCATION

PHYSIQUE, MORALE, ET INTELLECTUELLE.

14ᵐᵉ année. — Nᵒ 3. —Janvier 1863.

1ʳᵉ PARTIE,
POUR LES PARENTS ET LES PROFESSEURS.

PÉDAGOGIE (OU SCIENCE DE L'ÉDUCATION.)
DIDACTIQUE (OU ART D'ENSEIGNER.)

SENTIMENTS QU'IL FAUT INSPIRER AUX ENFANTS.

Conseils aux Instituteurs.

Par vos leçons, par vos exemples, par mille moyens variés que vous suggèrera votre zèle, vous inspirerez aux enfants l'amour de la vérité et l'horreur du mensonge ; vous fortifierez en eux l'amour de l'ordre, de l'économie, du travail, en un mot, tous les sentiments louables et toutes les-habitudes honnêtes.

Tâchez de les former à ces manières douces et polies dont ils ne trouvent peut-être pas toujours le modèle au sein de leurs familles, et que vous seul pouvez leur donner.

On conçoit toujours une opinion favorable de l'instituteur, lorsqu'en entrant dans une petite ville ou dans un village on voit les enfants jouer ensemble sans cris et sans dispute, lorsqu'ils saluent l'étranger qui s'approche d'eux, qu'ils répondent avec complaisance à ses questions et qu'ils s'empressent à lui servir de guide. Mais quand l'étranger, en arrivant, ne rencontre que des enfants grossiers, brutaux, farouches, qui s'enfuient à son approche, ou qui l'entourent avec une curiosité insolente, peut-il croire que leur éducation ait été soignée ?

Je ne vous dis pas, d'accoutumer seulement vos élèves à être polis : des manières agréables peuvent n'être qu'une apparence trompeuse; ce que je vous demande, c'est de leur inspirer ces généreux sentiments de bienveillance dont la politesse est le signe.

5

Que cette bienveillance ait surtout pour objet leurs jeunes camarades. Faites-leur considérer comme une lâcheté l'abus de
la force physique, et comme une lâcheté non moins coupable
l'abus de la supériorité intellectuelle. Flétrissez de toute votre
indignation et celui qui frappera un camarade plus faible, et
celui qui raillera un émule inhabile. Ne souffrez jamais que les
défauts corporels ou le manque d'intelligence soit un objet de
moquerie. Ne souffrez même de moquerie pour quelque cause que
soit, à moins que vous ne voyiez les enfants portés à tourner le
vice en ridicule, heureuse disposition dont il faudra profiter,
mais qui est bien rare.

Afin de maintenir entre vos élèves cette précieuse harmonie,
gardez-vous avec soin de tout ce qui pourrait la troubler. Fer-
mez l'oreille aux délations réciproques. Accueillez une plainte
juste, c'est votre devoir; un enfant maltraité doit trouver en vous
son appui. Mais, excepté les cas où l'on a recours à votre justice, résignez-vous plutôt à ignorer ce que vous désirez savoir, que
d'en devoir la connaissance à ces rapports qui portent un caractère
d'espionnage, et qui répandent dans une école la défiance et le
trouble. N'ayez jamais recours à ce triste moyen, à moins cependant qu'il ne s'agisse de quelque action contraire à la probité
ou aux mœurs ; votre conscience, dans ce cas, vous inspirera ce
que vous devez faire.

Autant vos élèves auront de bienveillance pour leurs égaux,
autant ils devront montrer de respect à toutes les personnes que
l'âge, la position sociale ou toute autre circonstance place au-
dessus d'eux. Insistez sur ce point, plus important que vous ne
sauriez croire. Ne vous contentez pas de leur prescrire des démonstrations extérieures; faites en sorte que le sentiment du
respect s'enracine profondément dans leur cœur.

Quelques-uns de vos élèves deviendront probablement, grâce
à vos soins, plus instruits que leurs parents. S'ils ont l'air de
s'apercevoir de cette petite supériorité ; si, lorsqu'on a besoin de
leurs services, ils les rendent avec une sorte de condescendance
dédaigneuse ; si une faute contre la langue ou contre l'usage
fait naître sur leurs lèvres un sourire moqueur, ils ont acheté
l'instruction trop cher : mieux vaudrait qu'ils n'eussent rien appris.

Ce n'est pas sous votre direction que de tels résultats sont à re-douter. Vous entretiendrez avec soin dans le cœur de vos élèves le respect le plus profond pour leurs parents, l'attachement le plus tendre pour leur famille. Vous leur apprendrez en même temps à aimer avec dévouement la patrie, cette grande famille, dans laquelle toutes les familles particulières se confondent.

La loi, c'est encore la patrie ; c'est la volonté du pays, expri-mée par ceux qui le représentent. Le respect pour la loi et pour les magistrats, organes de la loi, doit être de bonne heure si for-tement inculqué à l'enfance, qu'il devienne pour elle comme une seconde nature. L'Éducation doit être infatigable pour arriver à la réalisation de ce vœu : il n'est pas d'instituteur qui, en y coo-pérant par ses leçons et par ses exemples, ne puisse, si humble que soit sa position, bien mériter de son pays.

Dans les campagnes, le succès sera facile. Mais si votre école est placée dans une ville, de nombreux obstacles entraveront votre coopération à cette œuvre sainte. Quelques-uns de vos élèves auront été peut-être bien mal préparés à cet enseignement patrio-tique et moral. On leur a appris à détester ce que vous leur di-tes d'honorer et de bénir. Les rugissements de l'émeute ont re-tenti à leurs oreilles ; ils ont vu passer dans les rues les saturna-les du désordre ; ils grandissent au milieu d'une fermentation in-cessante, entourés d'hommes qui imputent aux institutions poli-tiques et à l'ordre social le malaise, résultat nécessaire de leurs propres vices. Ils ont sucé avec le lait le poison des fausses doc-trines et des habitudes perverses.

Prodiguez à ces jeunes infortunés les soins les plus assidus et les plus tendres. Que leurs esprits, si agités dans la maison et dans la rue, se reposent dans le calme de l'école. Purifiez leurs yeux par le spectacle de l'ordre, leurs oreilles par de sages paro-les, leur âme par de douces émotions. Grâce à vous, leurs cœurs s'ouvriront insensiblement à l'amour de la morale et des lois.

Cette réaction salutaire se propagera même peut-être jusqu'à leurs familles. Oui, il y a des exemples de parents abandonnés à toutes sortes de désordres, pour qui une jeune fille pieuse, un jeune fils plein de sagesse et de douceur, a été un ange de paix, qui les a réconciliés avec la société et avec eux-mêmes. La vertu dans l'enfant que l'on aime, a un attrait si puissant et si doux !

Il est si cruel pour un père de rougir aux yeux de son fils !...

Je ne sais quel est le plus heureux, ou de l'enfant qui a répandu ainsi dans sa famille les consolations de la vertu, ou du maître à qui cet enfant est redevable d'un tel bonheur.

(Th. H. Bárrau.)

NOUS NE SOMMES PLUS AU TEMPS DES SPARTIATES.

(Lycurgue vivait au 9e siècle avant J.-C.)

A Sparte, on accoutumait les enfants de très-bonne heure à rester seuls, à marcher dans l'obscurité, pour qu'ils prissent l'habitude de ne rien craindre. On les accoutumait aussi à n'être ni difficiles ni délicats pour leur nourriture ; à ne point se livrer à la mauvaise humeur, aux cris, aux pleurs, aux emportements ; à marcher nu-pieds ; à coucher durement, et souvent sur la terre ; à porter le même habit en hiver et en été, pour s'endurcir contre le froid et le chaud. A l'âge de sept ans, on les mettait sous la conduite de maîtres habiles et sévères. Leur éducation n'était, à proprement parler, qu'un apprentissage d'obéissance : le législateur ayant bien compris que le moyen le plus sûr d'avoir des citoyens soumis aux lois et aux magistrats était d'apprendre aux enfants, dès leurs premières années, à être parfaitement soumis à leurs maîtres.

Devenus plus grands, lorsqu'ils étaient admis à la table des personnes plus âgées, on leur montrait la porte de la salle en leur disant ces mots : « Aucune parole ne doit sortir par cette porte. » Leçon journalière qui leur imprimait l'habitude de la discrétion.

Le législateur des Lacédémoniens, Lycurgue, eut beaucoup de peine à persuader à ses compatriotes l'utilité d'une éducation à la fois si forte et si minutieuse ; il se servit d'une fable vivante pour les convaincre, et cet apologue d'un nouveau genre eut plus de succès que des raisonnements.

Il avait élevé deux chiens, tous deux nés du même père et de la même mère, dressant l'un avec sévérité, et donnant à l'autre toute la liberté et toute la nourriture qu'il voulait. Un jour, devant l'assemblée du peuple, il fit venir ces deux chiens ; en même temps il posa à terre une écuelle de soupe, et fit lâcher un lièvre : le chien bien dressé courut au gibier, et son camarade au potage. » Voyez, dit le législateur, l'effet de l'éducation : ces animaux sont de même race et du même sang ; l'un est gourmand, l'autre est chasseur : tel est le résultat des leçons qu'on leur a données, des habitudes qu'ils ont prises. Vos enfants seront des hommes lâches ou courageux, selon que vous négligerez ou suivrez les lois que je vous propose. » Sparte le crut, et devint la première république de la Grèce. — (*)

QUELLE EST L'ÉTUDE LA PLUS IMPORTANTE.

L'étude est l'apprentissage de la vie. Elle doit nous fournir les moyens de bien agir et d'user honnêtement du repos. La vie est courte, notre capacité est bornée, la jeunesse est le temps le plus propre à apprendre : l'on doit donc choisir avec grand soin ce que l'on doit faire apprendre aux jeunes gens. Or, entre les instructions nécessaires à tout le monde, le soin de l'âme est le plus pressant, et il importe plus de bien conduire la volonté que d'étendre les connaissances. La première étude doit donc être celle de la vertu. Tous les hommes ne sont pas obligés d'avoir de l'esprit, d'être savants ou habiles dans les affaires, de réussir dans quelque profession ; mais il n'y a personne qui ne soit obligé à bien vivre. Tous les autres biens sont inutiles sans celui-ci, puisqu'il en montre l'usage ; on n'en a jamais assez ; et la plupart des gens en ont si peu, que l'on voit bien la difficulté de l'acquérir. On ne peut donc y travailler de trop bonne heure : il faut que les maîtres, dès qu'on met un enfant entre leurs mains, commencent avec lui cette étude et la continuent tant qu'il est sous leur conduite.

Mais il ne faut pas s'y tromper : l'étude ne consiste pas seulement à lire des livres. Nous devons compter pour une grande partie de l'étude la réflexion et la conversation. Il y a quantité de choses qui ne s'apprennent que par tradition et de vive voix, et il y en a aussi que chacun apprend en observant ce que font

(*) Extrait du *Livre de Morale pratique*, ou *Choix de Préceptes et de Beaux exemples*, destiné à la lecture courante dans les Ecoles et les Familles, par Th. H. BARRAU. (In-12, 1851, nouvelle édition ; à Paris, chez Hachette.) Prix — 1 fr. 50 c.

les autres, ou en méditant soi-même : mais c'est principalement la Morale qui s'apprend ainsi. Chacun forme ses maximes bien moins sur ce qu'il lit que sur ce qu'il entend dire, principalement dans les entretiens familiers, qu'il croit plus sincères que les discours publics, et sur ce qu'il voit faire à ceux qu'il estime les plus raisonnables. De là vient que l'exemple et l'autorité sont d'un si grand effet sur les mœurs.

(Fleury.) — (1)

DANGERS DES ÉTUDES PRÉMATURÉES.

Les études *prématurées*, c'est-à-dire les travaux intellectuels disproportionnés par leur *quantité*, leur *nature*, et leur *durée* avec les forces physiques et psychologiques des élèves, produisent, sur leur corps et sur leur âme, des effets dont on n'exagère point la malfaisance en les qualifiant de désastreux. L'activité prématurée de l'intelligence jette la perturbation dans la vie cérébro-spinale, dans la vie végétative, et dans la vie psychologique; compromet et souvent ruine pour toujours la santé des enfants, en violant les trois lois fondamentales de *l'expansion biologique*, de *l'équilibre* des fonctions, et du *développement* successif des diverses parties du cerveau ; débilite toutes les facultés mentales et notamment la *mémoire*; produit la confusion des idées et le dégoût des études, et ouvre la porte à la superstition et au scepticisme. Le nombre de ces funestes conséquences ne surprendra que ceux qui sont étrangers à *l'anthropologie* et à *l'hygiène*, et les médecins aussi bien que les psychologues, auront plus d'additions que de suppressions à faire dans ce triste catalogue. — (2)

---

(1) L'abbé Fleury, né à Paris en 1640, mort en 1733, fut sous-précepteur des enfants de France (les ducs de Bourgogne, d'Anjou et de Berry, dont Fénelon était précepteur), puis confesseur du roi Louis XV. Il est auteur du *Catéchisme historique* et d'une *Histoire ecclésiastique*. Il ne faut pas le confondre avec un autre Fleury, qui devint évêque et cardinal, d'abord précepteur de Louis XV et ensuite son premier ministre.

(2) Extrait de la *Notice sur les Jardins d'Enfants*, ou *Aperçu de la réforme pédagogique* de Frœbel, etc., par Edouard Raoux, Professeur de Philosophie à l'Académie de Lausanne. (Brochure in-8. 1859.)

NÉCESSITÉ DE METTRE LE TEMPS DE LA JEUNESSE A PROFIT.

La jeunesse est un temps fort précieux : jamais la curiosité ni la docilité ne sont si grandes ; les enfants veulent tout savoir ; tous les objets leur sont nouveaux, et ils les regardent avec attention et admiration ; ils font sans cesse des questions, ils veulent essayer de tout ét imiter tout ce qu'ils voient faire : d'ailleurs, ils sont crédules et simples, ils prennent les paroles pour ce qu'elles signifient, jusqu'à ce qu'ils aient appris à se défier, en éprouvant que l'on ment et que l'on trompe. Ils prennent telle impression que l'on veut, n'ayant encore ni expérience ni raisonnement qui y résiste : jamais la mémoire n'est plus facile ni plus sûre ; et, selon qu'à cet âge on s'accoutume à penser à certaines choses plutôt qu'à d'autres, on s'y applique dans tout le reste de sa vie avec plus de facilité et de plaisir. Il est évident que Dieu a donné toutes ces qualités aux enfants afin qu'ils puissent apprendre ce qui leur doit servir dans le reste de la vie ; et il est de la même providence de ne leur avoir pas donné ces qualités en vain, mais de leur avoir donné en même temps la capacité de retenir tout ce qui leur est nécessaire, et les moyens extérieurs de l'apprendre. C'est la faute de ceux qui nous ont instruits, et la nôtre ensuite, s'il nous manque quelqu'une de ces connaissances nécessaires : de là vient que l'ignorance de nos devoirs nous rend coupables. Or, la capacité que nous avons de connaître et de retenir n'est pas petite ; et il n'y a point d'homme si peu instruit et d'un esprit si grossier, pourvu qu'il ne soit pas tout à fait stupide, qui n'ait une quantité prodigieuse de connaissances. Les ignorants ne sont pas des gens qui ne pensent à rien et qui n'aient rien dans la mémoire ; seulement, ils y ont moins de choses, et pensent souvent aux mêmes sans ordre et sans suite, ou bien ils pensent a quantité de choses, mais petites, basses, vulgaires et inutiles. Les savants, au contraire, et les habiles gens, pensent à plus d'objets, et à des objets plus grands, plus nobles et plus utiles.

(Fleury.)

ON DEVRAIT OBSERVER DE PLUS PRÈS LE NATUREL DES ENFANTS.

Sans prendre à la lettre les hypothèses phrénologiques, si on observait de plus près le naturel des enfants, on devinerait peut-être leur avenir, comme le jardinier devine au feuillage le fruit qui fera plier les rameaux ; mais l'enfance forte ou faible, vive ou languissante, brave ou craintive, violente ou tendre, est asservie aux mêmes exercices, classée dans les alvéoles de la ruche commune, et sort de là façonnée dans le même moule, brisée dans le même étau orthopédique, avec l'oubli de ses instincts natifs, la lassitude de ses efforts ayant déjà épuisé la curiosité de savoir, et n'ayant plus que la curiosité de vivre et de jouir. — (1)

MOYEN DE VAINCRE LA RÉPUGNANCE
qu'opposent les jeunes enfants à l'ingestion des médicaments.

Ce moyen, dont la simplicité est telle qu'il peut être mis en pratique par les mères ou les nourrices les moins intelligentes, consiste à coucher l'enfant sur les genoux d'un aide, la tête légèrement renversée en arrière, de manière que celle-ci ne puisse se relever sans un effort assez énergique. Dans cette position, l'enfant est déjà très-facile à contenir. M. Hervieux dit même qu'il est aux trois quarts vaincu ; il a tellement conscience de son impuissance dans cette attitude, qu'il renonce presque spontanément à toute résistance. Veut-on alors, en effet, lui introduire dans la bouche une cuillerée d'un liquide quelconque, on est tout étonné de voir que cet enfant qui, dans la position verticale, se débattait avec tant de violence contre les efforts des personnes qui l'entouraient, se prête avec une merveilleuse facilité, une fois placé dans la position décrite, à ce que l'on exigeait de lui. Plus de cris, plus d'agitation, plus de mouvements convulsifs, plus de résistances désespérées, ou, du moins, s'il y a encore, de la part du petit malade, quelques tentatives de cette nature, elles sont si vite et si aisément réprimées, que l'enfant n'a bientôt plus la pensée de les renouveler. Si on lui pince alors le nez, il ouvre la bouche toute grande, et dèslors la cuiller chargée de liquide est facilement introduite ; son contenu glisse rapidement la long de la langue, si rapidement que l'enfant n'a que juste le temps de faire le mouvement de déglutition, et l'on peut dire qu'en un tour de main le médicament ou le liquide nutritif est arrivé à sa destination. — (2)

(1) Extrait du petit livre intitulé : *Pour Parvenir, Légende,* par J. T. - DE SAINT-GERMAIN. (A Paris, chez Jules Tardieu, rue de Tournon, 13.) — Prix : 1 franc.

(2) Extrait de la *Gazette de Médecine, Conseiller de la Santé.* — Publication mensuelle. Rédacteur en chef : M^r le Docteur HENRI COTIN. (A Paris, rue de Grenelle-St-Germain, 39.) — Prix de l'abonnement : 6 francs par an.

BULLETIN BIBLIOGRAPHIQUE.

Livres. — Musique. — Dessin. — Cartes. — Atlas.

> Il faut lire pour s'instruire, pour se corriger,
> pour se consoler, et pour s'amuser.
> (Christine de Pisan.)

(Suite. — *Voyez la dernière livraison*, page 35.)

15. La Politesse au Pensionnat, par Mme la Comtesse *Droho-jowska*, (née Symon de Latreiche). (In-18 , 1861; à Paris, chez Victor Sarlit , libraire-éditeur, rue Saint-Sulpice, 25.) — Prix : 1 franc.

16. Fabliaux à l'usage des Enfants, par *Champeau*. (In-12, 1862 ; à Paris, même adresse.) — Prix : 1 fr. 50 c.

17. La Botanique des Écoles. Petit Traité de Physique végétale, par *J. Pizzetta*. (In-18 ; à Paris, chez Paul Dupont, rue de Grenelle-Saint-Honoré, 45.) — Prix : 50 cent.

18. Enfances célèbres, par Mme *Louise Colet*. (Grand in-18, avec 57 gravures sur bois, 4e édition, 1862; à Paris, chez Hachette.) — Prix : 2 francs.

Cet intéressant ouvrage fait partie de la *Bibliothèque rose illustrée, pour les Enfants et les Adolescents*, (grand in-18), que nous recommandons instamment aux familles.

19. Cours élémentaire de Géologie, à l'usage des Lycées, des Établissements d'Instruction publique, des Aspirants au grade de Bachelier ès-sciences, etc.; par *E. Lambert*. (In-12 , avec gravures, 1862 ; à Paris, chez F. Savy, rue Hautefeuille, 24.) — Prix : 2 fr. 50 c.

Excellent ouvrage, tout à fait à la hauteur de la science, écrit avec méthode et clarté, et d'une lecture toujours intéressante.

20. Les Fleurs qui parlent, par *Anatole Bordot* ; et les Plantes curieuses, par *Edmond Audouit*. (In-12; à Paris, chez J. Vermot, libraire, quai des Augustins, 33.) — Prix : 2 fr.

21. Petite Flore latine : Clef des Citations latines que l'on rencontre dans les ouvrages des Écrivains français ; par *P. Larousse*. (In-12 , 1862 ; à Paris, chez Larousse et Boyer, rue Saint-André-des-Arts, 49.) — Prix : 2 francs.

22. Voyage illustré dans les deux mondes, par MM. *Félix Mornard* et *Vilbort*. (Un magnifique volume de 400 pages, for-

mat de l'*Illustration*, contenant environ 800 gravures ; à Paris, chez Le Chevalier, rue Richelieu, 60.) — Prix : 15 francs.

Très-bel ouvrage à donner en cadeau d'étrennes et bien digne de figurer dans les salons.

Musique.

23. Petit Solfége ou Manuel musical des Enfants (très-facile), pouvant servir d'Introduction à ceux de MM. Panseron et Garaudé, par MM. *Chanat* frères. (2e édition ; à Paris, chez Alphonse Leduc, Éditeur, rue de Ménars, 4.) — Prix net : 2 fr. 50 cent.

Bon petit ouvrage, très-bien conçu, et vraiment élémentaire.

24. 25 Études progressives de Mécanisme et d'Expression, pour Piano, par *Marmontel*, Professeur au Conservatoire de Musique; à Paris, chez Legouix, Éditeur, boulevard Poissonnière, 27.) — Prix : 20 francs.

25. L'Art d'apprendre le Piano avec agrément, ou Études poétiques, par *Valenti*. (A Paris, chez Jourdaine, rue du Dauphin, 9.) — Prix : 20 francs.

L'ouvrage de M. *Valenti* doit être considéré comme un recueil d'études mélodiques, dans lesquelles l'auteur a jeté beaucoup d'agrément ; l'Élève fera donc d'autant plus de progrès qu'il trouvera moins d'aridité et de sècheresse dans les Exercices. Nous pensons que cet ouvrage ne peut qu'être très-utile et très-agréable aux étudiants.

26. Miettes musicales. Esquisses de genre pour Piano, par *Georges Stern*. (A Paris, chez Lebeau aîné, Éditeur, rue Sainte-Anne, 4.) — Prix : 6 francs.

27. Quatre morceaux de chant avec accompagnement de Piano, par *H.-L. D'Aubel* : La petite pièce d'Or. — Berceuse. — Le Coin du feu. — Le Berceau vide. (A Paris, même adrssse.) — Prix : 2 fr. 50 c. et 3 fr.

Le même Éditeur continue à publier *L'Orgue des Salons*, Collection de Morceaux pour l'Orgue expressif (Harmonium seul, et Harmonium et Piano), dont nous avons déjà parlé dans la 12e année de ce Journal (page 36). — M. Lebeau vient également de publier une *Messe à 4 voix, solos et chœurs, avec accompagnement d'Orgue*, par ALEXANDRE GUILMANT, Maître de Chapelle à Boulogne-sur-Mer ; (prix net : 10 francs); — plus, une autre *Messe pour les Sociétés chorales (Orphéonistes) à 4 voix d'hommes, avec accompagnement d'Orgue, ad libitum*, par CHARLES GOUNOD. — Prix net : 6 francs.   (*La suite au prochain numéro*).

CONNAISSANCES DIVERSES.

MÉLANGES INSTRUCTIFS ET AMUSANTS.

UN DES TRAVERS DE NOTRE SIÈCLE.

Nous trouvons dans *l'Illustration* un passage amusant sur un des *travers de notre siècle :*

» Nous avons la manie du grand, ou plutôt, si vous voulez me passer le barbarisme, du *grandissement.* C'est dans notre style surtout et dans nos façons de parler qu'elle apparaît ; nous ne savons plus exprimer simplement les idées les plus simples : le domestique qui me sert à boire me demande si *j'accepterai* du vin de Bordeaux ou du vin de Bourgogne ; bon gré, mal gré, je suis le *client* de mon cordonnier, et hier le *clerc* de mon perruquier m'a coupé les cheveux dans une *étude* ; je connais un portier qui a transformé sa loge en *bureau de renseignements*, et un autre qui a décoré la sienne d'un tableau sur lequel se lit en grosses lettres : *Administration.*

Cette recherche de mots à effet se rencontre même dans la bonne société ; on ne chante plus une romance, on *l'interprète* ; on ne joue plus un air sur le piano, on le *dit* ; on n'aime plus un poète, on *l'adore* ; le thé que vous sert la maîtresse de la maison n'est pas très-bon, il est *exquis* ; sa robe n'est pas jolie, elle est *ravissante;* et ainsi de suite.

Ouvrez les journaux, vous y verrez fleurir le style noble, comme en terre promise; et ce qu'il y a de comique, c'est que le style noble est ce dont les journalistes se moquent le plus agréablement; ils en font et ne s'en doutent pas, les innocents, comme M. Jourdain faisait de la prose. Dans un article de fond, on n'approuve plus une résolution, on y *applaudit* ; on ne se mêle plus des affaires de ses voisins, on *s'immisce dans leur politique* ; on ne méprise plus certains principes, on les *foule aux pieds* ; or *proteste hautement contre une allégation*, on ne se contente plus de la démentir ; on n'écrit plus : alors commença un temps glorieux, etc., mais *alors s'ouvrit une ère de gloire*, etc.

Aux *Faits divers,* la foule ne crie plus tout bonnement : « Vive l'Empereur ! » elle *salue l'Empereur de ses acclamations ;* un accident qui se produit, au lieu d'attrister simplement les spectateurs, *produit* parmi eux *une douloureuse sensation ;* la justice poursuit non plus ses recherches, mais ses *investigations : Investigations* a six syllabes, *recherches* n'en a que trois, dont une muette ; *investigations* devait tuer *recherches.* Enfin, vous ne rencontrerez aux *Faits divers* que des scènes *dramatiques,* des évènements *terribles,* des applaudissements *frénétiques,* des crimes *effroyables,* des dévouements *héroïques,* des temps *splendides favorisant* des fêtes *magnifiques,* des enthousiasmes *indescriptibles,* et autres épithètes ambitieuses rapprochées de participes ampoulés.

Imaginez des mots plus longs, plus éblouissants et plus retentissants encore, et vous aurez le style de la réclame ; elle vise aussi à la noblesse, cette fille bien-aimée et bien venue du dix-neuvième siècle ; elle court après les expressions *distinguées.*

Une couturière annonçait, l'autre jour, que, seule, elle *éditait* certain vêtement de forme nouvelle ; un horloger appelle les montres et les pendules des *machines horaires :* enfin, un industriel désigne par cette merveilleuse périphrase : *appareil à pression de bas en haut,* ce que nos grands-pères et nos grand'mères ne craignaient pas de nommer sans périphrase. Cet *appareil à pression de bas en haut* aurait fait rire Molière huit jours durant, et il n'eût pas manqué de lui donner une place d'honneur dans ses *Précieuses* (1). Le français du temps de Boileau voulait être respecté, mais certes beaucoup moins que notre français. »

⸺⸻◦⸻⸺

SUR LE JARDINAGE.

. . . . Le jardinage,
Dans tous les siècles fut l'amusement du sage.
Il exerce le corps et souvent parle au cœur :
De l'herbe parasite en dégageant la fleur,
En redressant l'arbuste, on voit dans la nature
Des mœurs du genre humain la fidèle peinture.

(Demoustier. — Le Conciliateur ou
l'Homme aimable, Comédie.)

---

(1) Nous avons vu mieux que cela ; c'est : *douche intérieure ascendante.*

DE LA COLÈRE.

Quels sont les effets de la colère sur le corps ?

La colère est la passion qui se manifeste avec le plus d'éclat et de véhémence ; son action sur le corps est aussi violente qu'elle-même, puisque de fréquents exemples prouvent qu'elle peut occasionner une mort subite, ou du moins des maladies très-graves, Les plus ordinaires de ces maladies sont : 1º la jaunisse ; 2º des inflammations aiguës qui surviennent principalement dans le foie ; 3º la rupture des cicatrices ; 4º des accès de fièvre ardente ; 5º de fortes hémorrhagies ; 6º l'épilepsie ; 7º des convulsions, et autres maladies nerveuses extrêmement graves.

Quels sont les effets moraux que produit la colère ?

Outre les accidents physiques dont il vient d'être question, la colère a encore pour effet : 1º d'aigrir le caractère et le rendre de plus en plus emporté, à mesure qu'on se laisse entraîner plus souvent par cette passion ; 2º de nous porter à des violences coupables qui vont quelquefois jusqu'au délire ; 3º de maintenir dans une contrainte fatigante qui empêche souvent l'intimité dans les liens de la famille, tous ceux qui sont obligés de vivre avec nous ; 4º d'éloigner de nous toutes les personnes d'un caractère doux et timide, qui évitent soigneusement la société de celles qui sont violentes et emportées.

Les femmes, à cause de leur plus grande sensibilité, sont plus sujettes à la colère que les hommes ; il en est que la moindre contrariété irrite et jette dans des emportements violents. Cette habitude de céder si facilement au penchant qui les domine, leur aigrit le caractère et les rend acariâtres.

Quels sont les moyens de combattre le penchant à la colère ?

Le moyen le plus efficace de combattre l'inclination à la colère, est de la réprimer dans l'enfant lorsqu'on voit qu'elle est très-développée chez lui, et cette répression doit se faire au moyen de la douceur, du raisonnement et du sang-froid, et jamais par la violence, qui ne fait qu'exciter la passion au lieu de la calmer. Comme cette passion fougueuse ne fait que s'accroître dans la jeunesse et dans l'âge mûr, lorsqu'elle n'a pas été combattue dans l'enfance, il n'y a alors qu'une raison supérieure, qui n'appartient qu'aux personnes d'une haute intelligence, et une volonté ferme qui puissent la dompter.

Le penchant à la colère tenant entièrement au tempérament, le régime habituel a une grande influence sur lui. Le régime qui convient pour tempérer cette passion, consiste : 1º à éviter soigneusement les excès de table, le café et le vin; 2º à ne faire usage que d'une nourriture douce, rafraîchissante et peu substantielle : 3º à prendre le plus de bains tièdes ou frais que peut le comporter l'état de la santé ; 4º si la force du tempérament résiste à tous ces moyens, qui ont tous pour but de calmer les nerfs trop irrités, on peut même recourir à la saignée, que l'on pratique à des époques plus ou moins rapprochées; 5º enfin, à éviter, autant que possible, toutes les circonstances qui peuvent irriter le caractère.　　　　　(Orfila. — *Hygiène populaire.*)

QUELQUES-UNES DES MERVEILLES DE L'EXPOSITION DE LONDRES.

Parmi les plus étonnantes merveilles de l'Exposition de Londres se trouve une série de microscopes donnant des figures et des divisions extrêmement délicates de presque tous les corps imaginables, depuis la peau humaine jusqu'aux particules des plus petits êtres de la création. Mais la plus grande merveille est une machine destinée à écrire en caractères les plus microscopiques possible; elle excite l'étonnement bien plus encore que cette autre machine, exposée en 1851, qui servait à mesurer la millionième partie d'un pouce. Le but principal du nouvel instrument est d'empêcher la contrefaçon de l'écriture. On prétend qu'il permet d'écrire toute la Bible dans l'espace d'un pouce carré ; mais il va sans dire que cette écriture microscopique ne peut être déchiffrée qu'à l'aide d'un verre particulier d'une puissance extraordinaire. On pense qu'il serait possible d'introduire ce système d'écriture dans les transactions commerciales, on mettrait ainsi au défi l'ingénieuse adresse des faussaires.

A l'exposition de cette année se voit encore cette admirable machine, à calculer qui résout les problèmes les plus difficiles, donne les résultats exacts de tous les calculs d'arithmétique, et les livre même tout imprimés. Le gouvernement anglais a fait l'acquisition de cette machine pour Sommerset-House, où elle doit servir à faire les calculs et les tables d'annuité du grand-registre (*register-general.*) — (*)

(*) **Extrait** de *La Science pittoresque.*

CARON ET UNE OMBRE.

Dialogue.

L'OMBRE.

Passe-moi dans ta barque, ami, je t'en conjure.

CARON.

Caron n'a point d'amis. Attends, dans ces roseaux,
Que, prenant en pitié tes misérables os,
    On t'ait donné la sépulture.

L'OMBRE.

    J'attendrai peut-être longtemps
    Un honneur dont l'oubli t'indigne.

CARON.

    Tu n'ignores pas ma consigne ;
    Je serai sourd pendant cent ans.

L'OMBRE.

Ah ! bon vieillard, de grâce ! entends ma voix plaintive :
    Laisse-moi toucher l'autre rive.

CARON.

Vile ombre ! en le flattant, tu crois fléchir Caron.
Au large ! ou sur ton chef crains un coup d'aviron.
Va te faire enterrer.

L'OMBRE.

        Flottant à l'aventure,
    Déjà mon pauvre corps, hélas !
Peut-être aux noirs requins a servi de pâture.

CARON.

En ce cas, si j'en juge à ta triste figure,
    Ils ont fait un maigre repas.
    As-tu péri dans un naufrage ?

L'OMBRE.

    Non ; las du jour, moi-même, hier,
    j'ai dans les gouffres de la mer
    Cherché la mort avec courage.

CARON.

    Fier courage ! et peut-on savoir

Quelle calamité publique,
Ou quelle douleur domestique
T'avait donné ce droit, le droit du désespoir?

L'OMBRE.

J'avais vu par le sort ma fortune ravie.
Riche, j'éclipsai tout aux murs où je suis né ;
Pauvre, mes bons amis m'avaient abandonné ;
Il ne me restait que la vie ;
Je l'ai jetée au vent.

CARON.

Sur la terre, dis-moi,
De tes jours quel était l'emploi ?

L'OMBRE.

Les dés.

CARON.

Comment ! les dés ?

L'OMBRE.

Chacun a son idole.
J'espérais conquérir et boire le Pactole.
L'or fut mon seul amour, mon seul rêve, mon dieu.
Pour lui j'ai supporté tous les labeurs du jeu.

CARON.

Et ce noble travail t'a ruiné?

L'OMBRE.

Mon père
Me légua cent talents acquis avec honneur ;
Et du sort l'avide fureur
Ne m'a laissé que la misère.

CARON.

Ainsi, né riche et gorgé d'or,
Tu veillais, tu suais pour t'enrichir encor !
Voulais-tu soulager les maux de tes semblables ?

L'OMBRE.

Je n'avais nul souci du sort des misérables,
Je l'avoue.

CARON.

Insensé ! plus misérable qu'eux,
Tu ne te doutais pas qu'il fût des malheureux !

Tes mains pressuraient l'or, mais leur froideur cruelle
N'en savait exprimer les bienfaits qu'il recèle !
A quoi bon devancer le terme de tes jours ?
    Quand tu crus en finir le cours,
Tu n'étais déjà plus qu'un cadavre ; en ton âme
Tout était mort ; la cendre avait éteint la flamme.
N'avance pas.

(Il lui lance un coup de rame.)

L'OMBRE.

    Hélas ! mortel infortuné,
A subir tes affronts suis-je donc condamné ?

CARON.

Mais en te repoussant, maraud, je te fais grâce ;
    Je retarde ton châtiment.
Car tu ne penses pas que Minos le clément
Aux Champs Élyséens te réserve une place,
A toi, toi qui n'as pu, sot et lâche à la fois,
Survivre à l'or stérile échappé de tes doigts ?

L'OMBRE.

Que faire au monde enfin, quand, la pièce achevée,
On se retrouve nu, comme à son arrivée ?

CARON.

Que faire ? du travail embrasser l'humble autel,
    Puis des dieux attendre l'appel.
Mais dis, n'aurais-tu pas sauvé dans le naufrage
De quoi même acquitter ici-bas ton péage ?

L'OMBRE.

Pas une obole.

CARON.

    Arrière, homme de vanité,
Dont la cervelle étroite et vide de sagesse
    N'a pu comprendre la richesse,
      Ni supporter la pauvreté !
      Arrière, âme à jamais flétrie,
      Qui n'as su remplir, sous les cieux,
      Ni ta dette envers la patrie,
      Ni les devoirs envers les dieux;
      Et puis cette vie inféconde,

6

Un jour, insolemment, comme un autre Caton,
>> Tu la rends au maître du monde !
Va, le prix t'en sera bien payé chez Pluton.
Tu pleures ! de ta doublé et profonde misère,
>> Malgré moi, j'ai presque pitié ;
Car des fleurs dont le Ciel a parfumé la terre
>> Tu n'as pas cueilli la moitié ;
>> Pauvre homme, las de l'existence,
Tu n'as goûté là-haut l'amour ni la science,
>> Ni la vertu, ni l'amitié.
Mais la foule grossit : place à la fourmilière !
>> Repasse dans un siècle. Arrière !

(Clovis Michaux.) — (*)

DE L'AVANTAGE QU'IL Y A D'ÊTRE LAID.

C'est un grand avantage d'être laid, disait un jour l'Abbé Maury au plus éloquent de ses antagonistes, *mais il ne faudrait pourtant pas en abuser.* Tous ceux qui se souviennent d'avoir vu le spirituel orateur auquel on attribue ce mot original, savent très-bien qu'il était au moins aussi laid que son illustre adversaire, seulement il était sur ce point un peu plus modeste que lui. *Mirabeau* était en effet dans l'habitude de tirer vanité de sa figure ; il était fier de sa laideur comme un autre le serait de sa beauté ; il savait qu'il est des circonstances et des positions où la difformité des traits est plus souvent une recommandation qu'un obstacle. Les grâces de l'*Apollon* ou de l'*Antinoüs* auraient bien mal servi le tribun appelé à lutter corps à corps et sans relâche contre de puissants ennemis.

La proposition que j'avance peut paraître paradoxale ; elle n'en est pas moins d'une grande vérité. Étudiez attentivement la disposition générale des esprits, recherchez les causes des succès qui vous frappent le plus, surtout dans les affaires publiques, et vous reconnaîtrez que les avantages extérieurs excitent communément plus de défiance que d'intérêt, et coûtent en regrets à ceux qui les possèdent plus qu'ils ne leur rapportent en réalité.

(*) Extrait de *La Cigale, Journal littéraire*, publié à Paris.

La jalousie, qui s'attache à toute supériorité, n'explique pas suffisamment cette prévention ; elle prend sa source dans un sentiment aussi général et moins coupable : on est volontiers porté à croire que les agréments du corps nuisent, par la fatuité qu'ils inspirent, à la culture des dons de l'esprit ; on se persuade que la certitude de plaire sans efforts dispose au mépris des avantages que l'étude et le travail peuvent seuls acquérir. Les grâces du visage semblent impliquer la frivolité du caractère ; et, comme elles compenseraient jusqu'à un certain point les défauts de l'intelligence, on pense qu'elles les accompagnent presque toujours.

N'est-ce pas par une prévention inverse et née du même principe, qu'on fait des qualités de l'esprit le cortége ordinaire des difformités corporelles ? *Les bossus, les borgnes, les boiteux,* en un mot et pour emprunter une expression populaire, toutes les personnes *marquées au B* passent généralement pour spirituelles ; peu de préjugés sont plus répandus et plus accrédités. Toutes choses égales d'ailleurs, il est donc avantageux d'être *boiteux, borgne ou bossu.* Cela est incontestable, surtout dans un temps et dans un pays où l'esprit est la première des puissances........ *après l'argent.*

Sans faire tort aux ministres actuels de tous les pays, que je respecte tous, oserais-je dire qu'en général les ministres sont laids ? *Sully* avait une figure commune et désagréable ; c'est un fait que *Gabrielle d'Estrées* ne put jamais se décider à le regarder en face. Le Cardinal de *Richelieu* était repoussant ; il le savait bien, quoique personne n'eût jamais pris la liberté de le lui dire; aussi était-il dans l'usage de se farder comme une femme. Cette circonstance semblerait prouver que Richelieu n'était pas de mon sentiment sur l'utilité de la laideur ; mais comme il ne commença à mettre du rouge que longtemps après son entrée au ministère, le fait en lui-même ne conclut rien contre moi. La laideur du duc d'*Otrante* était devenue proverbiale; il en plaisantait lui-même avec esprit. Je ne crois pas que ce soit précisément sa figure qui l'ait porté à la tête du gouvernement; mais je suis très-persuadé qu'elle l'avait beaucoup servi précédemment pour l'élever aux postes éminents qu'il avait occupés. Il avait l'aspect triste, *on le prit pour un penseur ;* il était laid, *on le crut profond.*

Entrez dans une cour judiciaire, soit à Paris, soit à Londres, vous êtes frappé de la laideur du plus grand nombre des magistrats. *Un juge, un maître des requêtes, un attorney, un avocat, un médecin, un notaire, un professeur,* sont absolument obligés d'être laids ; c'est une condition de leur état. Si leur physionomie n'a pas le bonheur d'être ingrate, ils n'inspirent que peu de confiance ; il leur faut dix fois plus de zèle, de savoir et de lumières, pour commander l'estime et l'intérêt.

La laideur a fait plus de millionnaires et d'hommes d'état que la beauté. Je ne parle ici, comme on voit, que de deux genres de succès. Si j'osais exposer toute ma pensée, je pousserais peut-être le paradoxe un peu plus loin.

(***)

LE LÉZARD.

Un jour, seul dans le Colisée,
Ruine de l'orgueil romain,
Sur l'herbe de sang arrosée
Je m'assis, *Tacite* à la main.

Sur la muraille qui l'incruste,
Je recomposais lentement
Les lettres du nom de l'Auguste
Qui dédia le monument.

J'en épelais le prémier signe :
Mais déconcertant mes regards ,
Un lézard dormait sur la ligne
Où brillait le nom des Césars.

Seul héritier des sept collines ,
Seul habitant de ces débris ,
Il remplaçait sous ses ruines
Le grand flot des peuples taris.

Sorti des fentes des murailles ,
Il venait, de froid engourdi ,
Réchauffer ses vertes écailles
Au contact du bronze attiédi.

Consul, César, maître du monde,
Pontife, Auguste, égal aux dieux,
L'ombre de ce reptile immonde
Eclipsait ta gloire à mes yeux !

La nature a son ironie :
Le livre échappa de ma main.
O Tacite ! tout ton génie
Raille moins fort l'orgueil humain !

(Lamartine, — écrit à Rome, en 1846.)

AVIS AUX JEUNES PERSONNES
qui ont des Chats ou des Chiens qu'elles affectionnent.

L'amitié qu'on a pour les chiens et les chats fait qu'on les conserve souvent auprès de soi, quand ils sont malades ; on les caresse, on les baise, on s'en laisse lécher, comme lorsqu'ils sont en bonne santé ; cette habitude peut devenir dangereuse, car de même que les hommes peuvent communiquer aux animaux leurs infirmités, de même les animaux peuvent leur donner des maux qui leur sont particuliers. Souvent il peut résulter de là, pour des personnes qui n'y prennent pas garde, des dartres, des boutons au visage, des gales particulières, et d'autres maladies de peau, auxquelles il est prudent de ne pas s'exposer, en ne se laissant pas lécher par les animaux malades. — (*)

MOYEN
de prolonger la beauté des fleurs.

Si l'on veut conserver longtemps les fleurs dans toute leur beauté, Il faut ajouter à l'eau dans laquelle plongent leurs tiges, une certaine quantité de poussière de charbon qui l'empêche de se corrompre. Lorsque des fleurs sont fanées, par exemple, parce qu'elles ont fait partie toute une soirée d'un bouquet ou

---

(*) Extrait du *Dictionnaire universel de Médecine*, comprenant l'*Anatomie*, la *Physiologie*, l'*Hygiène publique*, etc., etc., par le Docteur LUNEL. (2 vol. in-12, 1862 ; à Paris, chez l'Auteur, rue Mazarine, 41.)

d'nne toilette, il suffit, pour les rafraîchir, de couper, le matin suivant, quelques millimètres de l'extrémité des tiges et de les plonger quelques instants dans l'eau présque bouillante ; on voit bientôt les pétales se redresser et reprendre, quelquefois après deux ou trois minutes, leur fermeté et leur beauté première. — (*)

ESPRIT ET BON SENS,
ou Recueil de Pensées, Maximes, Réflexions sur divers sujets,
Extraites de différents auteurs.

(SUITE. — *Voyez la dernière livraison, page 47.*)

66. J'aime mieux les ennuyeux que les ennuyés : avec ceux-ci il n'y a aucune ressource ; tandis qu'on peut se débarrasser des autres, soit en les occupant, soit en les envoyant se promener.

67. « Du mal dans sa racine étouffez le progrès :
» Le remède tardif est souvent sans succès. »
(***)

68. Heureux ceux qui dès l'enfance ont fait l'apprentissage du malheur !   (Denis de Corinthe.)

69. Le jugement vaut de l'expérience.

70. Je ne connais pas d'hommes plus odieux pour moi que ceux qui croient, qu'à toute occasion, ils doivent faire de l'esprit.   (Lichtenberg.)

71. Nous mourons tous les jours ; chaque jour nous dérobe une portion de nous-mêmes, et nous avance d'un pas vers le tombeau.

72. Tout ce qui vaut la peine d'être fait, vaut la peine d'être bien fait. Appliquez-vous donc à savoir si ce que vous faites vaut la peine d'être fait, puis efforcez-vous de le bien faire.

73. Il n'y a qu'un petit nombre d'hommes capables de dire ce qu'ils pensent, et de faire ce qu'ils disent.

74. Un homme médisant n'est jamais qu'un homme médiocre ; c'est de sa stérilité que naît son besoin de médire ; et parce

---

(*) Extrait du *Cosmos. Revue encyclopédique des progrès des Sciences.*

qu'il sent son insuffisance, il tâche de suppléer aux qualités qui lui manquent en contestant celles qui sont possédées par les autres.

75.   « La vérité perce mal aisément,
   » Mais elle n'a besoin que d'un jour favorable ;
       » Et son triomphe en est plus éclatant. »

(Monvel , — dans L'Amant bourru.)

76.   « Le monde ne peut se résoudre
   » A ne porter qu'un jugement certain :
       » Il veut des preuves pour absoudre ;
       » Il condamne sans examen. »

(Idem.)

77. Un sage médecin disait à ses malades : Prenez de l'exercice, ayez de la gaîté, ne faites point d'excès, et moquez-vous de moi.

78. Plus je rentre en moi-même, plus je lis ces mots écrits dans mon âme : *Sois juste et tu seras heureux.*

(J.-J. Rousseau.)

79. Après le plaisir de savoir, il y en a un autre plus grand, c'est celui d'enseigner.

(J. T. de Saint-Germaïn. — *Pour parvenir,* Légende.)

80. La *mémoire* est sans contredit le plus utile instrument du génie.

81. Mission que les Artistes ont à remplir ici-bas : *Disposer au bien par l'amour du beau.*

82. Qu'est-ce que le Beau ? — *Le beau est la splendeur du vrai.*

83. Nos dilettanti sont des musiciens amateurs à qui il ne manque souvent que du goût et des oreilles.

84. L'amour-propre se plie à tout ; c'est le plus souple et le plus ingénieux des Protées.

85. Rien pour l'observateur n'est muet sur la terre.

(Bacon.)

86. Les hommes desirent allonger leur vie en gros, et la raccourcir en détail.

87. L'humilité n'est souvent qu'un artifice de l'orgueil, qui ne s'abaisse que pour s'élever.

88. Que de gens resteraient muets, s'il leur était défendu de dire du bien d'eux-mêmes et du mal d'autrui !

89. L'erreur et la vérité dorment côte à côte dans les bibliothèques.

90. La mort est douce pour ceux à qui la vie est amère.

91. Montesquieu comparait ses domestiques à une horloge : il faut, disait-il, les remonter de temps en temps pour qu'ils aillent.

92. La vie est une mer sur laquelle on navigue ; mourir, c'est arriver au port.

93. Dans l'éducation, le naturel est le sol ; l'Instituteur est le laboureur ; les bons avis sont les semences.

94. La parole, comme la flèche, ne revient plus : regarde donc, avant de la lancer, si elle n'est ni aiguë ni empoisonnée.

95. L'avare ne possède pas son or ; c'est son or qui le possède.

96. Il ne faut pas soupçonner ceux que l'on emploie, ou il ne faut pas employer ceux que l'on soupçonne.

97. Personne n'est content de ceux qui ne sont contents de personne.

98. L'homme généreux oublie de se souvenir ; l'ingrat se souvient d'oublier.

99. Qu'un coquin incendie une grange, on le mène au supplice ; qu'un conquérant incendie un État, on le proclame grand et on le porte en triomphe.

100. Socrate se montra toujours le plus vertueux des hommes : s'il avait fait une bonne action, il ne s'en vantait pas ; s'il avait reçu une injure, il ne s'en vengeait pas ; s'il voyait son ennemi exposé à quelque danger, il le secourait ; s'il lui arrivait quelque disgrâce, il la supportait avec patience.

101. Les Lettres embellissent la vie, ornent l'esprit, élèvent l'âme, polissent les mœurs, forment le cœur, chassent l'ennui, calment les chagrins, et procurent mille douceurs.

102. Qu'y a-t-il de plus beau à contempler que l'univers, de plus doux à pratiquer que la vertu, de plus facile à donner que des conseils, de plus difficile à acquérir qu'un véritable ami, et de plus difficile à vaincre que ses passions ?

(*La suite au prochain numéro.*)

Bordeaux, Imprimerie de BALARAC jeune, rue d'Albret, 26, près la Mairie et la Cathédrale.

JOURNAL D'ÉDUCATION

PHYSIQUE, MORALE, ET INTELLECTUELLE.

14ᵐᵉ année. — Nᵒ 4. — Février 1863.

Iʳᵉ PARTIE,
POUR LES PARENTS ET LES PROFESSEURS.

PÉDAGOGIE (OU SCIENCE DE L'ÉDUCATION.)
DIDACTIQUE (OU ART D'ENSEIGNER.)

ÉDUCATION DU 1ᵉʳ AGE.

Avant que les enfants sachent entièrement parler, on peut les préparer à l'instruction. On trouvera peut-être que j'en dis trop : mais on n'a qu'à considérer ce que fait l'enfant qui ne parle pas encore ; il apprend une langue qu'il parlera bientôt plus exactement que les savants ne sauraient parler les langues mortes, qu'ils ont étudiées avec tant de travail dans l'âge le plus mûr. Mais qu'est-ce qu'apprendre une langue ? Ce n'est pas seulement mettre dans sa mémoire un grand nombre de mots ; c'est encore, dit Saint Augustin, observer le sens de chacun de ces mots en particulier. L'enfant, dit-il, parmi ses cris et ses jeux, remarque de quel objet chaque parole est le signe : il le fa t, tantôt en considérant les mouvements naturels des corps qui touchent ou qui montrent les objets dont on parle, tantôt étant frappé par la fréquente répétition du même mot pour signifier le même objet. Il est vrai que le tempérament du cerveau des enfants leur donne une admirable facilité pour l'impression de toutes ces images ; mais quelle attention d'esprit ne faut-il pas pour les discerner, et pour les attacher chacune à son objet !

Considérez encore combien, dès cet âge, les enfants cherchent ceux qui les flattent, et fuient ceux qui les contraignent ; combien ils savent crier ou se taire pour avoir ce qu'ils souhaitent ; combien ils ont déjà d'artifice et de jalousie. « J'ai vu, dit Saint Augustin, un enfant jaloux : il ne savait pas encore parler ; et déjà, avec un visage pâle et des yeux irrités, il regardait l'enfant qui tétait avec lui. »

On peut donc compter que les enfants connaissent dès lors plus qu'on ne s'imagine d'ordinaire : ainsi vous pouvez leur donner par des paroles qui seront aidées par des tons et des gestes, l'inclination d'être avec les personnes honnêtes et vertueuses qu'ils voient, plutôt qu'avec d'autres déraisonnables qu'ils seraient en danger d'aimer : ainsi vous pouvez encore, par les différents airs de votre visage, et par le ton de votre voix, leur représenter avec horreur les gens qu'ils ont vus en colère ou dans quelque autre dérèglement, et prendre les tons les plus doux avec le visage le plus serein, pour.leur représenter avec admiration ce qu'ils ont vu faire de sage et de modeste.

Je ne donne pas ces petites choses pour grandes, mais enfin ces dispositions éloignées sont des commencements qu'il ne faut pas négliger, et cette manière de prévenir de loin les enfants a des suites insensibles qui facilitent l'éducation.

Si on doute encore du pouvoir que ces premiers préjugés de l'enfance ont sur les hommes, on n'a qu'à voir combien le souvenir des choses qu'on a aimées dans l'enfance est encore vif et touchant dans un âge avancé. Si, au lieu de donner aux enfants de vaines craintes des fantômes et des esprits, qui ne font qu'affaiblir, par de trop grands ébranlements, leur cerveau encore tendre ; si, au lieu de les laisser suivre toutes les imaginations de leurs nourrices pour les choses qu'ils doivent aimer ou fuir, on s'attachait à leur donner toujours une idée agréable du bien, et une idée affreuse du mal, cette prévention leur faciliterait beaucoup dans la suite la pratique de toutes les vertus. Au contraire, on leur fait craindre un prêtre vêtu de noir, on ne leur parle de la mort que pour les effrayer, on leur raconte que les morts reviennent la nuit sous des figures hideuses ; tout cela n'aboutit qu'à rendre une âme faible et timide, et qu'à la préoccuper contre les meilleures choses.

Ce qu'il y a encore de très-important, c'est de laisser affermir les organes en ne pressant point l'instruction, d'éviter tout ce qui peut allumer les passions, d'accoutumer doucement l'enfant à être privé des choses pour lesquelles il a témoigné trop d'ardeur, afin que dans la suite il n'espère pas trop vivement obtenir les choses qu'il desire.

Si peu que le naturel des enfants soit bon, on peut les rendre ainsi dociles, patients, fermes, gais et tranquilles : au lieu que si on néglige ce premier âge, ils y deviennent ardents et inquiets pour toute leur vie; leur sang se brûle; les habitudes se forment; le corps, encore tendre, et l'âme, qui n'a encore aucune pente vers aucun objet, se plie vers le mal ; il se fait en eux une espèce de second péché originel, qui est la source de mille désordres quand ils sont plus grands. (Fénelon.)

ÉDUCATION DU 2ᵉ AGE.

Dès qu'ils sont dans un âge plus avancé, où leur raison est toute développée, il faut que toutes les paroles qu'on leur dit servent à leur faire aimer la vérité, et à leur inspirer le mépris de toute dissimulation. Ainsi on ne doit jamais se servir d'aucune feinte pour les apaiser ou pour leur persuader ce qu'on veut : par là, on leur enseigne la finesse, qu'ils n'oublient jamais; ils faut les mener par la raison autant qu'on peut.

Mais examinons de plus près l'état des enfants, pour voir plus en détail ce qui leur convient. La substance de leur cerveau est molle, et elle se durcit tous les jours; pour leur esprit, il ne sait rien, tout est nouveau. Cette mollesse du cerveau fait que tout s'y imprime facilement, et la surprise de la nouveauté fait qu'ils admirent aisément et qu'ils sont fort curieux. Il est vrai aussi que cette humidité et cette mollesse du cerveau, jointe à une grande chaleur, lui donne un mouvement facile et continuel. De là vient cette agitation des enfants, qui ne peuvent arrêter leur esprit à aucun objet, non plus que leur corps en aucun lieu.

D'un autre côté, les enfants ne sachant encore rien penser ni faire d'eux-mêmes, ils remarquent tout; et ils parlent peu, si on ne les accoutume à parler beaucoup, et c'est de quoi il faut bien se garder. Souvent le plaisir qu'on veut tirer des jolis enfants les gâte : on les accoutume à hasarder tout ce qui leur vient dans l'esprit, et à parler des choses dont ils n'ont pas encore des connaissances distinctes : il leur en reste toute la vie l'habitude de juger avec précipitation, et de dire des choses dont ils n'ont point d'idées claires ; ce qui fait un très-mauvais caractère d'esprit.

Ce plaisir qu'on veut tirer des enfants produit encore un effet pernicieux : ils s'aperçoivent qu'on les regarde avec complaisance, qu'on observe tout ce qu'ils font, qu'on les écoute avec plaisir ; par là ils s'accoutument à croire que le monde sera toujours occupé d'eux.

Pendant cet âge où l'on est applaudi et où l'on n'a point encore éprouvé la contradiction, on conçoit des espérances chimériques qui préparent des mécomptes infinis pour toute la vie. J'ai vu des enfants qui croyaient qu'on parlait d'eux toutes les fois qu'on parlait en secret, parce qu'ils avaient remarqué qu'on l'avait fait souvent ; ils s'imaginaient n'avoir rien en eux que d'extraordinaire et d'admirable. Il faut donc prendre soin des enfants, sans laisser voir qu'on pense beaucoup à eux. Montrez-leur que c'est par amitié, et par le besoin où ils sont d'être redressés, que vous êtes attentif à leur conduite, et non par l'admiration de leur esprit. Contentez-vous de les former peu à peu selon les occasions qui viennent naturellement : quand même vous pourriez avancer beaucoup l'esprit d'un enfant sans le presser, vous devriez craindre de le faire ; car le danger de la vanité et de la présomption est toujours plus grand que le fruit de ces éducations prématurées qui font tant de bruit.

Il faut se contenter de suivre et d'aider la nature. Les enfants savent peu, il ne faut pas les exciter à parler : mais comme ils ignorent beaucoup de choses, ils ont beaucoup de questions à faire ; aussi en font-ils beaucoup. Il suffit de leur répondre précisément, et d'ajouter quelquefois certaines petites comparaisons pour rendre plus sensibles les éclaircissements qu'on doit leur donner. S'ils jugent de quelque chose sans le bien savoir, il faut les embarrasser par quelque question nouvelle, pour leur faire sentir leur faute, sans les confondre rudement. En même temps il faut leur faire apercevoir, non par des louanges vagues, mais par quelque marque effective d'estime, qu'on les approuve bien plus quand ils doutent et qu'ils demandent ce qu'ils ne savent pas que quand ils décident le mieux. C'est le vrai moyen de mettre dans leur esprit, avec beaucoup de politesse, une modestie véritable.   (Fénelon.)

AVANTAGES
qu'on peut retirer de bons livres élémentaires.

Difficultés d'écrire un ouvrage vraiment élémentaire.

A l'aide d'un bon choix de livres élémentaires, l'Instituteur peut simplifier les études, aplanir les premières difficultés dont elles sont semées, et les rendre attrayantes, même aux enfants, de fatigantes qu'elles étaient sans leur secours. Ceux-ci, de leur côté, en retirent de grands avantages.

Sans compter l'économie du temps, mettons d'abord en première ligne la précieuse habitude du travail contractée de bonne heure ; ensuite viendront les ressources d'une éducation méthodique, qui, par cette qualité, tendra encore à développer les facultés de l'élève.

Il est donc impossible de contester l'utilité que ces sortes de livres peuvent avoir pour l'instruction. Mais, en même temps, il faut convenir qu'un bien petit nombre d'entre eux sont tels qu'on a le droit de les exiger. Cependant, s'il arrive que les Traités, mis entre les mains des enfants, ne soient pas en rapport avec leur intelligence, ou qu'ils ne soient pas écrits d'un style simple, clair et précis, tous les soins du professeur n'auront d'autre résultat que de surcharger la mémoire des élèves de connaissances vagues et incertaines.

Là, presque toujours, est l'écueil des nouvelles méthodes; elles ajoutent de nouveaux embarras à ceux que l'élève rencontre sur sa route, soit parce qu'elles supposent dans l'enfant une intelligence au-dessus de son âge, soit parce qu'elles ne répondent pas aux règles de la saine logique.

On voit déjà qu'écrire un Traité élémentaire n'est pas une chose facile, et que les livres de ce genre exigent de la part de l'auteur, non-seulement une connaissance approfondie de la matière qu'il traite, mais encore une souplesse de langage qui lui permette de tenir constamment à la portée des jeunes gens les principaux faits qu'il destine à leur instruction. — (*)

(*) Extrait de la *Préface* d'un *Abrégé d'Histoire sainte*, par J. LAGARRIGUE (*de Calvi*), Officier d'Académie, Chef d'Institution, à Neuilly, (Seine), Membre de plusieurs Sociétés savantes. (3e Édition, 1862, in-12 ; à Paris, chez Colas et Cᵉ, libraires, rue Dauphine, 26.)

DE L'UTILITÉ
des Bibliographies spéciales.

Les *Bibliographies spéciales* ne renfermant qu'une seule espèce de livres font mention quelquefois des productions mêmes
les plus minutieuses dans cette espèce, et offrent par conséquent
tous les renseignements qu'on peut desirer. Aussi ces recueils
sont de vrais trésors pour celui qui veut connaître à fond la Bibliographie proprement dite. On objectera peut-être qu'il est
inutile de parcourir une si grande quantité de livres dont la plupart sont insignifiants ou mauvais. Pline l'ancien a répondu depuis longtemps à cette objection : il n'y a pas de Livre, disait-il,
quelque mauvais qu'on le suppose, qui ne présente quelque chose dont on puisse profiter (*). J'en ai eu la preuve il y a dix ans :
une personne m'envoya un roman de sa façon, il était détestable;
mais il avait cela d'avantageux que, dans cent pages in-18, il
offrait exactement l'ensemble de tous les défauts qu'il faut éviter
dans la composition de ces sortes d'ouvrages, et sous ce rapport ce livre m'a paru précieux.

Les *Bibliographies spéciales* sont encore de la plus grande utilité à celui qui s'adonne par goût ou par état à la culture des
Sciences, des Arts, ou des Lettres. Nécessairement il desire
connaître les principaux ouvrages relatifs à la partie qu'il veut
cultiver. Souvent faute de savoir que ces ouvrages existent, il
s'attache au premier livre qui lui tombe sous la main; il n'acquiert que des notions imparfaites ; et s'il travaille à son tonr
sur le même sujet, il ne fait que répéter ce qui a été dit avant lui,
par un ou plusieurs auteurs dont il ignorait l'existence, et qui
souvent ont mieux et plus amplement traité la même matière.
C'est ce qui arrive chaque jour, et c'est ce qui produit cette quantité innombrable de livres inutiles ou imparfaits qui surchar-
gent notre Littérature. La difficulté de connaître les ouvrages publiés sur une partie provient de ce qu'ils sont annoncés isolément
dans une infinité de Bibliographies générales ou de Catalogues.
Pour s'assurer de leur existence il faut parcourir toutes ces Bibliographies, en extraire les titres des ouvrages, les ranger métho-

---

(*) Dicere solebat : nullum esse librum tam malum, ut non ali-
quâ parte prodesset. (V. Plin.; Epist. 5, Lib. III.)

diquement, puis chercher ailleurs les jugements qu'on en a portés, ce qui est long, fatigant, et souvent incomplet, parce qu'on n'a pas toujours à sa disposition un grand nombre de Catalogues. Une bonne *Bibliographie spéciale,* où toutes les matières sont classées dans un ordre convenable, épargne donc ces recherches pénibles. On y trouve au premier coup-d'œil la liste des ouvrages qui existent sur telle ou telle partie. Cette liste ordinairement bien faite est à peu près complète, du moins pour les Livres les plus intéressants, et par conséquent elle devient de la plus grande utilité pour l'homme laborieux et avide de s'instruire.　　(***)

DE LA PARESSE INTELLECTUELLE.

Si dans bien des circonstances il faut de persévérants efforts pour vaincre la paresse corporelle innée ou acquise, ces efforts sont encore plus indispensables pour se rendre maître de la torpeur de l'intelligence, cette première forme de l'idiotie.

C'est dans ces conditions fâcheuses qu'il faut dès la plus tendre enfance, de la part des parents, une incessante surveillance. La tendresse d'une mère peut seule, par une vigilance de chaque jour, de chaque heure, stimuler un esprit indolent. Comme elle doit s'ingénier pour découvrir les cordes qui peuvent heureusement vibrer dans une organisation ingrate ! C'est parce que j'ai vu de véritables merveilles provenant de ces soins prodigués à chaque instant pendant toute une jeunesse, que j'ai foi dans le succès.

Sans doute on ne fera pas un homme de génie ni une femme exceptionnelle de ces natures déshéritées; mais par le travail intelligent de chaque jour on réduira, dans quelques cas, le mal inné à un simple retard d'évolution.

Pour la femme qui fait une pareille éducation, c'est être deux fois mère. De quelle joie ses efforts ne sont-ils pas couronnés lorsqu'elle voit une noble aptitude, un bon sentiment se développer dans une âme condamnée sans elle à l'inertie !

（ A. Bouchardat.)—(*)

(*) Extrait du *Travail, Son influence sur la santé.* Par A. BOUCHARDAT, Professeur d'Hygiène à la Faculté de Médecine de Paris. (In-12, 1863; à Paris, chez Germer-Baillière.)— Prix : 2 fr. 50.

CHAQUE IMPRESSION PHYSIQUE, CHEZ LES ENFANTS,
est en même temps une impression morale.

On se trompe gravement en s'imaginant que le jeune enfant est peu ou point impressionné par le désordre, la malpropreté, et la laideur des objets qui l'entourent ; car chacun est le miroir du milieu où il a vécu ; chacun est l'enfant de sa mère, de sa nourrice, de sa chambre, de son école, de ses camarades de jeu. Le garçon, élevé dans le tumulte d'un camp, ne ressemblera pas à celui qui aura passé son enfance au milieu des fleurs d'un jardin. Les Spartiates et les Athéniens, vivant dans le même climat, ne se ressemblaient pas non plus, grâce à la différence de leur éducation.

On ne saurait trop insister sur cette erreur si générale et si funeste, que l'on ne *doit s'occuper que du corps* des jeunes enfants. Il faut bien se persuader que chaque impression *corporelle* est en même temps *morale*, et que les jeunes enfants, n'ayant pas encore en eux la force de résistance, sont dominés par l'extérieur. Dans les deux premières années, et même dans les premiers mois, les enfants sont fâcheusement influencés par les défauts des domestiques. — (*)

(*) Extrait de *L'Éducation de la première enfance*, par Mme la Baronne de MARENHOLTZ.

Le passage qu'on vient de lire se trouve dans l'*Éducation nouvelle* ou *La Méthode de Frœbel, Revue mensuelle*, sous la direction de M. EDOUARD RAOUX, Professeur à l'Académie de Lausanne. Cette *Revue*, qui ne compte qu'une année d'existence, a été malheureusement interrompue par l'état de santé de l'honorable Directeur, Mr E. Raoux. Nous aimons à espérer que cette interruption sera de courte durée, et que le Public ne tardera pas à jouir encore d'une lecture aussi intéressante qu'utile.

La 1re année de la *Revue* se trouve à Lausanne, chez Georges Bridel, éditeur, Escalier-du-Marché, 20. — (Prix : 2 francs.)

On trouve aussi chez le même éditeur le *Manuel théorique de la Réforme éducative de Frédéric Frœbel : Matériaux, Milieu, Résultats, Méthode et Principes;* par Mr ÉDOUARD RAOUX. (In-8°, 1862.) — Prix : 1 fr 50. — Voyez ce que nous disons de ce précieux *Manuel* dans notre Bulletin bibliographique, 13e année, page 203.

BULLETIN BIBLIOGRAPHIQUE.

Livres. — Musique. — Dessin. — Cartes. — Atlas.

> Il faut lire pour s'instruire, pour se corriger,
> pour se consoler, et pour s'amuser.
> (CHRISTINE DE PISAN.)

(SUITE. — *Voyez la dernière livraison*, page 57.)

28. Abrégé de l'Histoire de France, comprenant les faits re-marquables et intéressants, les principaux synchronismes et les personnages célèbres de chaque siècle. Ouvrage à l'usage des classes élémentaires, par *J. Lagarrigue*, Officier d'Académie, Instituteur libre. (In-12, 1863, 3e édition ; à Paris, chez Louis Colas, libraire, rue Dauphine, 26.) — Prix : 1 fr. 50.

Bon ouvrage, dégagé de toutes les inutilités qu'on ne rencontre que trop souvent dans les ouvrages dits élémentaires.

29. Carte mnémonique de la France ou Jeu géographique de l'Aigle française, par *G. Darripe*, Directeur de l'Institution de Cheverus, ancien Professeur du Lycée de Bordeaux. (In-8º, avec 4 Cartes de France ; à Bordeaux, chez l'Auteur, rue de la Taupe, 69 bis, et chez les principaux libraires.) — Prix : 2 francs.

Tout le monde sait la difficulté de mettre dans sa mémoire les noms et la position respective des Départements de la France. Mr Darripe, éclairé par l'expérience et animé du desir d'être utile à ses élèves, a cherché et trouvé un moyen vraiment ingénieux, (et solide en même temps), d'y parvenir avec la plus grande facilité. Nous recommandons sa *Carte mnémonique* à tous ceux qui s'occupent de l'enseignement de la Jeunesse, et de plus nous pensons que cette même Carte peut être utile à beaucoup de grandes personnes dont la mémoire est rebelle à l'étude de nos 89 Déparpartements.

30. Mémento du Système Métrique et des autres Systèmes de Mesures employées en France, dans les Sciences, les Arts et l'Industrie. Opuscule formant un Résumé de Connaissances usuelles à l'usage des gens du monde, des adultes, et des écoles primaires ; par *Aug. Demkès*, Officier d'Académie, Instituteur communal à Paris. (In-18, 1863 ; à Paris, chez Léon Goetz, libraire, rue d'Anjou-Dauphine, 9.)

Ce petit ouvrage (de 72 pages seulement) est très-substantiel. Il est divisé en 3 parties ; 1re Partie : *Système métrique.* — 2e Partie : *Mesures diverses usitées en France.* — 3e Partie : *Notions diverses et usuelles de Métrologie.* — On remarque dans la 2e partie les matières suivantes : Mesures chronométriques. Unités des coordonnées circulaires. Mesures marines. Mesures astronomiques. Mesures des forces et du travail. Mesures de pression. Mesure de la température. Mesure de la force de l'alcool. Mesure de la dépense d'une conduite d'eau. Mesure pour la vente des diamants, etc., etc. — Dans la 3e partie, on trouve : Nouvelle échelle thermométrique. De la lumière et de la mesure de l'éclairage. Mesure de la vitesse du son. De la mesure des sons musicaux. Mesure de la vitesse du vent. Mesure de la quantité de pluie annuelle. De la mesure de la longueur de la vue et du numérotage des bésicles, etc., etc.

On peut dire avec raison que ce petit livre comble une lacune de l'enseignement primaire et même de l'enseignement secondaire ; et l'on doit remercier Mr Demkès d'y avoir pensé.

Musique.

31. Solfége national ou Cours élémentaire de Musique vocale, par *P. Guerre.*

Cette Méthode de Musique se compose de 2 Parties, qui portent les titres suivants ; 1re Partie : Étude théorique et pratique de l'Intonation et du Rhythme à l'aide des formules musicales créées par l'Auteur ; Traité complet de Transposition à l'usage des Vocalistes et des Instrumentistes ; Notices sur la Construction mélodique et sur les Modulations, etc. — Prix : 6 fr.

2e Partie : Recueil composé de 977 Mélodies nationales, dans tous les Tons majeurs et mineurs, classés dans chaque Ton par ordre de difficultés de Rhythme et d'Intonation. — Prix : 6 fr.

L'Auteur a publié une édition *sans texte* pour les Élèves : Formules musicales et Exercices pratiques d'Intonation et de Rhythme (extrait de la 1re partie du Solfége national.) — Prix : 1 fr. 50. — Puis, les 977 Mélodies graduées dans tous les Tons majeurs et mineurs, (en 4 livraisons, se vendant séparément 1 fr. 50.) — A Paris, chez l'Auteur, rue Neuve-des-Mathurins, 46, square Clary, 5, — et chez Colombier, éditeur de musique, rue Vivienne, 6.

Cette Méthode de Musique est fondée sur ce grand principe d'enseignement : *Les faits d'abord, la théorie ensuite.* L'Auteur est donc dans le vrai quand il commence ses leçons par faire chanter à ses élèves *un air connu* d'eux, et qu'il leur fait faire ensuite des *Exercices* sur cet air. Car, ainsi que le dit Condillac, « si vous voulez me faire concevoir des idées que je n'ai pas, il » faut me prendre aux idées que j'ai : c'est à ce que je sais que » commence ce que j'ignore.» — De plus, Mr Guerre sépare avec raison l'étude de l'*intonation* de l'étude de la *mesure.*

Nous ne saurions donc trop recommander ce *Solfége* à tous ceux qui s'intéressent aux progrès de l'enseignement de l'art musical. Mr Meifred, Professeur au Conservatoire de Musique, a publié un travail *sur l'enseignement populaire de la Musique en France*, dans lequel, après avoir analysé les différentes méthodes d'enseignement qui ont paru en France depuis quarante ans, il accorde au *Solfége* de Mr *Guerre* une supériorité bien marquée.

(La suite au prochain numéro.)

2me **PARTIE,**

POUR LES ÉLÈVES DES DEUX SEXES.

CONNAISSANCES DIVERSES.

MÉLANGES INSTRUCTIFS ET AMUSANTS.

JUSQU'A QUEL POINT
l'air est-il nécessaire à la respiration pendant le sommeil?

M. Jules Delbrück, dont le nom est bien connu de nos lecteurs pour sa charmante et très-utile publication des *Récréations instructives*, a communiqué à l'Académie des Sciences la lettre suivante, qui touche à une importante question de physiologie.

15 Décembre 1862.

Monsieur le Président,

Jusqu'à quel point l'air est-il nécessaire à la respiration pendant le sommeil?—Telle est la question que je soumets de bonne foi à la bienveillante et sérieuse attention de l'Académie des Sciences.

On voit surgir périodiquement, dans les journaux, des discussions sur la quantité d'air indispensable pendant le sommeil, et beaucoup d'hommes savants concluent à une quantité de mètres cubes, pour chaque personne endormie, qui est loin d'être rassurante.

Or, voici une série d'observations que tout le monde a faites (ou que tout le monde peut faire), et qui semblent devoir amener une conclusion tout opposée.

D'abord, en ce qui concerne les animaux, qui ont des poumons comme nous et qui respirent comme nous, que se passe-t-il?

Que fait l'animal sauvage (le lion, le tigre, l'ours, etc.), quand vient l'heure du sommeil? Il quitte le grand air, se retire au fond d'un antre, tout au fond, et se prive d'air le plus qu'il peut.

Que fait le chien dans nos maisons? Il recherche sa niche ou un coin quelconque, et se cache, en outre, le museau sous le ventre.

Tous les oiseaux, ces habitants de l'air, qui vivent sans cesse dans le grand air et succombent si facilement à l'asphyxie (ainsi que le démontre l'expérience de laboratoire de l'oiseau sous la cloche), que font-ils au moment du sommeil? Tous se retirent sous un abri, et tous surtout évitent avec soin de respirer de l'air, et cachent la tête sous le fin duvet de leurs ailes.

On pourrait multiplier les exemples à l'infini, et citer encore la marmotte et les autres animaux hivernants, s'enfermant avec précaution, avant leur long sommeil, loin de l'atteinte dangereuse de l'air.

Et l'homme, que fait-il quand il est livré à ses propres instincts?

Les grands rideaux de lit d'autrefois sont une première réponse.

Mais voyons l'enfant, — l'écolier qui couche dans un grand dortoir généralement bien aéré. S'il éprouve quelque difficulté à s'endormir, vite il enfonce sa tête sous la couverture du lit, —à peu près comme fait l'oiseau,— ou rabat son bonnet de nuit jusque sur le menton.

Enfin, —car il faut abréger,— le soldat en campagne, couchant à la belle étoile, avec beaucoup de mètres cubes d'air à sa disposition, est obligé, —s'il veut bien dormir,— de se couvrir la tête.

Ces faits ne suffisent-ils pas pour faire réfléchir?

Les plantes exhalent le jour l'oxygène qu'elles absorbent pendant la nuit. L'analogie ne nous conduirait-elle pas à reconnaître que les animaux doivent respirer pendant le sommeil le gaz qu'ils exhalent pendant la veille?

Je soumets la question à l'attention éclairée de l'Académie des Sciences, et vous prie d'agréer, Monsieur le Président, etc., etc.

Jules Delbruck.

RÉFLEXION D'UN BONHOMME.

Je ne puis me plaindre de rien :
Chacun prend part à ma disgrâce,
Tout le monde me veut du bien ;
Mais j'attends toujours qu'on m'en fasse.

(***)

LE GATEAU DE ROI.

Le Roi de la fève, ou le Roi boit.

Mes amis, écoutez l'histoire véritable
Que me rappelle ici la gaîté de la table ;
Le sujet n'en pouvait venir plus à propos :
Janvier a ramené les Rois et leurs Gâteaux,
Et les joyeux galas, les excellentes chères,
Que pour tromper l'hiver ont inventés nos pères.

. . . .

. . . . . Je commence. Un meunier de Sancy,
(Pour père il eut, je crois, celui de Sans-Souci),
Dont un poète aimable a raconté l'histoire
En vers déjà gravés au Temple de Mémoire !
Le nôtre, moins vanté, ne fut pas moins joyeux :
Dans le vallon charmant où la faveur des cieux
Plaça l'heureux moulin qui lui servait d'asile,
Chaque jour était pur et chaque nuit tranquille !
Sitôt qu'il avait mis ses deux meules en train,
Sa femme et lui dormaient au bruit de leur refrain ;
Car il eut une femme, on l'a su tout à l'heure,
Quand j'ai dit le bonheur habitant sa demeure !
Non que sa femme et lui fussent toujours d'accord !
Un calme aussi constant ne convient qu'à la mort !
Sans ombres, que serait le tableau de la vie ?
Comparez le soleil d'un lendemain de pluie
A celui qui trois mois nous brûla cet été !
L'ennui naquit, dit-on, de l'uniformité.
Sans avoir lu ce vers et juste et véridique,
Notre couple pourtant le mettait en pratique ;
Il la battait parfois ; ils se grondaient souvent ;
Mais ils s'aimaient toujours, et mieux qu'auparavant.
Il advint qu'un beau jour, des Rois c'était la fête,
De régner, nos époux eurent projet en tête.
Pourquoi s'en étonner ? Ce desir naturel
Peut naître dans le cœur du plus chétif mortel ;
Si tous ceux qui naguère en eurent un semblable,

Comme eux s'étaient bornés au contour d'une table,
Que de malheurs de moins, de peines, de soucis !
Que d'amis avec nous seraient encore assis !......
Mais avec le passé que la douleur s'envole ;
Le présent nous soulage, et l'espoir nous console.
Retournons au moulin, admirer les apprêts
Du repas où le sort va dicter ses arrêts ;
On y voyait briller, avec sa chair dorée,
L'un des oiseaux fameux dont la troupe sacrée,
Par ses cris préserva le mont Capitolin ;
Moins succulent parut celui dont Patelin
Chatouilla l'odorat du bon Monsieur Guilbaume !
J'allais, de la cuisine empruntant l'idiome,
Vous nommer tous les mets de ce royal repas ;
Ils étaient peu nombreux, mais solides les plats !
Pour savoir, cependant, qui prendra la couronne,
Le Gâteau se partage, et la fève se donne
Au mari, qui, tout fier de cet évènement,
Ordonne un rouge-bord pour son avènement :
Il boit ; autour de lui règne un profond silence :
Il s'arrête. Étonné de l'extrême insolence
D'un sujet qui, manquant au respect qu'il lui doit,
Le laisse boire, seul, sans crier : *Le Roi boit !*
Lison n'avait pu voir qu'avec une âme aigrie,
La couronne échapper à son ardente envie !

. . . .

Mais Martin est jaloux des droits de sa couronne ;
Il sait que la faiblesse a perdu plus d'un trône ;
Et, d'un sceptre noueux bientôt armant sa main,
Il fait connaître ainsi son ordre souverain :
« Je veux bien pardonner cette première injure ;
« Désormais au devoir qu'on se range, ou je jure !... »
A ces mots qu'accompagne un geste menaçant,
Il boit, sur sa moitié tenant un œil perçant ;
Elle, sans s'étonner, calme au sein de l'orage,
Prenant l'entêtement pour preuve de courage,
Refuse de nouveau le vivat attendu !...
Du monarque aussitôt le sceptre suspendu

Tombe à coups redoublés sur la reine mutine,
Dont l'opposition s'affermit et s'obstine :
« Madame, encore un coup, rangez-vous au devoir ;
» Du bras de votre époux vous savez le pouvoir. »
Il boit..... Nouveau refus, nouveaux coups sur la dame ;
Mais il frappa si fort cette fois, que sa femme
Crut ne pouvoir trouver son salut qu'en fuyant...
« Puisque dans mon mari je n'ai plus qu'un tyran,
» Dit-elle, de ce pas je vais chercher dans l'onde
» La paix que tu ne peux me laisser en ce monde. »
Elle sort à ces mots, et court vers le bassin.....
Pour s'y noyer ? Non pas : Voici dans quel dessein :
De son royal époux elle connaissait l'âme ;
Un peu brutal, mais bon, mais aimant bien sa femme,
Mais disposé, pour elle, à braver tout danger :
Ce fut là justement ce qui la fit songer
A l'artifice adroit que bientôt elle emploie :
Elle pousse des cris de femme qui se noie ;
Dans le bassin profond jette au loin son bonnet,
Se cache, et de sa ruse elle guette l'effet :
Le mari, qui d'abord riait de la menace,
Attendait, en buvant, que sa femme fût lasse
De bouder ; mais bientôt un trop funeste cri
A porté l'épouvante en son cœur attendri !
Il se lève, il accourt, aperçoit la cornette,
Croit sa femme dessous, à la nage se jette ;
Et, faisant pour l'atteindre un effort toujours vain,
Il boit presque autant d'eau qu'il avait bu de vin !
Elle, qui l'aperçoit du coin qui la recèle,
A ses ordres alors cesse d'être rebelle,
S'avance, et, le montrant avec un malin doigt,
S'empresse de crier : *Le Roi boit ! le Roi boit !*

(Arnaud Joubert. — 6 Janvier 1802.)—(*)

(*) *Arnaud Joubert*, Avocat général, à Paris, Conseiller à la Cour de
Cassation, était frère de Joseph Joubert aîné, auteur des *Pensées,* dont
nous avons donné un extrait dans la 4e année de ce Journal, (p. 268).

INCONVÉNIENT D'UNE PETITE TAILLE.

Les plus cuisants sont pour l'amour-propre, car il est vexant pour un petit homme de se voir comme englouti dans un groupe d'individus, de se trouver à fond de cale de l'humanité, d'avoir l'air de l'*enfant* de tout le monde, et d'observer en enrageant que chacun est tenté de lui donner la main plutôt que le *bras*.

Pour lui, les annonces de mariage sont toujours placées trop haut à la Maison-de-Ville, et les affiches de théâtre ne sont jamais mises assez bas au coin des rues ; il faut qu'il lise tout cela sur la pointe des pieds et qu'il ait l'air de grimper contre les murs, alors qu'il déchiffre avec peine l'insolent imprimé. S'il est membre d'une assemblée délibérante, le Président le croit assis lorsqu'il se lève, et le cherche des yeux avec anxiété quand il demande la parole.

La foule se porte-t-elle à quelque spectacle en plein vent, le petit homme roule dans les vagues ondoyantes de la multitude, sans rien voir que le ciel, la terre, et le dos ou les poches de ses voisins. C'est alors pour lui qu'ont été faites les bornes de la voie publique, le haut du pavé, les bancs des promenades, en un mot tout ce qui peut suppléer à ce qui lui manque en élévation physique.

Le petit homme cherche aussi par sa mise à voiler aux regards le tort que lui a fait la nature ; le fond de son chapeau n'est jamais assez élevé ; ses talons ne sont jamais assez hauts, et souvent un jeu de cartes secourable, glissé entre le cuir de sa chaussure et le dessous de ses pieds, l'exhausse de quelques lignes ; il foule ainsi les grandeurs de ce monde pour s'élever, et marche sur la tête des *rois*, des *dames* et des *valets*.

Il faut que le nain ait un excellent caractère, pour ne pas être aigri par la manière dont chacun l'envisage ; il peut croire à tout moment qu'on le toise avec mépris, tandis que lui, la tête renversée en arrière, fait craquer les vertèbres de son cou pour envisager ses interlocuteurs. Veut-il se promener dans la campagne, voilà qu'il s'enfonce dans un chemin creux, disparaît derrière une haie, s'éclipse dans un champ de blé, et devrait presque avoir des grelots en collier pour aviser de l'endroit précis où il se trouve. Avec le malheureux système de bâtir des murailles autour des propriétés rurales, le nain n'a maintenant que fort peu de jouissances oculaires ; la nature, pour lui, se cache derrière la maçonnerie ; et il n'y a plus guère que la montagne d'où il puisse voir encore où en sont la maturité des champs, la récolte des foins et la culture du colza.

Est-il à l'église, sa position est flatteuse : tant que parle le ministre, il promène autour de lui des regards radieux ; il voit, il est vu, il se rengorge avec satisfaction ; mais hélas ! sa joie est aussi courte que son corps ; voilà que la prière sainte fait lever tous ensemble les chrétiens réunis ; que devient alors le malheureux petit fidèle ? Il est submergé derrière un dossier de banc, et il n'y a plus que l'œil de la Providence qui puisse encore l'apercevoir rasant le sol des sacrés parvis. Enfin on se rassied, et comme pour se dédommager de sa longue disparition, il reste debout le dernier, et grandit momentanément de tout l'abaissement de ceux qui l'entourent.

Les fenêtres, les terrasses, les collines, dédommagent le petit homme des ennuis qu'il éprouve dans la plaine ; il s'en sert comme de piédestal où il se pose avec délices, et d'où il plane avec fierté. Mais que d'affronts n'a-t-il pas à endurer ! s'il va voir arriver les navires dans un port, en vain il fait des signes d'amitié et d'intelligence aux personnes qu'il y connaît et qui touchent la terre ; sa tête seule dépasse le mur d'appui du quai, et il s'agite en pure perte sans être aperçu. Appelle-t-il de loin une de ses connaissances, il échappe aux plus minutieuses investigations de l'amitié, et se désole de ce qu'on l'entend sans le découvrir.

Frappe-t-il à la porte d'une maison, on se met à la fenêtre ; et comme souvent le moindre objet le voile aux yeux, on l'accable de cette lamentable question : *y a-t-il quelqu'un ?*

Enfin un grand homme est venu qui a réhabilité à tout jamais les petites tailles ; et Napoléon, debout éternellement sur le haut de la colonne Vendôme, console et réjouit ceux qui, sans avoir son génie, ont du moins ses cinq pieds de stature.

(***)

LA FAUVETTE ET SES PETITS.

Aux branches d'un tilleul une jeune fauvette
Avait de ses petits suspendu le berceau.
D'écoliers turbulents une troupe inquiète,
    Cherchant quelque plaisir nouveau,
Aperçut en passant le nid de la pauvrette :
Le voir, être tenté, l'assaillir à l'instant,
    Chez ce peuple enclin à mal faire
    Ce fut l'ouvrage d'un moment.
  Tous sans pitié lui déclarent la guerre,
Le pauvre nid vingt fois pensa faire le saut,
    Il n'était si petit marmot
Qui ne fît de son mieux pour y lancer sa pierre.
L'alarme cependant était grande au logis,
La fauvette voyait l'instant où ses petits
    Allaient périr ou subir l'esclavage.
Un esclavage, hélas ! pire que le trépas.
    Les gens qu'elle voyait là-bas
Etaient assurément quelque peuple sauvage
    Qui ne les épargnerait pas.
    Que faire en ce péril extrême ?
Mais que ne fait-on pas pour sauver ce qu'on aime ?
    Elle vole au devant des coups :
    Pour sa famille elle se sacrifie,
Espérant que ces gens, dans leur affreux courroux,
    Se contenteront de sa vie.
    Aux yeux du peuple scélérat,
    Elle va, vient, vole et revole,
S'élève tout à coup , et tout à coup s'abat,
    Fait tant qu'enfin cette race frivole
    Court après elle et laisse là le nid.
Elle amusa longtemps cette maudite engeance,
    Les mena loin, fatigua leur constance;
    Et pas un d'eux ne l'atteignit.
L'amour sauva le nid, le ciel sauva la mère.
    A ses petits elle en devint plus chère.
    Dieu sait la joie et tout ce qu'on lui dit,

A son retour, de touchant et de tendre !
Comme ils avaient passé tout ce temps sans rien prendre,
Elle apaisa leur faim, puis chacun s'endormit.

(Aubert.)

IL FAUT CULTIVER LE MONDE SANS TROP L'AIMER.

Conseils à un Jeune Homme.

Je ne puis m'empêcher de vous gronder un peu sur ce que vous ne voyez pas assez les gens que vous devriez cultiver : il est vrai que le principal est de s'instruire et de s'appliquer à son devoir ; mais il faut aussi se procurer quelque considération et se préparer quelque avancement ; et vous n'y réussirez jamais, et vous demeurerez dans l'obscurité, sans établissement sortable, à moins que vous n'acquériez quelque talent pour ménager toutes les personnes en place ou en chemin pour y parvenir. C'est un soin tranquille et modéré, et presque continuel, que vous devez prendre, non par vanité et par ambition, mais par fidélité pour remplir les devoirs de votre état et pour soutenir votre famille. Il ne faut y mêler ni empressement ni indiscrétion ; mais sans rechercher trop les personnes considérables, on peut les cultiver, et profiter de toutes les occasions naturelles de leur plaire. Souvent il n'y a que paresse, que timidité, que mollesse à suivre son goût dans cette apparente modestie, qui fait négliger le commerce des personnes élevées. On aime, par amour-propre, à passer sa vie avec les gens auxquels on est accoutumé, avec lesquels on est libre et parmi lesquels on est en possession de réussir. L'amour-propre est contristé, quand il faut aller hasarder de ne réussir pas et de ramper devant d'autres qui ont toute la vogue. Il faut mépriser le monde et connaître néanmoins le besoin de le ménager : il faut s'en détacher par religion ; mais il ne faut pas l'abandonner par nonchalance et par humeur particulière. Ménagez le monde, mon cher enfant, par devoir, sans l'aimer par ambition ; ne le négligez point par paresse et ne le suivez point par vanité.

(Fénelon. — Lettre au Marquis de Fénelon, son neveu.)
23 août 1710.

L'AVEUGLE.

Un aveugle se tenait exposé aux doux rayons du soleil du printemps. La chaleur bienfaisante de l'astre pénétrait à travers ses membres, et les rayons de lumière tombaient sur les globes obscurcis de son visage, que l'aveugle lui présentait fixement.

« O toi ! s'écria-t-il, mer immense de lumière, merveille de la main toute puissante qui t'a créée et qui te conduit dans ta magnifique carrière ! de ton sein affluent éternellement la chaleur et la vie, et ta force ne s'épuise jamais. Oh ! combien doit être grand et bon celui qui t'a créée ! »

Ainsi parlait l'aveugle. Un homme qui se trouvait là l'entendit, et les paroles de l'aveugle le surprirent ; il lui dit : « com-
» ment peux-tu admirer l'astre du jour, puisque tu ne le vois pas ? »

L'aveugle répondit :

« Mon ami, c'est précisément parce que je ne le vois pas com-
» me toi, que je l'admire tant. Depuis que la lumière de mes yeux
» s'est obscurcie, et que l'éclat du soleil leur est refusé, j'ai reçu
» le soleil dans mon âme. Chaque fois que je sens sa présence,
» une aurore nouvelle se lève en moi, et je vois rayonner la lu-
» mière intérieure. Mais vous, vous ne le voyez, comme tout ce
» qui vous apparaît journellement, que des yeux du corps ! »—(¹)

DÉCOURAGEMENT ET RÉVEIL.

L'homme a des jours de deuil, où son âme flétrie
Rejette en soupirant la coupe de la vie ;
Il trouve sans douceur le miel qu'il a goûté,
Sans parfums est pour lui la fleur qui vient d'éclore,
Et les rayons dorés d'une éclatante aurore
Caressent vainement son front désenchanté.

Mais qu'apportés soudain par la brise volage,
Des sons mélodieux échappés du bocage
Le surprennent pensif au milieu des douleurs,
Un baume inattendu circule dans son âme,
Et son regard brillant d'une nouvelle flamme
Aime et recherche encor le soleil et les fleurs.

(Emile Roulland.)

(1) Extrait de *La Semaine des Enfants*. Journal illustré, publié à Paris, chez Lahure, rue de Fleurus, 9. — (Prix : 15 fr. par an, pour les Départements ; 11 fr. pour Paris.) — Ce Journal paraît 2 fois par semaine.

LES VOYAGES A PIED : LEUR AGRÉMENT.

Je ne connais qu'une manière de voyager plus agréable que d'aller à cheval : c'est d'aller à pied. On part à son moment, on s'arrête à sa volonté, on fait tant et si peu d'exercice qu'on veut. On observe tout le pays ; on se détourne à droite, à gauche; on examine tout ce qui nous flatte; on s'arrête à tous les points de vue. Aperçois-je une rivière, je la côtoie ; un bois touffu, je vais sous son ombre ; une grotte, je la visite ; une carrière, j'examine les minéraux. Partout où je me plais, j'y reste. A l'instant où je m'ennuie je m'en vais. Je ne dépends ni des chevaux ni du postillon.

Je n'ai pas besoin de choisir des chemins tout faits, des routes commodes ; je passe partout où un homme peut passer ; je vois tout ce qu'un homme peut voir ; et ne dépendant que de moi-même, je jouis de toute la liberté dont un homme peut jouir.

Voyager à pied, c'est voyager comme Thalès, Platon, et Pythagore. J'ai peine à comprendre comment un philosophe peut se résoudre à voyager autrement, et s'arracher à l'examen des richesses qu'il foule aux pieds et que la terre prodigue à sa vue. Combien de plaisirs différents on rassemble par cette agréable manière de voyager! sans compter la santé qui s'affermit, l'humeur qui s'égaie.

(J.-J. Rousseau.)

LE CIEL.

Tout n'est qu'images fugitives ;
Coupe d'amertume ou de miel,
Chansons joyeuses ou plaintives,
Abusent des lèvres fictives :
Il n'est rien de vrai que le ciel.

Tout soleil naît, s'élève et tombe ;
Tout trône est artificiel ;
La plus haute gloire succombe ;
Tout s'épanouit pour la tombe,
Et rien n'est brillant que le ciel.

Navigateur d'un jour d'orage,
Jouet des vagues, le mortel,
Repoussé de chaque rivage,
Ne voit qu'écueils sur son passage,
Et rien n'est calme que le ciel

(Reboul.

ESPRIT ET BON SENS,
ou Recueil de Pensées, Maximes, Réflexions sur divers sujets,
Extraites de différents auteurs.

(SUITE. — *Voyez la dernière livraison, page* 70.)

103. Malade, on connaît le prix de la santé ; captif, le prix de la liberté ; ruiné, le prix de l'argent ; sur le trône, le prix de la tranquillité ; décrépit, le bonheur du jeune âge ; abandonné, ce que vaut un ami ; déshonoré, ce que vaut l'honneur ; privé de livres, ce que vaut la lecture ; jeté seul dans une île déserte, ce que vaut la société de ses semblables.

104. « Il n'est de vrais plaisirs qu'avec de vrais besoins. »
(Voltaire.)

105. Chez la vieillesse, l'indulgence et la gaîté ont tout le charme et tout le prix de fleurs au milieu de l'hiver.

106. Le prodigue déjeûne avec l'abondance, dîne avec la pauvreté, et soupe avec la misère.

107. Voir le but où l'on tend, c'est jugement ; y atteindre, c'est justesse ; s'y arrêter, sagesse ; le dépasser, c'est folie.

108. Les jeunes gens disent tout ce qu'ils font ; les vieillards tout ce qu'ils ont fait, et les sots tout ce qu'ils ont dessein de faire.

109. Les choses n'ont jamais passé de notre imagination à la réalité sans qu'il y ait eu de la perte.

110. Le monde est si corrompu qu'on passe pour homme de bien en ne faisant pas de mal.

111. Pour avoir de vrais amis, il faut se rendre digne d'en avoir.

112. Il y a telles gens à qui un air froid et compassé tient lieu de prudence et de capacité.

113. Un roi qui peut sans peine s'assurer de cent mille bras, ne sait pas toujours s'assurer d'un cœur.

114. Toutes les mines de diamants réunies ne sauraient racheter un seul des instants que tu as perdus.

115. Que d'hommes ont vécu trop d'un jour !

116. L'ennui est une maladie dont le travail est le remède.
(De Lévis.)

117. Le matin de la vie est comme le matin du jour, plein de pureté, d'images et d'harmonie.   (Châteaubriand.)

118. Il n'est point de route plus sûre pour aller au bonheur que celle de la vertu.   (J.-J. Rousseau.)

119. On doit toujours se reprocher, non-seulement d'avoir fait le mal, mais même de n'avoir pas fait le bien.

(Girault Duvivier.)

120. La modestie est l'ornement du mérite, elle lui donne de la force et du relief.   (La Bruyère.)

121. L'ordre a trois avantages : il soulage la mémoire, il ménage le temps, il conserve les choses.   (Franklin.)

122. L'homme actif veille à tout, étend ses soins sur tout ; il ne perd pas un moment ; il croit n'avoir rien fait tant qu'il lui reste quelque chose à faire.   (Lucain.)

123. L'honnête homme est discret ; il remarque les défauts d'autrui, mais il n'en parle jamais.   (Saint-Évremond.)

124. Il faut dire aux gens riches qui s'ennuient : Faites des aumônes, vous vous ennuierez moins ; rien ne distrait mieux et ne fait meilleure humeur que les bonnes œuvres.   (Béranger.)

125. Le cœur et la conscience sont les vrais siéges du bonheur.   (Fénelon.)

126. Nous goûterions bien des jouissances, si nous savions faire un bon usage de notre temps.   (Restaut.)

127. Ecouter est, de toutes les manières d'apprendre, celle qui donne le moins de peine.   (Andrieux.)

128. Voulez-vous savoir comment il faut donner ? — Mettez-vous à la place de celui qui reçoit.   (De Puysieux.) — (*)

129. La ruse est si voisine de la friponnerie que le rusé peut se tromper de porte.

130. Celui qui parle sème ; celui qui écoute récolte.

131. Le plus mortel de tous les poisons est celui de la calomnie.

132. Une excellente femme disait : Je n'ai pas d'enfants, malheureusement pour eux !   (*La suite au prochain Numéro.*)

(*) Les maximes (116 jusqu'à 128) sont extraites du *Nouveau Syllabaire* ou *Méthode simple et facile pour apprendre à lire en 24 Leçons et 90 Exercices*, par AUG. BRAUD, ancien Chef d'Institution, etc. (4e édition), un volume in-12 ; à Paris, chez Dézobry et Tandou, rue des Écoles. — Prix : 40 cent. (ou 1 fr. 60, en 20 Tableaux.)
Ouvrage écrit avec beaucoup de méthode et de clarté.

L'ART DE L'IMPRIMERIE.

L'homme aidé du travail, ce premier des trésors,
Ne découvre le bien qu'après de longs efforts ;
Les arts naissent des arts. D'abord, lorsque du lin,
La dépouille se change en un brillant vélin,
Sur un frêle tissu l'écriture tracée
Donne un corps à la voix, un être à la pensée.
A peine un bois flexible, habilement taillé,
En mobile alphabet se creuse travaillé,
Sur les ardents brasiers où la fonte s'écoule
Le plomb industrieux se façonne, se moule,
Et des pensers muets dans l'esprit renfermés
Fait parler à nos yeux les signes animés ;
Les lettres, qu'avec soin, le typographe assemble,
Dans un cadre allongé se nivellent ensemble,
Quand sur ces mots unis, sans être confondus,
De la noire liqueur les flots sont répandus,
Pour la boire à son tour, de ses pages légères
Le blanc papier revêt les sombres caractères;
Alors gémit la presse, et foulés avec bruit,
Ces types variés, que le métal produit,
Gravent, d'un seul instant, ouvrage indélébile,
Sur la feuille mouvante une empreinte immobile.
O prodige! Le Temps, vainqueur des autres arts,
Roule son char poudreux sur leurs débris épars.
Mais l'âme inaccessible aux lois de la matière,
Confidente du ciel, se survit tout entière ;
Les chefs-d'œuvre, gardés par un soin merveilleux,
Rapprochent la distance et des temps et des lieux,
Embrassent l'univers, et, sans peur des naufrages,
Voguent indépendants sur l'océan des âges.

(* * *) — (*)

(*) Extrait du *Journal de l'Instruction publique*, publié à Montréal
(Bas–Canada) par Mr CHAUVEAU, Surintendant de l'Éducation.

Bordeaux, Imprimerie de BALARAC jeune, rue d'Albret, 26, près la Mairie et la Cathédrale.

JOURNAL D'ÉDUCATION

PHYSIQUE, MORALE, ET INTELLECTUELLE.

14ᵐᵉ année. — Nᵒ 5. — Mars 1863.

1ʳᵉ PARTIE,
POUR LES PARENTS ET LES PROFESSEURS.

PÉDAGOGIE (OU SCIENCE DE L'ÉDUCATION.)
DIDACTIQUE (OU ART D'ENSEIGNER.)

DU SENTIMENT MORAL EN ÉDUCATION.

Il se manifeste de bonne heure, dans l'âme de l'enfant, un sentiment moral qui lui fait éprouver un plaisir spontané à la vue de tout ce qui est juste et bon ; et cela même avant que des motifs, fondés sur la raison ou un enseignement quelconque, puissent entrer pour quelque chose dans cette manifestation de plaisir ; la religion fortifiera ensuite ce sentiment et lui donnera sa vraie tendance.

Dès l'âge le plus tendre, les enfants éprouvent déjà un sentiment d'estime et de satisfaction intérieure, dès que leur conscience leur rend le témoignage d'avoir bien agi ; et leurs fautes leur inspirent, au contraire, du repentir, de la honte ou de l'inquiétude. L'enfant manifeste même de la considération, de la confiance, pour tout ce qui porte un caractère d'honnêteté, de désintéressement et de noblesse ; et le contraire éveille son mépris et sa défiance. Quelque opinion qu'on puisse avoir sur la nature de ce sentiment moral, on ne met cependant jamais en doute son existence. Ce sentiment, nous l'avouons, ne produit d'abord, chez les enfants, d'autre effet que de leur faire approuver ce que les grandes personnes, dont ils sont entourés, regardent comme la manière d'agir la plus vraie et la plus conforme aux bonnes mœurs. Cependant, en ceci même, on peut remarquer l'estime qu'ils témoignent pour les décisions de la raison universelle, dont l'opinion publique leur paraît être l'expression. Cet instinct de la conscience, que l'on démêle, même sur la physionomie, et dont les manifestations précoces ravissent quelquefois notre admira-ration, a certainement des racines bien profondes dans notre être. Le développement de cette disposition, qui, négligé, peut s'affaiblir et cesser même complètement de se manifester, importe donc beaucoup en éducation; car le sentiment moral influe gran-dement sur le caractère; il tient lieu de la raison avant que celle-ci soit arrivée à son état de maturité.

L'instituteur doit avoir pour but de donner au sentiment moral plus de vigueur et de fermeté, afin de l'opposer aux penchants qui entraînent au mal. Le caractère trouvera dans ce sentiment un précieux appui.

Le premier moyen qui se présente, et certes le plus important pour le but que nous voulons atteindre, c'est, sous le rapport religieux et moral, le précepte d'abord et ensuite l'*exemple*. Les enfants jugent assez vite qu'ils doivent faire ce que font habi-tuellement ceux qu'ils estiment et qu'ils aiment, et se conduire comme ceux qui guident leurs pas. Ainsi se perpétuent les bon-nes mœurs et la moralité de nations entières, de sociétés isolées, et de nombreuses familles.

Outre l'exemple, les jugements que l'on porte en présence des enfants exercent aussi de l'influence. Ces jugements peuvent concerner ou des enfants ou des hommes; porter sur des faits actuels, sur des évènements historiques, ou même sur des faits imaginaires. Gardez-vous bien d'obliger, pour ainsi dire, les en-fants à recevoir comme règle vos propres jugements; moins vous paraîtrez y attacher d'importance, plus vous aurez l'air de consul-ter les élèves, et plus aussi vous produirez d'effet sur eux. Mais que vos jugements soient de la plus grande justesse, et de la plus scrupuleuse exactitude; sans cela, vous vous exposeriez aux remarques et aux critiques de vos élèves. Si les enfants n'avaient jamais occasion d'entendre que des jugements contre lesquels il n'y eût rien à objecter, les leurs seraient très-proba-blement justes aussi.

Mettez souvent sous les yeux des enfants des situations de la vie réelle, afin de leur faire discerner par eux-mêmes le juste de l'injuste, et demandez-leur ce qui, dans un cas donné, est à faire ou aurait dû être fait.

Le plaisir et l'estime que vous montrerez par des marques

d'approbation et d'encouragement quand les enfants auront fait quelque chose de bien, devront toujours être proportionnés à la valeur morale de l'action même. Au commencement, il sera bon de mettre les enfants dans une espèce de nécessité de faire le bien, afin de leur apprendre à réprimer leurs penchants égoïstes. L'instituteur ne doit pas permettre qu'un seul enfant fasse exception, quand il s'agit de renoncer à quelque plaisir pour porter du secours à un malheureux. Quelques encouragements dans l'exercice d'un devoir difficile, font toujours du bien ; il faut aussi faire réitérer les actions qui coûtent aux élèves un certain effort sur eux-mêmes. C'est ainsi que peu à peu le sentiment moral se développe chez les enfants, et devient pour eux une règle de conduite.

On développe encore ce sentiment en tenant éveillée la conscience, ce juge intérieur de nos actions, qui seul peut prononcer sur leur valeur intrinsèque. Faites en sorte que l'enfant, après avoir agi, se sente dans un état de satisfaction, ou de mécontentement et de repentir ; entretenez en lui ces sentiments ; rendez-les encore plus vifs : en exerçant ainsi la conscience, vous développerez puissamment le sentiment moral. Cependant il faut être sur ses gardes pour le choix des moyens, car la conscience peut être facilement émoussée. Des éloges outrés rendent les enfants indifférents, bien plus qu'ils ne les encouragent ; comme aussi des reproches continuels et durs, des traitements brusques et rudes, et le blâme habituel de leur conduite, finissent par ne produire sur eux aucune impression profonde.

Les sentiments sont quelquefois excités accidentellement par la sympathie. On pourra donc aussi, avec intention, se servir de cette disposition de notre nature, qui nous fait partager l'espérance, la joie, la douleur et la crainte dont les autres sont agités, ou qui excite notre enthousiasme à la vue d'actions et de sentiments grands et généreux.

Enfin, certaines idées excitent nos sentiments, dès que quelque chose d'agréable ou de pénible s'y rattache d'une manière directe ou indirecte. Des descriptions de la joie d'un père ou d'une mère, des tableaux animés de bonnes et de mauvaises actions, de la vertu et du vice ; tout cela agit avec force sur les sentiments.

(Niemeyer. — *Traduit de l'allemand*). — (*)

(*) Extrait du *Journal de l'Instruction publique*, publié à Montréal (Bas-Canada), par Mr CHAUVEAU, Surintendant de l'Éducation.

LE DESSIN POUR TOUS.
Méthode Cassagne.

Nous avons déjà entretenu nos Lecteurs du mérite de Mᵣ Cassagne, à propos de son ouvrage : *La Perspective du Paysagiste* (petit in-folio de 20 planches lithographiées), publié à Paris, chez Morin, libraire, rue du Bac, 112. (Prix : 10 fr.) — Voyez ce Journal, 12ᵉ année, p. 129 ; — et 13ᵉ année, p. 108.

Nous venons aujourd'hui faire connaître l'excellent *Cours de Dessin* du même auteur ; et pour cela, nous donnerons un extrait du Prospectus de l'ouvrage ; nous laissons parler l'Éditeur, Mᵣ Ch. Fouraut :

« Rendre le dessin du paysage *facile pour tous* au moyen de modèles aussi attrayants que gradués avec méthode ; le rendre *accessible à tous* par la modicité du prix de ces modèles : voilà le *problème* que nous avons résolu avec l'ouvrage de Dessin que nous offrons aujourd'hui au public.

» Au moment où l'enseignement est l'objet des plus grandes préoccupations des Gouvernements, où de toutes parts on s'efforce de développer l'intelligence des masses pour qu'elle puisse être à même d'apprécier les progrès des Sciences et de les utiliser au besoin, une branche de l'enseignement (le dessin en général, et en particulier le *dessin du paysage*) est restée stationnaire depuis longtemps.

» Jusqu'à ce jour, en effet, des milliers de modèles ont paru ; un grand nombre d'entre eux sont signés du nom d'artistes éminents ; mais ces diverses productions ne présentent ni méthode dans l'enseignement qu'elles comportent, ni sujets choisis avec discernement dans le but de conduire l'élève aux meilleurs succès.

» Dans l'espoir de combler cette lacune, un artiste d'un talent reconnu, Mᵣ A. Cassagne, vient de faire paraître un *travail tout nouveau* et spécial sur le Dessin.

» Paysagiste distingué et Professeur plein d'expérience, Mᵣ Cassagne a su donner à son travail le charme et l'attrait qu'exige un *ouvrage élémentaire*. La graduation raisonnée des nombreux motifs contenus dans les cahiers, leur nouveauté (tous ces motifs ayant été dessinés d'après nature, par l'Auteur, et consacrés exclusivement à sa méthode) lui assurent une supériorité incontestable sur tout ce qui a été publié jusqu'ici dans le même genre.

» Pour faciliter l'étude du *Paysage*, il nous a paru convenable de diviser le travail en cahiers présentant séparément toutes les parties qui constituent l'ensemble d'un dessin entier, qu'il n'est pas possible de reproduire d'une manière satisfaisante si les diverses parties de cet ensemble n'ont été préalablement étudiées. D'abord, plusieurs cahiers donnent tous les accessoires d'un ensemble, ceux d'une Fabrique, par exemple. On trouve comme éléments du dessin) du *bois*, du *plâtre*, de la *tuile*, etc.; puis ces divers petits motifs se trouvent combinés avec intelligence dans d'autres plus compliqués (cheminées, portes, toits, etc.); enfin, et pour résumer les exercices précédents, plusieurs dessins de Fabriques isolées, puis groupées de manière à en bien faire saisir la perspective linéaire et aérienne, sont donnés comme des modèles d'un travail complet. Disons ici que la perspective d'un motif offre l'application d'une règle, et qu'un cahier supplémentaire (n° 12) offre à l'élève les explications auxquelles n'ont pas donné lieu les motifs renfermés dans les cahiers relatifs aux Fabriques.

» Pour les Arbres, comme pour les Fabriques, la méthode procède par analyse : chaque espèce principale y est prise séparément; elle est étudiée tour à tour dans sa feuille seule, puis dans la réunion ou groupé de feuilles formant une masse, enfin dans la masse de feuilles tenue par la branche. L'arbre entier, avec ses dégradations de ton produit par la hauteur et l'éloignement de l'arbre, est présenté comme un modèle final.

» Un cahier spécial (n° 11) contenant 421 exercices variés, imprimés en bistre, et devant être repassés au crayon, est joint à la partie des Arbres; il met l'élève en état d'exécuter convenablement, et en peu de temps, les différentes espèces de feuilles, avec autant de facilité que s'il s'agissait d'une page d'écriture.

» Nous pensons en avoir dit assez sur la Méthode de dessin de Mr Cassagne (qui n'est que le commencement d'une SÉRIE DE PUBLICATIONS sur le même objet), pour faire apprécier les nombreux avantages qu'elle peut procurer aux élèves, aux professeurs, ainsi qu'aux parents intelligents.

» Ajoutons, toutefois, qu'aux progrès certains qui doivent résulter de l'application de la *Méthode Cassagne*, vient se joindre la question d'économie; car, pour une dépense de 6 francs, on a 309 *modèles* et 421 *exercices*, qui, en lithographie ordinaire, coûteraient au moins de 40 à 50 francs; en outre, un texte explicatif et le papier nécessaire au travail de l'élève.

» Quant à ce qui se rapporte à l'exécution matérielle de l'œuvre, nous nous bornerons à dire que le tirage a été exécuté avec le plus grand soin, sur beau papier blanc et fort, présentant un grain avantageux pour le crayon. Nous pouvons garantir aux personnes qui feront usage de nos Cahiers de dessin, une exécution invariable, malgré l'importance du tirage. »

Le *Cours de Dessin* de Mr ARMAND CASSAGNE se vend à Paris, chez Ch. Fouraut, libraire-éditeur, rue Saint-André-des-Arts, 47. — Prix des 12 cahiers in-4°, piqués et rognés : 6 francs. — Chaque cahier pris séparément : 50 cent.

Se trouve aussi à Bordeaux, chez les principaux libraires.

GERSON ET ROLLIN.

Modèles à suivre.

Conseils aux Instituteurs.

Je ne veux pas terminer ces instructions sans proposer à votre imitation deux nobles modèles, choisis parmi beaucoup d'autres que j'aurais pu vous offrir. Comme le dit un ancien adage : *Leçon commence, exemple achève.* Écoutez et retenez ces deux noms; ils sont l'honneur de notre patrie, ils sont la gloire de l'enseignement : Gerson, Rollin.

Gerson florissait il y a quatre siècles. C'était un homme d'une haute intelligence, d'une science profonde, d'une vertu à toute épreuve, d'un caractère doux et modeste. Il brilla par son éloquence dans l'Université, dans la chaire, dans les conciles. Il fit éclater une force d'âme égale à ses talents, et dans des temps de trouble et d'anarchie, il poussa le courage civil jusqu'à l'héroïsme en réclamant vengeance pour les victimes, sous les poignards des assassins. Entre autres écrits célèbres, il composa l'*Imitation de*

Jésus-Christ, qu'un célèbre philosophe a appelée le plus bel ouvrage qui soit sorti de la main des hommes.

Cet illustre défenseur de toutes les saines doctrines, étant encore dans la force de l'âge, voulut finir ses jours dans une obscurité laborieuse. Il alla s'ensevelir à Lyon dans une école d'enfants pauvres, et se voua tout entier à leur instruction.

Devenu maître d'école, celui qui avait été l'oracle de l'Église universelle ne crut pas s'abaisser en se mettant à la portée des plus petits enfants, et il se trouvait avec eux à son aise et à sa place, comme s'il eût encore parlé en présence des rois et des conciles.

Devant la porte de son humble école venait expirer le bruit confus du monde, qui l'appelait en vain à régner de nouveau sur lui par l'ascendant de la vertu et de l'éloquence. Son front naguère si majestueux, ses yeux où brillait le feu du génie, s'étaient doucement ombragés des voiles d'une humilité pieuse. Rien en lui ne trahissait sa condition antérieure, si ce n'est une sorte de grâce majestueuse qui ne pouvait l'abandonner ; et rien, non plus, ne le distinguait d'un instituteur ordinaire, si ce n'est une sublimité de patience et de zèle dignes de Celui qu'il nous a si bien appris à imiter.

Pour toute récompense de ses soins, il demandait à ses élèves d'ajouter tous les jours à leurs prières ces simples paroles : « Mon Dieu, ayez pitié de votre pauvre serviteur, Jean Gerson. » Et dans son testament, il supplie tous ceux à qui il a donné des soins, de payer ce pieux tribut à sa mémoire.

N'admirez-vous pas un tel modèle ? L'exemple de ce grand homme ne vous enflamme-t-il pas d'une généreuse émulation ? Rougiriez-vous de cette obscurité qu'il préféra à toutes les gloires du monde ? Vous plaindriez-vous de ces fatigues qu'il choisit comme le délassement d'une vie longtemps agitée ? Vous lasseriez-vous d'être en rapport avec les enfants, en voyant qu'il a voulu passer ses derniers jours au milieu d'eux, et qu'il mit sa consolation dans leur amour et son espoir dans leurs prières ?

Le second exemple que je veux vous citer est d'un genre tout différent. Rollin n'a pas rempli dans le monde une aussi brillante destinée, il n'a pas été, non plus, maître d'école ; mais il a tellement excellé dans un enseignement supérieur, qu'en cherchant à l'imiter, ceux qui se livrent dans une sphère plus humble à des travaux analogues deviendront de plus en plus dignes de leur mission : heureux s'ils peuvent reproduire quelques traits affaiblis de cette vénérable image !

Rollin, né sous le règne de Louis XIV, si fécond en grands hommes, fut la gloire de l'Université de Paris. Élève, Professeur, Principal, Recteur, il se fit constamment estimer et chérir par l'union des qualités les plus rares.

Le jour même où il fut appelé à l'honneur de diriger un collége, il renonça à toute relation avec le monde ; il ne sortit plus de ce studieux asile, ou si ses devoirs l'en éloignaient momentanément, sa pensée ne le quittait pas.

Sa sollicitude s'étendait à tous les détails administratifs, aussi bien qu'à tous les soins de l'éducation. La discipline était irréprochable. Des maîtres qu'il choisissait avec des précautions infinies secondaient ses efforts, et il les conduisait avec tant d'art, qu'il leur inspirait insensiblement son esprit. Tout ce qu'il exigeait des autres, il le pratiquait le premier, et il était plus rigide pour lui-même que pour eux. A tous les exercices, il était le plus assidu et le plus ponctuel ; aussi, même absent, il présidait à tout ; car les élèves, accoutumés à lui, le voyaient partout ou croyaient le voir, tant ils étaient pleins de sa pensée, et son souvenir leur imposait presque autant que sa présence.

Tout entier à l'éducation de ses chers élèves, il s'occupait de chacun d'entre eux comme s'il eût été seul. Dans ses instructions générales, dans ses entretiens particuliers, il ne cessait d'exciter dans leur âme le feu de tous les nobles sentiments ; grâce à la direction hautement morale qu'il savait donner à leur instruction, l'étude des lettres était pour eux l'école de la vertu.

Sa tendresse pour eux le rendait extrêmement sensible à leurs succès. On dit que, dans les distributions de prix, sa joie et son enthousiasme allaient jusqu'à l'ivresse. Il serrait les vainqueurs dans ses bras avec effusion, et il trouvait pour les vaincus de douces paroles qui relevaient leur courage.

On jugera, par l'anecdote suivante, de la confiance qu'il inspirait. Un père de famille, qui habitait une province éloignée et qui ne connaissait que de réputation le vertueux Principal, lui amena son fils, en le priant de l'admettre parmi ses pensionnaires. Rollin refusa, parce que le nombre des élèves était déjà même trop considérable; et, pour l'en convaincre, il lui fit parcourir tous les dortoirs, où il ne restait pas une seule place dont il pût disposer. Ce père désolé ne voulut pas se rendre à l'évidence. « Je suis venu exprès à Paris, lui dit-il, pour vous amener mon fils; vous le ferez coucher dans une classe, dans une cour, où vous voudrez; pourvu qu'il soit dans votre collège, je suis content et je pars tranquille. » Et il s'en alla, ou plutôt il s'enfuit, laissant l'enfant, que Rollin fut obligé de loger dans son propre cabinet, jusqu'à ce qu'il pût lui donner une place avec les autres élèves.

La vertu de cet homme, si généralement admiré et estimé, ne fut cependant pas à l'abri de la calomnie. Rollin, par suite d'une dénonciation injuste, reçut ordre de se démettre de la direction du collège; par un reste d'égards pour lui, on tint cet ordre secret.

Dans ce moment critique, Rollin, s'oubliant lui-même, ne songea qu'à ses chers élèves. Il chercha un successeur digne de le remplacer auprès d'eux; il le trouva, il eut le bonheur de faire agréer son choix, et dès lors il se sentit tranquille.

Le dimanche qui précéda son départ, personne dans la maison ne se doutait encore du malheur qui allait la frapper. Dans une courte instruction qu'il fit après vêpres, il parla de sa situation actuelle, mais de manière à ne pas être compris; il représenta un chrétien aux prises avec une grande douleur : « Il avait reçu la mission de faire du bien à ses frères; mais peut-être y mêlait-il des sentiments trop humains. Un coup de la houlette du souverain pasteur l'avertit de se retirer, et il se soumet, plein de confiance dans la bonté paternelle de celui qui l'afflige. » Ces paroles ne furent comprises qu'après l'évènement.

Enfin, le lendemain, Rollin exécuta sa résolution. Sur les cinq heures du soir, après être allé dans la chapelle offrir son sacrifice à Dieu, il sortit seul, et sans que personne s'en doutât dans le collège, excepté quelques-uns des principaux maîtres. Après le souper, on apprit aux élèves cette triste nouvelle.

Alors il parut combien Rollin était aimé. Dès que l'on sut avec certitude qu'il était sorti du collège pour n'y plus rentrer, ce ne furent que pleurs et que sanglots. La récréation qui devait suivre le souper ne fut point une récréation. Il n'y eut point de jeux. Les élèves, dispersés dans la cour, se promenaient tristement, fondant tous en larmes, comme s'ils eussent perdu un père.

Rollin se retira dans un quartier solitaire, où il avait acheté une petite maison, qu'il habita jusqu'à sa mort.

Cette disgrâce, loin de le réduire à l'inaction, lui ouvrit une plus vaste carrière. Dès qu'il eut cessé de diriger son collége, il devint pour tous les colléges un maître et un bienfaiteur, en inspirant aux professeurs chargés d'instruire la jeunesse les sentiments dont il était animé : tel est le but de l'excellent ouvrage qu'il composa sur l'instruction publique, et qu'on désigne ordinairement sous le nom de *Traité des Études*.

Il composa ensuite, dans le même esprit, deux ouvrages très-considérables sur l'Histoire ancienne et sur l'Histoire romaine.

Ces immenses travaux ne dérobèrent jamais un seul moment à ses devoirs religieux, qu'il remplissait avec une rare ferveur; il vécut dans le sein de l'étude et de l'amitié jusqu'à plus de quatre-vingts ans, et fut jusqu'à son dernier jour le plus vertueux, le plus aimable et le plus heureux des hommes.

(Th. H. Barrau.) — (*)

BULLETIN BIBLIOGRAPHIQUE.

Livres. — Musique. — Dessin. — Cartes. — Atlas.

> Il faut lire pour s'instruire, pour se corriger,
> pour se consoler, et pour s'amuser.
> (CHRISTINE DE PISAN.)

(SUITE. — *Voyez la dernière livraison*, page 81.)

32. Petit cours d'exercices de langage et d'intelligence, basé sur les procédés intuitifs, dédié aux Instituteurs, Institutrices, et Directrices de Salles d'asile, par *Th. Hatt.* (In-12, 1862; à

(*) Extrait de l'ouvrage intitulé : *Direction morale pour les instituteurs*, par Th. H. BARRAU. *Ouvrage couronné par l'Académie française.* (In-18, 1855, 5e édition; à Paris, chez Hachette.)

Paris, chez Veuve Berger-Levrault et fils, rue des Saints-Pères, 8.) Prix : 1 fr. 20 c.

33. Choix de lectures françaises. Leçons pratiques et théoriques, par *Ph.-H. Beck*. Lectures du 1er âge. — (In-12, 1862 ; à Paris, même adresse.) — Prix : 80 cent.

34. Pour parvenir, légende ; par *J. T. de Saint-Germain*, auteur de la légende d'une Épingle. (In-18, 1864 ; à Paris, chez Jules Tardieu, rue de Tournon, 13.) — Prix : 1 fr.

35. La Feuille de Coudrier et la Fontaine de Médicis. Légendes par *J. T. de Saint-Germain*. (In-18, 1863 ; à Paris, même adresse.) — Prix : 1 fr.

Nouvelle production d'une plume déjà bien connue et bien aimée du Public : toujours même pureté de style et même délicatesse de sentiment ; toujours même esprit et même cœur.

36. Le parfait Connaisseur ou l'Art de devenir un Critique d'art en deux heures, imité de l'allemand, par *N. Martin*. (In-18, 1864 ; à Paris, même adresse.) — Prix : 1 fr.

37. Le Travail. Son influence sur la santé, par *A. Bouchardat*, Professeur d'Hygiène à la Faculté de Médecine de Paris, etc. (In-12, 1863 ; à Paris, chez Germer-Baillière, libraire-éditeur, rue de l'École-de-Médecine, 17.) — Prix : 2 fr. 50.

Cet excellent livre contient *deux conférences* que l'Auteur a faites à l'Association polytechnique pour l'enseignement gratuit des ouvriers, à Paris. Cet ouvrage devrait être le vade-mecum de chacun de nous ; nous contribuerions ainsi à la régénération de l'espèce, qui chaque jour va déclinant d'une manière vraiment inquiétante.

38. L'École et la Ferme, ou une Lecture par semaine sur les travaux de l'année agricole, par *Michel Greff*. (In-18, 1862 ; à Paris, chez Paul Dupont, rue de Grenelle-Saint-Honoré, 45.) — Prix : 50 cent.

Ce bon petit livre est destiné aussi à être *dicté* dans les écoles, afin d'être plus facilement *retenu* par les Élèves ; et l'Auteur a raison : rien n'aide la mémoire comme l'écriture.

39. Grammaire moderne des Écrivains français, par *G.-D. Aubertin*. (In-12, 1864 ; à Paris, chez Jung-Treuttel, libraire, rue de Lille, 19.) — Prix : 6 fr.

Le titre de cet ouvrage en indique clairement l'esprit : ce n'est pas la Grammaire, telle que l'ont faite les Grammairiens, mais telle que la pratiquent les Écrivains de talent et de génie. L'éloge le plus vrai, quoique un peu singulier, qu'on puisse faire de la *Grammaire* de Mr *Aubertin*, c'est qu'elle est *amusante à lire*, et cependant elle est pleine d'érudition.

40. Cinq années de la vie des jeunes filles; par Mad^e *Nanine Guillon*, née *Viardot*. (In-12, 1862; à Paris, chez Didier, quai des Augustins, 35.) — Prix : 3 fr.

Cet ouvrage est destiné aux jeunes filles qui vont entrer dans le monde.

41. Hélène et ses amies. Histoire pour les jeunes filles, traduite de l'Anglais par Mad^e de W... (In-12, 1862; à Paris, chez le même.) — Prix : 3 fr.

42. Léontine. Histoire d'une jeune femme; par Mme *Bourdon* (Mathilde Froment). — (In-12, 1862; à Paris, chez Ambroise Bray, libraire, rue des Saints-Pères, 66.) — Prix : 2 fr.

Mme Bourdon est l'auteur de *La Vie réelle*, des *Souvenirs d'une Institutrice*, ouvrages connus de nos lecteurs; c'est dire assez tout l'intérêt que doit présenter *Léontine*.

Musique.

43. Recueil de Rondes avec Jeux et de petites Chansons pour faire jouer, danser, et chanter les enfants; avec accompagnement de Piano, très-facile, par *Charles Lebouc*. (2e édition, revue et corrigée); à Paris, à la Librairie musicale de E. Duverger, rue de la Chaussée d'Antin, 37; et chez Girod, Éditeur, Boulevard Montmartre, 16.) — Prix net : 3 fr.

Quoique les pièces de ce Recueil (au nombre de 36) soient des morceaux *de chant*, l'accompagnement de Piano reproduit la mélodie tout entière. Ainsi, ce sont des Rondes et Chansons *pour la voix* ou *pour le Piano*, à volonté.

44. Les Bonnes Traditions du Pianiste, 5e volume : *Chopin*. (A Paris, chez Flaxland, Éditeur, place de la Madeleine, 4.) — Prix net : 7 fr.

Ce volume fait partie de la collection que publie Mr Flaxland, sous le nom des *Bonnes Traditions du Pianiste*, collection si recommandable par le bon choix des auteurs et des morceaux; 7 volumes ont paru jusqu'à ce jour. — Les artistes et les amateurs devront joindre à cette collection : *Les Échos de France* (2 vol.) — *Les Échos d'Italie* (5 vol.) — *Les Échos d'Allemagne* (2 vol.) — *Les Échos du temps passé* (2 vol.), — et les *Échos du monde religieux* (2 vol.).

(La suite au prochain numéro.)

2ᵐᵉ PARTIE,

POUR LES ÉLÈVES DES DEUX SEXES.

CONNAISSANCES DIVERSES.
MÉLANGES INSTRUCTIFS ET AMUSANTS.

PLUS DE TABAC.

Quelques écrivains et des médecins, entre autres Esquirol et Roux, se sont élevés contre l'usage du tabac. On a demandé quel était le plaisir réel qu'on trouvait à fumer, en se récriant contre la mauvaise odeur que la fumée de tabac donne à l'haleine et aux vêtements, contre le dégoût que peut inspirer un fumeur par son expectoration. On a ajouté que le tabac faisait absorber une certaine quantité de nicotine, poison violent ; qu'il dessèche les membranes muqueuses avec lesquelles il est en contact ; qu'il produit des inflammations de l'arrière-gorge, des angines, des pharyngites avec granulations, etc. Royer-Collard, ajoute-t-on, a succombé bien évidemment par suite de l'excès qu'il faisait du tabac à fumer ; plus récemment, Mᵣ A. Sax a été gravement atteint d'une affection cancéreuse des lèvres ; Louis Lurine, il y a deux ou trois ans, frappé d'une ophthalmie douloureuse, avait été condamné à ne plus fumer. Il s'abstint de la pipe et guérit, il la reprit et mourut.

Mais le tabac est bien plus coupable encore, disent ses détracteurs : il cause la dégénérescence de l'espèce humaine, et la conduira à l'abrutissement ! La cigarette elle-même n'est pas épargnée. Suivant Mᵣ Fiévée, la combinaison du tabac et du papier constitue un mélange encore plus délétère que le tabac seul, à cause de la présence du gaz carbonique provenant du second agent. Savez-vous pourquoi l'Espagne est tombée au second rang des puissances ? « C'est, dit Mᵣ Fiévée, la cigarette qui lui a fait » perdre son importance politique, son riche apanage littéraire » et artistique, ce caractère chevaleresque qui en avait fait un » des premiers peuples du monde. » *Stupete gentes !*

Que deviendra donc, alors, notre pauvre France, où s'accroît démesurément, chaque année, la consommation de la nicotine, consommation qui s'élève maintenant à 160 millions, ce qui donne environ 400,000 grammes de cette nicotine, de ce poison dont quelques gouttes suffisent pour donner la mort? Voyez! dans les plus beaux appartements se trouve un *fumoir*, noir repaire, décoré de pipes et de crachoirs, où des gens de bon ton répandent une fumée âcre qui s'attache aux vêtements et leur donne une odeur nauséabonde. Les dames, qui jadis se seraient révoltées qu'on les abordât le cigare à la bouche, ou même en sentant le tabac, se sont aguerries. Eh! n'en est-il pas qui fument elles-mêmes?

Et les enfants! Ils fument aussi, les malheureux, surtout dans la classe ouvrière; et les états des hôpitaux constatent un grand nombre de perturbations qui en résultent pour leurs organes délicats et non encore formés.

Mais à quoi bon vouloir lutter contre l'habitude enracinée du tabac. Un fumeur reçoit un jour un poème contre le tabac et ses funestes effets. « C'est très-joli, » dit-il, et il en déchire les feuillets pour en allumer sa pipe!....

(Guyot de Fère.) — (*)

SOCIÉTÉ POUR PROHIBER L'USAGE DU TABAC.

Fumez-vous, par hasard? qui d'ailleurs ne fume pas aujourd'hui? c'est le vice à la mode, mais souvent la mode est mauvaise conseillère.

« Peuple qui fume, peuple qui périt, » a dit Fourier. Si vous demandez à Stendhal pourquoi la Turquie porte l'ennui sur son visage, pourquoi l'Espagne est assoupie, pourquoi l'Allemagne s'égare dans des rêves creux, il vous dira sans sourciller que la cause est dans la pipe, la chibouque et le cigare.

Ces hautes considérations ont inspiré aux ennemis du tabac la fondation d'une vaste société pour prohiber l'usage de la nicotine.

(*) Extrait du *Journal des Arts, des Sciences et des Lettres.*

Déjà le pape Urbain VIII, par une bulle, avait enjoint à tous les bedeaux de la chrétienté de confisquer les tabatières qui oseraient paraître dans les églises.

Il paraît du reste que la nouvelle *Société abolitioniste* compte parmi ses membres des médecins distingués, des avocats, des académiciens, des conseillers d'État.

Décidément, il faudra renoncer au tabac, la science le veut.

(T. Coutet.) — (1)

Voici un détail assez curieux, fourni par le *Budget des Recettes :* Il a été fumé, en France, pendant l'année 1861, 7 *milliards de cigares* (7,000,000,000 !!!)

L'HOMME EST LE RÉVÉLATEUR DE DIEU.

L'homme est comme le brin d'herbe et la fleur ; il est comme l'insecte et l'oiseau, comme la terre et les cieux ; il tient tout de la munificence éternelle. Les penchants les plus inférieurs de son être, ses plus nobles qualités, son intelligence, son génie, les mouvements les plus sublimes de son âme, sa bonté, sa justice, son culte et sa vénération, tout ce qui le met en tête de la création, tout ce qui l'établit et le maintient roi suprême en ce monde, il le doit aux volontés libérales de la cause première à son égard. Il n'est dans sa main qu'un instrument de manifestation, et dans les actes où il croit apporter le plus de spontanéité, d'indépendance et de liberté, il n'est encore que l'esclave de la merveilleuse constitution morale et intellectuelle qu'il en a reçue. J'oserai dire, pour bien exprimer ma pensée, que l'homme a été choisi pour être *le révélateur de Dieu* ; que c'est par lui que Dieu s'est fait connaître et proclamer ; que c'est par lui que Dieu s'est fait bénir et glorifier dans l'univers. — (2)

(1) Extrait de *La Science pittoresque.*

(2) Extrait de l'ouvrage intitulé : *Nouvelle loi morale et religieuse. Analyse des sentiments moraux,* par le *Docteur* FÉLIX VOISIN, Médecin en chef des aliénés de l'Hospice de Bicêtre, etc. (Grand in-8°, 1862 ; à Paris, chez J.-B. Baillière et fils, rue Hautefeuille, 19.) Prix : 7 fr. 50.

BONHEUR DU VIEILLARD.

..... Heureux le vieillard qui rassemble
De bons, de vrais amis d'un âge égal au sien :
Un babil éternel nourrit leur entretien ;
Ils goûtent le plaisir d'être, de vivre ensemble,
Et de parler sans fin. Pour moi, dans mes vieux jours,
Je me sens menacé d'allonger mes discours.
Mes amis très-diserts aimeront à s'étendre ;
Nous serons tous diffus et peut-être un peu sourds ;
Nous nous pardonnerons de ne pas nous entendre.

(St-Lambert. — Consolations de la vieillesse, Poème.)

LE BON TON.

Le bon ton, c'est :

De la dignité sans hauteur.
De la politesse sans fadeur.
De la confiance sans hardiesse.
Du maintien sans raideur.
Des grâces sans affectation.
De la réserve sans pruderie.
De la gaîté sans bruyants éclats.
De l'instruction sans pédanterie.
Des talents sans prétention. — (*)

LE BIBLIOMANE.

C'est elle !... Dieux, que je suis aise !
Oui... c'est la bonne édition :
Voilà bien, pages neuf et seize,
Les deux fautes d'impression
Qui ne sont pas dans la mauvaise.

(Pons de Verdun.)

(*) Extrait du petit ouvrage intitulé : *Politesse et Savoir-vivre*, par Mme BOURDON (MATHILDE FROMENT.) — (In-18, 1861, 4e édition ; à Paris, chez Lethielleux, libraire, rue Bonaparte, 66.)

DE LA GAITÉ.

Lorsque notre bonheur nous vient de la vertu,
La gaîté vient bientôt de notre caractère.
(FLORIAN. — *Le Léopard et l'Écureuil.*)

La gaîté est le don le plus heureux de la nature. C'est la manière la plus agréable d'exister pour les autres et pour soi; elle tient lieu d'esprit dans la société, et de compagnie dans la solitude. Elle est le premier charme de la jeunesse, et le seul agrément de l'âge avancé. Elle est opposée à la tristesse, comme la joie l'est au chagrin. La joie et le chagrin sont des situations; la tristesse et la gaîté sont des caractères. Mais les caractères les plus suivis sont souvent distraits par les situations; et c'est ainsi qu'il arrive à l'homme gai d'être accablé de chagrins. On trouve rarement la gaîté où n'est pas la santé. Scarron était plaisant; j'ai peine à croire qu'il fût gai. La véritable gaîté semble circuler dans les veines avec le sang et la vie. Elle a souvent pour compagnes l'innocence et la liberté.

(Boufflers.)

COMMENT VIENT LA GOUTTE.

Mr A..., quarante ans, forte constitution, depuis sa jeunesse voyageur de commerce pour les liquides, ressent une première et violente attaque de goutte. Il va trouver le Docteur B..., un de mes anciens amis, homme de cœur autant au moins qu'homme d'esprit. Il lui expose son cas et lui demande ce qu'il faut faire.

— Voyons, lui dit le Docteur, comment vivez-vous? Vous ne vous levez pas trop matin, vous étant couché tard; vous allez prendre chez un cafetier de vos clients un verre d'absinthe, ou de vermout, ou de bitter, quelquefois de tous les trois avant déjeûner?

— Mais oui, Docteur.

— Ensuite vous déjeûnez, et vous déjeûnez bien, soit avec des clients, soit avec des confrères?

— Mais oui, Docteur; vous savez, dans la profession, c'est forcé.

— Après déjeûner, vous retournez au café, chez un autre client; vous y prenez une demi-tasse, avec le petit verre et une *chartreuse* en guise de consolation. Puis l'on vous propose une partie de bésigue, et vous buvez de la bière jusqu'à trois ou quatre heures de l'après-midi. Alors, pour faire des affaires, vous allez visiter un autre établissement, où vous prenez un ou deux verres d'absinthe, sous prétexte de vous mettre en appétit?

— Mais oui, Docteur; on ne peut pas faire autrement.

— Bien, bien. Vous dînez par là-dessus, mieux encore que vous n'avez déjeûné : on échantillonne le Bordeaux, le Bourgogne, les mousseux, les liqueurs ?

— C'est vrai, Docteur; que voulez-vous, dans la partie....

— Bon ! Et souvent, après avoir repris du café, pour ne pas rester en reste, vous passez votre soirée à boire de la bière chez un ou plusieurs clients, et vous vous couchez le plus tard possible ?

— Mais oui, Docteur.

— Et puis, vous avez la goutte ?

— Mais oui, Docteur; que faut-il faire ?

— Hé bien ! mon cher monsieur, les grenouilles ne l'ont jamais; il faudrait faire comme elles.

(Dʳ Maximin Legrand. — *Union médicale.*) — (*)

———❦———

CLIDAMANT LE NARRATEUR.

Clidamant raconte à merveille,
Mais il faut le voir rarement :
Le premier jour il est charmant,
Ensuite il est moins amusant;
Puis il devient un peu pédant;
Bref, il se répète; et souvent
Vous savez par cœur dès la veille
Ce qu'il dira le jour suivant.

(Vigée.)

(*) Extrait de *La Science pittoresque.*

SAVOIR ÉCOUTER, — PARLER, — ET SE TAIRE.

Le sot ne sait ni écouter, ni parler, ni se taire.

Accoutume-toi à écouter sans aucune distraction, et entre autant qu'il se peut dans l'esprit de celui qui te parle.

(Marc-Aurèle.)

Combien de gens se font du tort, parce qu'ils veulent savoir parler avant d'avoir appris à écouter ! (Plutarque.)

Écoute le premier et parle le dernier. (Proverbe basque.)

Ne répondez qu'après avoir bien écouté, et n'interrompez jamais.

Parler, c'est dépenser ; écouter, c'est acquérir : Écoutons beaucoup et parlons peu.

Qui parle sème, qui écoute récolte. (Pythagore.)

On se repent souvent d'avoir parlé ; de s'être tû, jamais.

(Simonide.)

Savoir se taire à propos est un talent préférable à celui de bien parler. (Plutarque.)

Avant de parler, prenez garde à ce que vous allez dire ; qu'il ne sorte de votre bouche aucune parole dont vous ayez sujet de vous repentir après l'avoir dite. (Saint-Paulin.)

Ne t'aventure pas à parler sans que la pensée ait précédé la parole. (Proverbe portugais.)

Pensez deux fois avant de parler une, et vous parlerez deux fois mieux. (Plutarque.)

La politesse veut qu'on parle peu, et la probité qu'on ne parle mal de personne. (Des Ormes.)

Si l'on parlait moins souvent à tort et à travers, on aurait plus d'occasions de parler à propos. (E. Oger.)

Mesure tes paroles à la capacité de ceux devant qui tu parles.

(Des Ormes.)

Une parole dite en son temps vaut mieux qu'un long discours dit trop tard ou trop tôt. (Proverbe anglais.) — (*)

Le silence est l'ornement des femmes. (Sophocle.)

(*) Extrait de *La Science pratique de la vie,* par L. J. LARCHER.

Le silence est la parure et la sauvegarde de la jeunesse.

(Plutarque.) '

On gagne presque toujours à taire ce qu'on n'est pas obligé de dire.

Il convient que les jeunes gens parlent peu.   (Plutarque.)

La douleur qui se tait est celle qui inspire le plus d'intérêt.

Voulez-vous qu'on dise du bien de vous? — N'en dites point.

(La Bruyère.)

Ne dites que ce qui peut être utile aux autres et à vous-même.   (Franklin.)

La nature nous a donné deux oreilles et une seule bouche pour nous apprendre à beaucoup écouter et à parler peu.

(Zénon.)

En tout temps, en tous lieux, l'art le plus nécessaire
N'est pas de bien parler, mais de savoir se taire.

(***)

Voyez 6ᵉ année de ce Journal (p. 188), l'article intitulé : *L'Art de se taire.*

QUELQUES PENSÉES DE Mᵐᵉ DE BOUFFLERS
pour servir de Règles de conduite.

Dans la conduite : simplicité et raison.

Dans l'extérieur : propreté et décence.

Dans les procédés : justice et générosité.

Dans l'usage des biens : économie et libéralité.

Dans les discours : clarté, vérité, précision.

Dans l'adversité : courage et fierté.

Dans la prospérité : modestie et modération.

Dans la société : aménité, obligeance, facilité.

Dans la vie domestique : rectitude, et bonté sans familiarité.

S'acquitter de ses devoirs selon leur ordre et leur importance.

Ne s'accorder à soi-même que ce qui vous serait accordé par un tiers éclairé et impartial.

Éviter de donner des conseils; et lorsqu'on y est obligé, s'acquitter de ce devoir avec intégrité, quelque danger qu'il puisse y avoir.

Lorsqu'il s'agit de remplir un devoir important, ne considérer les périls et la mort même que comme des inconvénients, et non comme des obstacles.

Tout sacrifier pour la paix de l'âme.

Combattre les malheurs et les maladies par la tempérance.

Indifférent aux louanges, indifférent au blâme ; ne se soucier que de bien faire, en respectant, autant qu'il sera possible, le public et les bienséances.

Ne se permettre que des railleries innocentes, qui ne puissent blesser ni les principes ni le prochain.

Mépriser le crédit, s'en servir noblement, et mériter la considération.

(Extrait des Souvenirs de M. de Lévis.)

LES DEUX CORTÉGES.

Deux cortéges se sont rencontrés à l'église :
L'un est morne, — il conduit la bière d'un enfant ;
Une femme le suit, presque folle, étouffant
Dans sa poitrine en feu le sanglot qui la brise.

L'autre, c'est un baptême. — Au bras qui le défend,
Un nourrisson bégaye une note indécise ;
Sa mère, lui tendant le doux sein qu'il épuise,
L'embrasse tout entier d'un regard triomphant !

On baptise, on absout, et le temple se vide.
Les deux femmes, alors, se croisant sous l'abside,
Échangent un coup d'œil aussitôt détourné ;

Et, — merveilleux retour qu'inspire la prière, —
La jeune mère pleure en regardant la bière,
La femme qui pleurait sourit au nouveau-né !

(Soulary.) — (*)

(*) Extrait de l'ouvrage intitulé : *Les Poëtes français, Recueil des Chefs-d'œuvre de la Poésie française, depuis les origines jusqu'à nos jours ; avec une Notice littéraire sur chaque poète, etc., publié sous la direction de* Mr Eugène Crépet. (4 gros vol. in-8°, 1862 ; à Paris, chez Hachette.) — Prix : 30 francs.

LA FLEUR DIVINE.

Je vais cherchant la fleur divine
Dont tu me parles quelquefois,
Parmi l'herbe de la colline,
Parmi les arbres de nos bois.
On dit que toujours elle est belle,
Que rien ne ternit sa fraîcheur;
Mère, si nous passons près d'elle,
Dis-moi le nom de cette fleur.

De notre ciel, parfois si rude,
Ne craint-elle pas les frimats?
Orne-t-elle la solitude?
Fleurit-elle sous nos climats?
Si je venais à la connaître,
Je l'aimerais comme une sœur.
Mère, un jour nous saurons peut-être
Quel est le nom de cette fleur!

Mon fils, ici près de ta mère
Tu la vois dans ses yeux aimants;
Et chaque soir, de ta prière
Elle embaume les doux accents.
A la voix de la Providence,
Elle germe au fond de ton cœur :
C'est l'Avenir, c'est l'Espérance!....
Tel est le nom de cette fleur!.....

(Mlle Marie Renouf, de Bordeaux.) — (*)

L'ENFANT DE NEIGE.

Deux enfants, un jour de frimaire,
Prenant la neige entre leurs doigts,
Dirent : faisons un petit frère;
Au lieu de deux, nous serons trois.

(*) Ces charmantes stances ont été mises en musique, avec accompagnement de Piano, par Mr *J. Mendes*, auteur de plusieurs romances, pleines de goût et de distinction.

Mettant en œuvre leur envie,
Ils paraissent tout triomphants.
Dieu seul aux êtres donne vie,
Songez-y bien, petits enfants.

A créer chacun s'évertue,
On les prendrait pour des Phidias :
Ils donnent forme à la statue ;
Elle a des jambes et des bras.
Mais il faut qu'elle parle et rie,
Que ses membres soient agissants.
Dieu seul aux êtres donne vie,
Songez-y bien, petits enfants.

Comme ils aiment leur petit frère !
Rentrons-le bien vite, il a froid ;
Il sera mieux dans la chaumière,
Près du foyer et sous le toit.
Mais joie, hélas ! trop tôt ravie !
Il fond sous l'ardeur des sarments !
Dieu seul aux êtres donne vie,
Songez-y bien, petits enfants.

(Octave Giraud). — (*)

ESPRIT ET BON SENS,
ou Recueil de Pensées, Maximes, Réflexions sur divers sujets,
Extraites de différents auteurs.

(Suite. — *Voyez la dernière livraison, page 94.*)

133. On demande quatre choses à une femme : Que la vertu habite dans son cœur ; que la modestie brille sur son front ; que la douceur découle de ses lèvres ; et que le travail occupe ses mains.

(*) Ces jolis couplets ont été mis en musique avec infiniment d'esprit, par notre compatriote, Mr *J. Mendès.* — A Paris, chez Choudens, éditeur de musique, rue St-Honoré, 265.

134. Le manque de jugement fait l'obstination.

135. L'âme n'a point de secrets que la conduite ne révèle.

136. Les vœux que la crainte arrache à l'homme s'évanouissent avec le danger.

137. La réflexion est la vie de l'âme, comme le mouvement est la vie du corps.

138. Tu supportes les injustices, console-toi : le vrai malheur est d'en faire.

139. Nous devons être heureux de tous les maux qui ne nous arrivent pas.

140. La satire aigrit plus qu'elle ne corrige.

141. Le prodigue répand l'or comme du fumier, et l'avare recueille le fumier comme de l'or.

142. Il serait à désirer que les hommes fissent leur épitaphe de leur vivant, et qu'ils s'efforçassent de mériter tout le bien qu'ils diraient d'eux-mêmes.

143. On n'a jamais plus de peine à résister à la flatterie que lorsqu'elle s'exerce devant témoins.

144. L'excellence des sens vient de la nature, mais l'art et l'habitude peuvent y ajouter un plus grand degré de perfection.

145. L'extrême plaisir que nous prenons à parler de nous-mêmes, doit nous faire craindre de n'en donner guère à ceux qui nous écoutent. (La Rochefoucault).

146. Ne faites rien dans le moment de la colère : vous vous embarqueriez au milieu d'une tempête.

147. On ne connaît l'importance d'une action que lorsqu'on est près de l'exécuter. (La Fontaine).

148. Comment se fait-il que les hommes soient d'ordinaire plus judicieux dans les affaires d'autrui qu'ils ne le sont dans les leurs? — C'est que, dans nos affaires, trop de joie ou trop de crainte nous préoccupe.

149. Le mot qui t'est échappé est ton maître, celui que tu retiens est ton esclave.

150. Il n'y a que les hommes qui ont passé par les épreuves de l'adversité qui puissent savoir ce que c'est que le bonheur.

151. Quoique les douceurs de la vie soient le fruit des arts, elles ne sont pas toujours le partage des artistes.

(La suite au prochain numéro.)

Bordeaux. — Imprimerie de J. Delmas, rue Sainte-Catherine, 139.

JOURNAL D'ÉDUCATION

PHYSIQUE, MORALE, ET INTELLECTUELLE.

14ᵐᵉ année. — Nᵒ 6. — Avril 1863.

1ʳᵉ PARTIE,
POUR LES PARENTS ET LES PROFESSEURS.

PÉDAGOGIE (OU SCIENCE DE L'ÉDUCATION.)
DIDACTIQUE (OU ART D'ENSEIGNER.)

DES PROMENADES
au point de vue de l'Enseignement.

Dans les promenades, les occasions d'enseignement sont très-fréquentes et peuvent devenir l'objet d'une foule d'observations intéressantes qui éveilleront l'intelligence et la curiosité des enfants, agrandiront pour eux la sphère de la vie commune et leur ouvriront des horizons nouveaux. On fera remarquer l'influence des vents et étudier les pronostics du temps; en rentrant, le soir, on aura porté un jugement sur la température du lendemain; on apprendra ainsi à la prévoir.

On dira la nature particulière à chacun des vents : pour la France, le vent d'Est est sec, parce qu'il a passé sur tout le continent européen; celui d'Ouest est humide et doux, parce qu'il est imprégné de l'humidité et de la douceur de l'immense Océan; le vent du Sud est chaud, parce qu'il nous apporte, tempérées par l'espace parcouru, les ardeurs de la zone torride et des déserts de l'Afrique; celui du Nord est froid, parce qu'il s'est glacé au contact de cet autre océan de glace qu'on appelle le pôle nord.

On pourra ajouter que chacun de ces vents a, dans chaque partie du monde, des natures différentes et variables; qu'ainsi, dans l'hémisphère opposé, les mêmes vents sont d'une nature toute contraire à celle qu'ils ont en France, etc.

Dans les promenades du jour et du soir, sous un ciel éclatant

11

de lumière ou resplendissant d'étoiles, on pourra donner des leçons élémentaires de Cosmographie.

Le jardin, réservé pour les récréations les plus courtes, sera l'occasion constante des observations les plus instructives : ainsi, on y étudiera toutes les natures de végétation, fruits, légumes, fleurs, etc., les phénomènes de la bouture, de la marcotte, de toutes les greffes si nombreuses et si variées.

Un petit instrument, le microscope, ouvrira à la mère de famille une immense carrière d'observations et d'études aussi intéressantes qu'attrayantes. Les enfants seront surpris de voir ainsi ce qu'ils n'avaient pas vu, de trouver ce qu'ils n'avaient pas soupçonné, de découvrir dans la nature des choses inconnues au vulgaire ; leur curiosité ainsi éveillée, leur amour-propre sollicité les feront courir au-devant de connaissances fort utiles, et l'on jettera ainsi les bases en même temps qu'on créera le goût d'études plus sérieuses.

L'étude des fleurs particulièrement, au moyen du microscope, leur construction, leur composition, leurs variétés, produira le goût de leur culture et, par suite, d'une récréation utile et d'un travail hygiénique.

Les collections d'insectes, de minéraux, de plantes, les herbiers, etc. viendront donner à ces études une base et un attrait moins fragiles et plus sérieux ; ces collections créeront la passion des études naturelles.

Quand l'hiver sera venu couper court à ces petites jouissances extérieures, le jardin ne sera que déplacé ; on le transportera dans les appartements ; on aura sur la cheminée et des touffes d'une luxuriante verdure et des fleurs aux couleurs les plus brillantes : tout cela végétant sur du coton en laine et mouillé, placé sur l'eau, et fournissant une vie artificielle aussi intéressante que le serait la vie réelle. C'est en Allemagne qu'on trouve dans sa perfection cette culture des fleurs d'appartements. D'une fenêtre intérieurement couverte de la plus riche végétation, de fleurs en boutons ou épanouies, on aperçoit des fleuves immobiles en apparence sous leurs glaces, des campagnes couvertes de neige, tous les arbres dépouillés de feuilles, enfin la froide et muette désolation de l'hiver.

Ces salons allemands, chauffés par des calorifères ou des poêles, sont de véritables serres, où se rencontrent toutes les richesses florales du printemps; les fenêtres sont des cabinets de verdure, où chantent les oiseaux; les étagères, les cheminées sont couvertes de fleurs; des plantes grasses sont suspendues au plafond et balancent leurs bouquets au-dessus des consoles et des tables. Pourquoi, sous un climat plus tempéré, ne s'accorderait-on pas en France ces petites jouissances? Pourquoi n'en ferait-on pas une cause d'étude et de plaisir, une récompense pour les enfants, pour les petites filles surtout?

L'habitude d'observer sérieusement la nature, de faire de cette observation une suite d'études, amènera bien vite les enfants à l'aimer; ils y trouveront une source inépuisable de distractions et de plaisirs.

Chaque saison aura ses charmes et ses enseignements; cette étude aidera à l'éducation morale, en éloignant l'oisiveté, et avec elle les plaisirs vulgaires.

(Mad^e Inéis Monmarson.) — (*)

***

DES PLEURS DES ENFANTS.

Les enfants pleurent fort facilement. C'est une mauvaise coutume qu'il ne faut pas leur laisser prendre, non-seulement à cause du bruit tout à fait désagréable et choquant que cette criaillerie répand dans la maison, mais pour des raisons encore plus importantes qui concernent les enfants eux-mêmes. (Locke.)

Un enfant qui ne connaît encore que les besoins physiques, ne pleure que quand il souffre, et c'est un grand avantage; car alors on sait à point nommé quand il a besoin de secours, et l'on ne doit pas tarder un moment à le lui donner, s'il est possible; mais si vous ne pouvez le soulager, restez tranquille, sans le flatter pour l'apaiser. Vos caresses ne le guériront pas, mais il se souviendra qu'il faut crier pour être flatté, et s'il sait une fois vous occuper ainsi de lui à sa volonté, le voilà devenu votre maître; tout est perdu.

(J.-J. Rousseau.)

Les longs pleurs d'un enfant qui n'est ni lié ni malade, et qu'on ne laisse manquer de rien, ne sont que des pleurs d'habi-

---

(*) Extrait de l'ouvrage intitulé : *De l'Éducation et de l'Instruction des Enfants, par la Mère de Famille.* (In-8°, 1854; à Paris, chez Garnier frères.) — Prix : 6 fr.

tude et d'obstination : ils ne sont point l'ouvrage de la nature, mais de la nourrice, qui, pour n'en savoir endurer l'importunité, la multiplie, sans songer qu'en faisant taire l'enfant aujourd'hui, on l'excite à pleurer demain davantage. Personne n'aime à prendre une peine inutile, pas même les enfants. S'ils sont obstinés dans leurs volontés, montrez plus de constance qu'eux, plus d'opiniâtreté : ils se rebuteront et n'y reviendront plus. Au reste, quand ils pleurent par fantaisie ou par obstination, un moyen sûr de les empêcher de continuer est de les distraire par quelque objet agréable et frappant qui leur fasse oublier qu'ils voulaient pleurer. La plupart des nourrices excellent dans cet art ; et, bien ménagé, il est utile : mais aussi il est de la dernière importance que l'enfant n'aperçoive pas l'intention que l'on a de le distraire ; qu'il s'amuse, au contraire, de ce qui lui est présenté, sans qu'il puisse croire que l'on songe à lui ; et c'est sur quoi presque toutes les nourrices sont très-maladroites.

(J.-J. Rousseau.)

Les premiers pleurs d'un enfant sont des prières : si l'on n'y prend garde, ils deviennent bientôt des ordres ; ils commencent par se faire assister, ils finissent par se faire servir. Ainsi, de leur propre faiblesse, d'où vient d'abord le sentiment de leur dépendance, naît ensuite l'idée de l'empire et de la domination. Mais cette idée étant moins excitée par leurs besoins que par nos services, ici commencent à se faire apercevoir les effets moraux dont la cause immédiate n'est pas dans la nature, et l'on voit déjà pourquoi, dès ce premier âge, il importe de s'attacher à démêler l'intention secrète qui dicte le geste ou le cri d'un enfant. (J.-J. Rousseau.) — (*)

DE LA PROPRETÉ CHEZ LES ENFANTS.

La propreté est presque toujours recommandée aux enfants comme un objet de vanité ; on affecte du dédain pour eux lorsqu'ils ont sali leurs habillements ; on les charge de parure, et on exige alors qu'ils restent pour ainsi dire immobiles ; c'est un tort plus grand qu'on ne pense, car on les gêne sans nécessité, on

(*) Extrait du *Dictionnaire pédagogique*, par L. J. Larcher (dans *L'École normale* de Mr Larousse).

enchaîne leur liberté, et on leur fait attacher du prix à la toilette.

Cependant il faut les accoutumer à la propreté, car, indépendamment de ce qu'elle charme les yeux, de ce qu'elle a quelque chose qui prévient favorablement, elle est encore une dépendance nécessaire de l'économie. Ainsi vous leur en ferez un devoir ; mais pour les y porter, sans les exposer à d'autres dangers, il faut toucher leur cœur en leur disant que la propreté et l'ordre prolongent la durée des choses, qu'ils augmentent le superflu pour ceux qui vivent dans l'abondance, et qu'ils leur fournissent ainsi de nouveaux moyens de faire du bien à ceux qui sont en proie au dénûment. Enfin, en les habillant simplement, vous n'en ferez pas des esclaves de la vanité, et ils s'accoutumeront à la modestie. C'est ainsi que, par des moyens doux et insensibles, on parvient à former l'enfance et à lui donner les plus précieuses habitudes. (Sauquaire-Souligné.)

Veillez à ce que les enfants ne salissent pas leurs vêtements exprès, et qu'ils les conservent propres le plus longtemps possible ; qu'ils lavent bien leurs mains et leur visage ; qu'ils soient peignés avec soin et qu'ils ne viennent point à l'école avec des habits troués ou déchirés : la plus pauvre blouse peut être tenue propre ; les parents même dans l'indigence peuvent peigner leur enfant ou avoir soin qu'il se peigne lui-même. Il ne faut pour tout cela qu'un peu de temps, de la bonne volonté et de l'eau. Soyez, sous ce rapport, extrêmement exigeant, et vous obtiendrez tout ce que vous exigerez.

C'est bien à tort que quelques instituteurs négligent un article aussi important, et croient qu'il leur suffit d'adresser aux élèves quelques avis généraux, et que c'est aux parents à faire le reste. Ces instituteurs oublient qu'ils sont chargés de l'éducation des enfants aussi bien que de leur instruction, et que les habitudes de propreté sont une partie essentielle de l'éducation.

(Th. H. Barrau.)

La propreté du corps entre essentiellement dans l'éducation physique, et n'est pas moins nécessaire que la propreté de ce qui sert à le couvrir. Rien ne contribue plus à entretenir la santé et la fraîcheur de la peau que de se laver fréquemment. Plusieurs maladies cutanées viennent souvent de la hideuse malpropreté. Il serait bon d'introduire dans les maisons d'éducation et au sein des familles particulières l'usage bienfaisant de se laver le visage tous les matins et tous les soirs, d'exiger des élèves la propreté des mains avant chaque repas; et de les soumettre, au moins une fois par semaine, aux lotions des pieds.

(Mad^e Julie Borde.) — (1)

DU CHOIX DES LECTURES.

Il faut considérer que l'étude est la culture et la nourriture de notre esprit. Ce que nous lisons entre dans notre mémoire et y est reçu comme un aliment qui nous nourrit et comme une semence qui produit dans les occasions des pensées et des désirs. Si l'on ne prend pas indifféremment toutes sortes d'aliments, et si l'on évite avec soin tous ceux qui nous peuvent nuire, si l'on ne sème pas dans ses terres toutes sortes de semences, mais seulement celles qui sont utiles, combien doit-on encore apporter plus de discernement à ce qui sert de nourriture à notre esprit, et ce qui doit être la semence de nos pensées? Car ce que nous lisons aujourd'hui avec indifférence se réveillera dans les occasions, et nous fournira, sans même que nous nous en apercevions, des pensées qui seront une source de bien ou de mal. Mais, dans la nourriture du corps, l'on distingue d'ordinaire par le goût même ce qui nuit à la santé. Il n'en est pas de même dans les aliments de l'âme. Nous n'avons pas naturellement de goût spirituel (2) qui distingue les bons aliments des mauvais. Nous trouvons même quelquefois les poisons plus agréables que les meilleures nourritures, tant notre goût spirituel est corrompu. Et ainsi il faut suppléer par une attention toute particulière à cette corruption de notre esprit, et c'est une des manières dont nous devons pratiquer cet avertissement du Sage (3) : « Appliquez-vous avec tout le soin possible à la garde de votre cœur. »

(Nicole). — (4)

---

(1) Extrait du *Dictionnaire pédagogique*, par L. J. LARCHER.

(2) Dans le style religieux, ce terme est opposé à *corporel*, et signifie ce qui regarde la conduite de l'âme, l'intérieur de la conscience.

(3) Ce mot désigne Salomon, considéré comme auteur des *Proverbes*, qui font partie des livres saints.

(4) Moraliste et théologien, auteur des *Essais de morale*. Né à Chartres en 1625, mort en 1695.

DE LA POLITESSE
au point de vue de l'Éducation.

Gardez-vous de donner à l'enfant de vaines formules de politesse qui lui servent au besoin de paroles magiques pour soumettre à ses volontés tout ce qui l'entoure, et obtenir à l'instant ce qu'il lui plaît. Dans l'éducation façonnière des riches, on ne manque jamais de les rendre poliment impérieux, en leur prescrivant les termes dont ils doivent se servir pour que personne n'ose leur résister : leurs enfants n'ont ni tons ni tours suppliants; ils sont arrogants, même plus quand ils prient que quand ils commandent, comme étant bien plus sûrs d'être obéis. On voit d'abord que *s'il vous plaît* signifie, dans leur bouche, *il me plaît*; et que *je vous prie*, signifie *je vous ordonne*. Admirable politesse, qui n'aboutit pour eux qu'à changer le sens des mots, et à ne pouvoir jamais parler autrement qu'avec empire! Quant à moi, qui crains moins qu'Émile ne soit grossier qu'arrogant, j'aime beaucoup mieux qu'il dise en priant, *faites cela*, qu'en commandant, *je vous prie*. Ce n'est pas le terme dont il se sert qui m'importe, mais bien l'acception qu'il y joint.

(J.-J. Rousseau.)

La politesse est pour les enfants une source de tourments. Nous voulons qu'ils soient de bonne heure de petits personnages; nous les astreignons aux usages de la société; nous les obligeons à recevoir d'ennuyeux compliments, à répéter d'insignifiantes formules : ainsi la politesse, destinée à rendre la vie plus douce, commence par la tourmenter. Aussi longtemps qu'ils sont hors d'état de juger les rapports qui existent entre les hommes, ils ne peuvent être honnêtes sans qu'on leur impose une pénible contrainte. Eh! pourquoi tant de soins et de gêne? Il semble que faire la révérence soit une chose tellement difficile qu'on ne la saura jamais si on ne l'a pas apprise dès l'enfance. Mais ensuite comment enseigne-t-on aux enfants à parler honnêtement sans leur apprendre à mentir? On traite, dans ce cas, le mensonge de bagatelle; mais, si l'on voulait préparer ses élèves à devenir flatteurs et fourbes, je demande quelle méthode on emploierait. Un enfant n'a pas l'esprit assez exercé pour saisir vos distinctions subtiles; n'altérez point sa franchise; et, s'il vous fait quelques affronts, le mal sera moins grand que si vous l'aviez rendu faux.

(J. Droz.)

Il ne faut pas exiger des enfants une politesse recherchée; ils n'acquerraient cette qualité qu'aux dépens de la naïveté et de la franchise, qualités infiniment plus précieuses; mais il faut leur inspirer le sentiment de la politesse véritable, qui est dans le cœur, et qui consiste à préférer les autres à soi, et à tâcher de leur être agréable.

(Th. H. Barrau.) — (*)

DE L'ENSEIGNEMENT DE L'ARITHMÉTIQUE
dans les Écoles primaires.

Voici sur ce sujet des réflexions très-judicieuses qu'on trouve dans le *Journal des Instituteurs* (publié chez Paul Dupont), à propos de l'*Arithmétique à l'usage des Écoles primaires*, par TARNIER.

« Ce livre, approuvé par le Conseil supérieur de l'Instruction publique, est court, simple, facile à enseigner, à comprendre, et d'un prix très-modéré (75 cent.) ; il renferme un excellent choix de problèmes relatifs à la vie industrielle et agricole.

» Dans un Avant-propos, l'Auteur insiste avec raison sur la nécessité de ne pas confondre l'école avec le lycée, c'est-à-dire l'enseignement primaire avec l'enseignement secondaire. Il est ainsi amené à faire du *Système légal des poids et mesures* une application immédiate de la numération décimale; et alors, l'enfant quitterait-il l'école au bout de quelques mois, qu'il connaîtrait la partie du calcul la plus utile, la plus indispensable, celle que la loi impose à chacun.

» Cette modification à introduire dans l'enseignement de l'Arithmétique contribuerait puissamment à faire cesser la lenteur avec laquelle les nouvelles unités de mesures pénètrent dans les habitudes des populations, surtout celles des campagnes; cette lenteur ne saurait être révoquée en doute, car elle a été signalée, à la presque unanimité, par les instituteurs publics, lors du concours ouvert en 1860 par S. Exc. M^r le Ministre de l'Instruction publique et des Cultes.

» Nous croyons donc devoir appeler l'attention de nos lecteurs sur la nouvelle publication de M. Tarnier, dont les travaux sont depuis longtemps approuvés par les membres du corps enseignant. »

(*) Extrait du *Dictionnaire pédagogique*, par L. J. LARCHER (dans *L'École normale* de Mr LAROUSSE).

BULLETIN BIBLIOGRAPHIQUE.

Livres. — Musique. — Dessin. — Cartes. — Atlas.

> Il faut lire pour s'instruire, pour se corriger,
> pour se consoler, et pour s'amuser.
> (CHRISTINE DE PISAN.)

(SUITE. — *Voyez la dernière livraison*, page 106.)

45. Petites leçons de Chimie élémentaire, rédigées pour l'usage de toutes les Maisons d'Éducation; par l'*Abbé Gril*. (In–18, avec figures, 1862; à Paris, chez Ch. Fouraut, rue Saint-André-des-Arts, 47.) — Prix : 1 fr. 25.

46. Notions élémentaires et utiles, ou Petite Encyclopédie des connaissances usuelles. Ouvrage destiné aux Écoles des deux sexes; par *V. Colombel*. (In–18, 1862; à Paris, chez J. Garnier, rue Hautefeuille, 16.) — Prix : 30 cent.

47. Traité de Ponctuation. (In–18, 1862; à Paris, même adresse.) — Prix : 50 cent.

Ce bon petit Traité est de M^r *Ch. Louandre*, et a paru dans le *Journal des Instituteurs*.

48. Les Fêtes chrétiennes, ou Explications historiques des Offices et des Cérémonies de l'Église. Livre de lecture courante pour les Élèves des Écoles; par *V. Colombel*. (In–12, 1862; à Paris, même adresse.) — Prix : 90 cent.

49. L'Anglais à la portée des Enfants, par *T. Robertson*, Auteur du Nouveau Cours de Langue anglaise, etc., etc. (In–12, 1861; à Paris, chez Derache, rue du Bouloi, 7.) — Prix : 4 fr. 50 cent. (avec la Clef des Exercices).

50. Petites Leçons de Droit, à l'usage de l'Enseignement primaire, suivies d'un Vocabulaire des principaux termes de Droit, par *Paul Périssat*, Docteur en Droit. (In–12, 1862; à Paris, chez Cotillon, libraire, rue Saint-Hyacinthe, 6 (au coin de la rue Soufflot.) — Prix : 1 fr.

51. Cours pratique sur les Éléments du Droit commercial, à l'usage de l'enseignement professionnel, agricole, industriel et commercial, suivi d'un Vocabulaire; par *Paul Périssat*, Docteur en Droit. (In–12, 1862; à Paris, chez le même.) — Prix : 1 fr.

52. Entretiens familiers sur l'Économie rurale, à l'usage de l'enseignement professionnel agricole, etc., suivi d'un Vocabu-

laire; par *Paul Périssal*, Docteur en Droit. (In-12, 1862; à Paris, chez le même.) — Prix : 1 fr.

53. La Plante et sa vie. Leçons populaires de Botanique, à l'usage des gens du monde, par M^r le Dr J. Schleiden, Professeur à Iéna. Traduit de l'Allemand, par *Scheidweiler* et *Royer*. (Grand in-8°, avec un grand nombre de gravures, 1859; à Paris, chez Schulz et Thuillié, rue de Seine, 12.) — Prix : 12 fr.

54. Les Merveilles du Monde végétal, ou Voyage botanique autour du Monde. Essai de Botanique cosmique, par le Dr Karl Müller, traduit de l'Allemand, par MM^{rs} *Husson*. (2 vol. in-8°, avec un grand nombre de gravures; à Paris, même adresse.) — Prix : 10 fr.

55. Causeries d'un naturaliste, par *A. Dupuis*, Professeur d'Histoire naturelle. (In-18, avec figures, 1862; à Paris, chez Ch. Albessard et Bérard, rue Guénégaud, 8.) — Prix : 1 fr. 50.

56. Les Sensitives. Traité de Physiologie végétale, par *Léon Régley*. (In-18, avec figures, 1862; à Paris, chez les mêmes.) — Prix : 1 fr.

57. Le Chasseur d'Insectes. Instruction pour découvrir, prendre, préparer et conserver les Insectes; précédée d'une Introduction élémentaire à l'étude de l'Entomologie; par *A.-M. Perrot*. (In-18, 2e édition, avec figures, 1860; à Paris, chez les mêmes). — Prix : 1 fr. 25.

58. Traité pratique du Naturaliste préparateur, par *Arthur Eloffe*. (In-18, avec figures, 1862; à Paris, chez les mêmes). — Prix : 2 fr.

59. La Pierre de touche, par Mlle *Ulliac Trémadeure*. (Un vol. in-8°, 1862; à Paris, chez Maillet, libraire-éditeur, rue Tronchet, 25).

Excellent livre de morale pratique présentée d'une manière attrayante, qui plaît à l'esprit et au cœur.

Musique.

60. Galathée. Caprice pour le Piano, par *L. Cramer*. (A Paris, chez Léon Grus, éditeur, boulevard Bonne-Nouvelle, 31.) — Prix : 6 fr.

61. Valse des fleurs, pour Piano, par *E. Ketterer*. (A Paris, chez le même.) — Prix : 9 fr.

62. Le Barbier de Séville. Illustrations pour Piano, par *W. Krüger*. (A Paris, chez le même.) — Prix : 9 fr.

(La suite au prochain numéro.)

2me PARTIE,

POUR LES ÉLÈVES DES DEUX SEXES.

CONNAISSANCES DIVERSES.
MÉLANGES INSTRUCTIFS ET AMUSANTS.

LES SŒURS DE CHARITÉ.

LA SŒUR ROSALIE.

> Servantes des pauvres, elles auront pour monastère les maisons des malades, pour cloître les rues de la ville, pour clôture l'obéissance, pour grille la crainte de Dieu, et pour voile la sainte modestie.
> (Saint Vincent de Paul.)

I.

La grande famille médicale ne se compose pas seulement de l'homme dont la profession a pour but suprême de *vivre pour les autres et non pour soi;* elle a encore, entre autres auxiliaires, la sœur de charité, cette digne et sainte femme, qui, comme le médecin, accueille l'homme au port dangereux de la vie, reçoit son premier souffle, l'anime et le fortifie, corrige les penchants vicieux de l'enfance, tempère la fougue de la jeunesse, dirige l'âge mûr, console le vieillard, en soutient les années chancelantes, adoucit son agonie et reçoit son dernier souffle. Partout où il y a un devoir à remplir, une œuvre sainte à accomplir, en un mot, du bien à faire, on trouve la sœur de charité, dont le nom seul est le drapeau qui rallie tous les cœurs généreux !

II.

La sœur de charité est cette sainte fille qu'une attraction secrète amène dans des lieux austères de prière et de travail; c'est celle qui abandonne volontairement sa famille, qui fait abnégation entière de sa jeunesse, de ses joies, de ce qu'on appelle le bonheur du monde, pour rester constamment au chevet du malade, pour ne vivre que de douleurs et de privations, et chercher par de douces paroles et par des soins assidus à calmer les souffrances physiques et morales.

Animée de la charité la plus pure, du zèle le plus ardent, rien ne la rebute, rien ne la décourage ; sa force morale est telle, qu'elle est parvenue à modifier l'excessive sensibilité dévolue à la femme. Dans les épidémies, et nous en parlons par expérience, les sœurs de charité marchent au milieu des fléaux destructeurs, prodiguent leurs soins à tous les malades, assistent à leur agonie, ensevelissent leur corps, sans craindre la mort qui les frappe souvent ! Et la sœur de charité d'aujourd'hui est celle d'hier, celle de demain, celle de tous les siècles, car les divins préceptes du Christ se transmettent chez elles de génération en génération, *comme l'écho passe de rocher en rocher !*

<h3 style="text-align:center">III.</h3>

Dans un remarquable travail où notre excellent ami, le major Paul Roques, a rapidement esquissé la physionomie d'une armée en campagne, cet officier supérieur parle en ces termes du personnel religieux si cher à l'homme de guerre :

. . . .

« Mais, à l'armée portant au loin ses aigles, suffit-il du bras de ses soldats, du bronze de ses canons, du fer de ses lances, de ses baïonnettes ? Faudrait-il compter pour rien les ministres du culte et les sœurs de charité qui l'accompagnent, supportent ses privations, ses fatigues, partagent souvent ses dangers ? Non. Si je ne les ai pas nommés, ce n'est point par oubli : ne sont-ils pas, en quelque sorte, le religieux état-major de l'armée et son trait d'union entre elle et Dieu ? Qui pourrait en douter ?

» Quand l'Empereur place l'étoile de l'honneur sur la poitrine de ses soldats, cette étoile, ne la fait-il pas aussi briller sur la poitrine de l'aumônier, sur la poitrine de la fille de Saint-Vincent-de-Paul ?

» De l'aumônier, de ce prêtre qui va, au milieu des éclairs, au milieu du tonnerre des batailles, ouvrir le ciel aux héroïques mourants, à ces fiers martyrs de la gloire ;

» De la fille de Saint-Vincent-de-Paul, qui, pour nos blessés, pour nos malades, a les entrailles de la meilleure, de la plus tendre des mères. Et qui ne connaît l'immense amour d'une mère ?

» Incomparable fille de la charité, rien, non rien ici-bas n'égale ta modestie, tes vertus, ton élan vers le bien, le beau, le grand, le sublime ! Tu es femme et chrétienne ! N'est-ce pas tout dire ? Dans le cœur de la femme, — la femme, ce délicieux chef-d'œuvre de la création ! — Dieu n'a-t-il pas versé tous les trésors de sa suave bonté ? — Seul, cet angélique cœur de femme, baigné dans les flots d'un océan d'amour, peut comprendre, sentir, embrasser, dans toute sa délicatesse, dans toute sa splendeur, le divin héroïsme de la charité ! »

IV.

Il n'y a, en effet, qu'une femme éminemment morale qui puisse être sœur de charité, dans la véritable acception du mot ; il n'y a qu'une telle femme qui puisse trouver le bonheur dans cette vie d'abnégation, dans cette vie où elle doit sacrifier sa personnalité aux intérêts généraux et à un autre monde : telle était Jeanne-Marie Rendu, dite Sœur Rosalie, supérieure de la maison de l'Épée-de-Bois, à Paris.

Née en 1787, à Comfort, hameau perdu dans les hautes cimes du Jura ; élevée pendant la tourmente révolutionnaire par sa pieuse mère, Mme Laracine, Marie Rendu venait à Paris en 1802, et frappait à la porte des sœurs de Saint-Vincent-de-Paul, rue du Vieux-Colombier, bien résolue de se consacrer au service des pauvres ; c'est dans cette maison qu'elle reçut le nom de Sœur Rosalie.

Malgré son courage et sa vocation décidée, Marie Rendu eut à vaincre des répugnances inouïes : sa santé délicate, son tempérament nerveux, sa sensibilité extrême, furent longtemps en révolte contre les devoirs de sa profession. Celle qui ne pouvait voir une araignée sans effroi dut dompter ses craintes pour affronter les douleurs physiques les plus hideuses ; celle qui ne pouvait dormir dans le voisinage d'un cimetière dut s'armer de courage pour soutenir le regard des moribonds, pour s'habituer à ensevelir les morts !

V.

En 1803, la Sœur Rosalie entra dans la maison de la rue de l'Épée-de-Bois, dont elle devint supérieure. C'est là que, durant un demi-siècle, elle devint la Providence de ce pauvre faubourg

Saint-Marceau. Former des filles pieuses et honnêtes, de bonnes mères de famille ; répandre à flots les trésors de la charité sur les malheureux ; fonder des sociétés de bienfaisance, des écoles dirigées par des sœurs ; déployer dans les épidémies un courage héroïque..., tels sont les titres de la Sœur Rosalie à l'estime, au respect, à la vénération publique.

La suprématie morale de la Sœur Rosalie, a dit un écrivain de mérite (*), s'étendait à toutes les classes de la société. Elle faisait l'aumône aux riches en leur enseignant la charité, en compatissant à leurs douleurs, souvent plus cruelles que la misère. Elle apaisait la discorde dans les familles et ramenait la paix intérieure dans les ménages. On eût dit un ange conciliateur qui se plaçait entre le père irrité et l'enfant prodigue. Son infatigable charité allait au devant de toutes les plaies et de toutes les souffrances ; elle était devenue la confidente des personnes les plus élevées par la naissance, le talent et les emplois, aussi bien que des pauvres les plus délaissés dans les divers quartiers de Paris. Tout le monde se coudoyait au parloir de Sœur Rosalie, et dans cette humble cellule on a vu tour à tour les divers souverains qui ont gouverné la France venir témoigner leur respect et leur admiration à la fille de Saint-Vincent-de-Paul, et lui confier leurs aumônes.

En 1853, l'Empereur voulut rendre un éclatant témoignage à toutes les vertus de Sœur Rosalie. Il lui fit remettre la croix de la Légion-d'Honneur. L'Impératrice la combla des marques de sa respectueuse amitié, et lui témoigna cette confiance qui honore également les souverains dans leurs palais et les servantes des pauvres dans leurs cellules.

VI.

Le 7 février 1856, un deuil immense planait sur le faubourg Saint-Marceau : la Sœur Rosalie rendait son âme à Dieu ! Une foule attristée se pressait bientôt dans la rue de l'Épée-de-Bois pour contempler une dernière fois les traits de celle qui reposait déjà dans le sein du Seigneur. Ah ! c'était un spectacle à la fois triste et grandiose que de voir tout ce monde assemblé pour

---

(*) Mr Lucy Constant.

rendre les derniers devoirs à celle qui pratiqua toute sa vie la plus sublime des vertus, la *charité!*

En entourant avec cet empressement pieux, avec ce respect attendri, le cercueil de la Sœur Rosalie, on a voulu donner un témoignage de sympathies ardentes à la mémoire de la femme dont le nom seul inspirait la reconnaissance de tous.

Le discours prononcé le 9 février. aux obsèques de la Sœur Rosalie, par le Maire du douzième arrondissement, exprima avec bonheur les sentiments d'une assistance où tous les rangs de la société avaient de nombreux représentants.

« Si le nom et les œuvres de Sœur Rosalie appartiennent au monde chrétien, si la France entière les revendique, si Paris en est fier, c'est au douzième arrondissement qu'elle s'était dévouée, c'est au milieu de nous, dans le quartier le plus pauvre, au sein des plus profondes misères. que, durant près de soixante ans, elle a mis son bonheur et trouvé sa gloire à nous secourir, à nous soulager.

. . . .

» On peut dire que le nom de Sœur Rosalie restera lié à la reconnaissance publique tant qu'il plaira à Dieu de laisser sur la terre le tribut de la souffrance et le culte de la charité. »

(Dr B. Lunel.) — (*)

NE NOUS VENGEONS PAS.

Si quelqu'un nous blesse et nous nuit,
Quelque grande que soit l'offense,
Laissons l'espace d'une nuit
Entre l'injure et la vengeance :
L'aurore à nos yeux rend moins noir
Le mal qu'on nous a fait la veille;
Et tel qui s'est vengé le soir
En est fâché lorsqu'il s'éveille.

(Panard.)

(*) Extrait des *Mémoires d'un Médecin*, par le Dr B. Lunel. — (Bulletin médico-pharmaceutique, nos 27 et 28. Tome II. 1863.) — A Paris, rue Mazarine, 41.

TOUS LES HOMMES N'ONT PAS LE SENTIMENT DU BEAU ;
à propos de l'étude de l'Archéologie.

Il y a des gens qui ont de bons yeux et qui pourtant ne voient rien de ce qui existe autour d'eux, parce qu'ils n'ont pas songé à regarder attentivement. On trouve des hommes pour lesquels toutes les formes se confondent et qui ne peuvent distinguer ce qui est beau de ce qui est laid ; il y en a d'autres qui ne sont pas sensibles à la musique, qui ne la comprennent pas, et sur lesquels les mélodies les plus suaves produisent le même effet qu'une décharge d'artillerie ou que le bruit d'une charrette roulant sur le pavé.

Évidemment il manque quelque chose aux êtres ainsi organisés ; ils n'ont pas développé les facultés que leur a données la nature, ils ne sont pas au niveau de la civilisation moderne ; et, pour répéter ce que j'ai dit ailleurs, car mon opinion n'a pas changé, ils peuvent être comparés *à des instruments qui n'ont pas toutes leurs cordes.*

C'est pour diminuer le nombre de ces hommes imparfaits, mais seulement de ceux qui n'apprécient pas *l'harmonie des formes*, la beauté des monuments, parce qu'ils n'ont pas les moindres notions de l'Histoire de l'Art, que le Conseil de la Société française pour la conservation des *Monuments historiques*, m'a prié de prendre de nouveau la plume, et que je me rends à son invitation.

. . . .

L'âge relatif des monuments peut être reconnu facilement au moyen de quelques principes de la plus grande simplicité.

Bref, on peut analyser les caractères d'un édifice, pour découvrir à quelle époque il a été construit, comme on analyse les organes d'une plante pour trouver à quel genre elle appartient : c'est ce secret, si toutefois c'en est un aujourd'hui, que je voudrais apprendre à tout le monde au moyen des notes qui vont suivre. (*)

(*) Ces Notes forment un volume in-8°, enrichi de gravures sur bois, en très-grand nombre. Le titre de l'ouvrage est : *Abécédaire ou Rudiment d'Archéologie.* (A Paris, chez Derache, rue du Bouloi, 7. — Prix : 7 fr. 50 c.)

Ces principes sont tellement élémentaires, afin d'être mis à la portée de tous, que je n'ai pu trouver de titre qui leur convienne mieux que celui d'*Abécédaire d'Archéologie*.

Je ne prétends pas qu'on puisse avec ce catéchisme devenir savant archéologue ; je travaille ici pour ceux qui ne savent rien, *pour ceux qui n'ont pas encore épelé dans les grands livres* ; quand ils auront appris à lire, libre à eux de pousser plus loin leur éducation.

Mon rôle est donc des plus modestes, et je prie mes lecteurs de ne pas l'oublier ; je serai dans ce qui va suivre *maître élémentaire du degré le plus inférieur* ; peu m'importe d'ailleurs, pourvu qu'on me lise, qu'on me comprenne, et qu'on trouve que l'Archéologie n'est pas sans charme, quoiqu'elle ne procure aucun profit.

(De Caumont.)

Les lignes qu'on vient de lire sont extraites de la Préface de l'*Abécédaire ou Rudiment d'Archéologie* de M^r DE CAUMONT, ouvrage que nous avons recommandé l'année dernière, dans un article intitulé : *De l'Étude de l'Archéologie*. (Voyez 13e année de ce Journal, p. 246.)

MOYEN DE N'AVOIR JAMAIS DE QUERELLE AVEC PERSONNE.

On demandait un jour au célèbre philosophe anglais Clarke comment il s'y prenait pour n'avoir jamais de querelle avec personne.

« Le moyen que j'emploie est bien simple, répondit-il ; quand je vois que quelqu'un va se mettre en colère, je le laisse se quereller avec lui-même ; *je m'en vais.* »

Cette réponse passa en proverbe dans le pays qu'il habitait. Quand une querelle était sur le point de s'élever, on disait à la personne qui paraissait la plus raisonnable : « Venez ; rappelez-vous le bon Mr Clarke, et laissez les gens en colère se quereller avec eux-mêmes. »

Si l'on suivait toujours cette règle, on s'épargnerait bien des désagréments. Souvenez-vous que pour qu'il y ait une querelle, il faut toujours qu'on soit deux. (X.) — (*).

(*) Extrait de *La Semaine des Enfants*, Journal publié à Paris, par CH. LAHURE et Ce.

UNE BUCHE.

Durant une journée froide et sombre d'hiver, j'étais assis ou plutôt à moitié couché sur un moelleux fauteuil; et les deux pieds sur les chenets de mon foyer, je songeais à la fausseté de certaines locutions proverbiales, telles que : Bête comme une oie ; heureux comme un roi ; stupide comme une bûche.

Mais, me disais-je d'abord, les oies sauvèrent le Capitole ; puis je ne changerais certes point mon fauteuil contre un trône; et voilà devant moi une bûche qui m'éclaire, me réchauffe et me réjouit.

Quoi de plus gracieux qu'une bûche qui flambe en pétillant ! Quel bien-être ne trouve-t-on pas dans l'auréole de douce chaleur qui rayonne autour d'elle ! Hélas ! de tant d'amis qui brûlent du désir de nous obliger et protestent qu'ils se mettraient au feu pour nous, en est-il un seul qui se consumerait aussi réellement pour nous être agréable ?

Puis, dans quelles gracieuses rêveries peut nous plonger l'aspect d'une bûche dont la flamme s'élève en pétillant, alors qu'elle fait jaillir des milliers d'étincelles dont la rougeur vacillante se détache sur la plaque noire du foyer ; aussi adressai-je l'allocution suivante à celle qui, brûlant à mes pieds, m'enveloppait de son atmosphère inspiratrice, me baignait dans sa vive clarté, et stimulait mon imagination engourdie par l'âpreté des frimas.

« Pauvre bûche ! Avant d'arriver sur mon âtre, ton existence fut consacrée aux charmes de nos yeux ; tu contribuas pour ta part à l'agrément qu'offre l'aspect de la campagne ; tu as été une gracieuse fraction de ce tout, créé pour le plaisir de nos regards. Il y a un siècle, peut-être, l'oiseau chantait sur la branche déliée que tu formais alors ; ses petites griffes t'entouraient tout entière, peut-être as-tu supporté son nid ; peut-être, penché au bord d'un fleuve, as-tu été le rameau offert à l'infortuné que les ondes allaient engloutir. La vieillesse a pu trouver derrière ton feuillage un abri contre la pluie, le voyageur un rempart verdoyant contre les ardeurs de l'été; puis, durant l'hiver, l'indigent a réchauffé ses membres glacés avec les branches que tu as portées, et dont il te dépouillait pour alimenter son foyer. Enfin, le bûcheron t'a fait tomber sous sa cognée ; il a ajouté ton produit à ses revenus, et après avoir garanti le campagnard des feux du soleil, aujourd'hui tu préserves du froid un frileux citadin. Ton existence fut donc utile et agréable, deux conditions si difficiles à réunir ; et même après ta fin, tes cendres contribueront à la blanche fraîcheur du linge, le plus indispensable ornement de nos parures.

(J. Petit-Senn.) — (')

PATIENCE ET ACTIVITÉ.

Quelle patience ne faut-il pas à l'oiseau pour couver d'abord en son nid ces œufs qu'il a pondus !

Cet être si remuant et si volage, qui ne pouvait une minute s'arrêter sur le même rameau, en qui le mouvement semblait la condition essentielle de la vie, le voici tout à coup immobilisé ! Le voici prêt à passer sans mouvement dix jours, quinze jours, vingt jours de suite !

Il est là, attendant avec certitude l'arrivée de ces petits déjà si aimés, qui doivent, après un temps connu, briser ces coques et sortir enfin de leur prison.

Cette mère en oublie le manger ; elle craint que sa sortie ne cause aux œufs un refroidissement funeste ; elle attend que le père lui apporte quelque nourriture, ou qu'il vienne tenir la place pendant qu'elle ira elle-même à la recherche de son repas.

La tendresse la plus douce et la plus vive pouvait seule opérer un changement si subit dans le naturel d'un être si agile et si inconstant.

Quand enfin les petits sont éclos, quelle activité pour les nourrir ! Quel continuel mouvement pour trouver et pour leur porter à chaque instant une nourriture appropriée à leur délicatesse !

Ces petits sont quelquefois nombreux : au bout de quelques jours, ils consomment beaucoup. Pour un seul moucheron qui arrive, voilà cinq becs, six becs, dix becs, quinze becs et jusqu'à vingt becs à la fois qui s'ouvrent !

(') Extrait du *Journal* de Mr Lévi , publié à Paris.

Comme la promptitude et la rapidité des mouvements redoublent surtout au temps des pluies continues et prolongées, alors que, l'un des parents devant rester toujours sur les petits pour les empêcher d'être inondés, l'autre se trouve chargé seul de faire toutes les provisions ! — (*)

LA PETITE FILLE.

Allons, dans les jardins suis tes compagnes blondes,
Enfant; va te mêler aux tournoyantes ondes.
Allons, frères et sœurs, jouez, sautez, riez !
Prends ta corde à la main, et bondis intrépide;
Forme ce double tour, qui passe si rapide
    Sous tes deux petits pieds!

Oh! cours dans les jardins! lance l'escarpolette
Jusqu'aux grands marronniers! ou bien fais la toilette
De ta poupée aux yeux d'émail, au frais chapeau;
Ou lance ce volant qui glisse entre les branches
Et que tu vois dans l'air avec ses plumes blanches,
    Passer comme un oiseau!

Oh! retourne bien vite à la ronde joyeuse!
Tu vas grandir!... qui sait? la gloire lumineuse
Peut mettre des rayons sur ton front triomphant;
Tu pourras devenir belle à t'en rendre vaine,
Être une grande dame, être duchesse, reine!...
    Mais plus jamais enfant!
      (Anaïs Ségalas. — *Les Oiseaux de Passage.*)

CONSEILS HYGIÉNIQUES POUR LE MOIS D'AVRIL.

Voici, pour la saison présente, quelques *conseils hygiéniques* bons pour tout le monde :

En général, on va se promener en plein soleil le plus qu'on peut... et on commet ni plus ni moins la plus grande des imprudences.

(*) Extrait de : *Roi et non Tyran, ou ce que doit être l'homme dans ses relations avec les Animaux;* par G. C***. (In-18, 1862; à Paris, chez Jacques Lecoffre, libraire, rue du Vieux-Colombier, 22.)

Défiez-vous des premières caresses du printemps; elles peuvent être mortelles. Toute saison a son hygiène propre, et on ne saurait trop s'y conformer. A cette époque de l'année, l'organisation des hommes, des animaux, des plantes, subit une crise violente qui souvent a une issue fatale. On ne saurait trop prendre de précautions pour se mettre à l'abri de toute influence pernicieuse.

Aussi, de par l'hygiène, défense absolue de s'exposer sans précaution au soleil d'avril et de mai; défense surtout de prendre le frais pendant les premières belles soirées : c'est un plaisir que l'on peut payer trop cher.

Enfin, rappelons aux imprudents (simple conseil d'ami) qu'à l'inverse du blé, les rhumatismes se sèment le printemps et se récoltent l'hiver.   (***)

SUR LE BORD DE LA MER.

Si vous voulez rêver, allez aux bords des mers ;
Au pied d'un cocotier, écoutez les concerts
De cette voix des flots douce ou retentissante ;
Si l'immensité gronde ou si la vague chante,
Repliant votre esprit au fond de votre cœur,
Alors vous rêverez ou tristesse ou bonheur !

(Octave Giraud. — *Fleurs des Antilles.*)

CONTEMPLATION.

On ne peut se lasser d'admirer la splendeur
De ce sol rayonnant au soleil du tropique !
La mer, les bois, les champs, tout est plein de grandeur,
Tout est étincelant et tout est poétique !
L'œil éprouve parfois des éblouissements
De facettes sans nombre et de scintillements !
Des formes, des couleurs, la masse est infinie !
Partout l'oreille entend une grande harmonie,
Et de graves refrains et des sons enchanteurs,
Et l'odorat partout se remplit de senteurs !

On contemple, on est prêt à s'agenouiller même.....
L'esprit, à ce tableau, songe au maître suprême!
Il semble qu'en ces lieux soit descendu le ciel.....
Ah! c'est le paradis de l'être immatériel!.....
(Octave Giraud. — *Fleurs des Antilles.*) — (*)

SINGULIÈRE STATISTIQUE,
ou 300 millions de francs qui s'en vont en fumée.

On a calculé qu'en salves, politesses royales et militaires, échanges de tapages courtois, signaux d'étiquette, formalités de rades et de citadelles, lever et coucher du soleil salués tous les jours par les forteresses et tous navires de guerre, ouvertures et fermetures des portes, etc., etc., le monde civilisé tire à poudre par toute la terre, toutes les vingt-quatre heures, *cent cinquante mille coups de canon inutiles.* — A 6 fr. le coup de canon, cela fait 900,000 fr. par jour, ce qui fait par an *trois cents millions,* qui s'en vont en fumée!!....

OU SONT-ILS ?...

> Un rien est sujet à méditation.
> (Blaise PASCAL.)

Lorsque les bois ont perdu leur feuillage,
Que nos sillons n'ont plus un grain de mil;
Quand il fait froid, que la bise fait rage,
Petits oiseaux, vous volez vers l'exil!

(*) Les *Fleurs des Antilles* forment un volume de Poésies que l'Auteur a composées pendant un voyage qu'il a fait à la Guadeloupe, en 1860, et dans lesquelles il peint les émotions et les sensations qu'il a éprouvées depuis l'heure du départ jusqu'au moment du retour. Né aux Antilles, il quitta son pays de bonne heure, mais « plein des souvenirs de l'en- » fance (dit-il dans la Préface), je brûlais depuis longtemps d'aller revoir » mon berceau, d'aller saluer mon soleil. Ce berceau, c'était une petite » île semée de bananiers, de cocotiers et de palmistes! Ce soleil, c'était » l'astre éclatant qui fait mûrir le fruit du manguier et qui féconde les » champs de cannes! » — On ne lira donc pas ce charmant volume de poésies sans éprouver une partie des émotions qu'a ressenties l'Auteur et qu'il a si bien dépeintes.

Les *Fleurs des Antilles* se trouvent à Bordeaux chez les principaux libraires; et à Paris, chez Dentu, libraire, au Palais-Royal. — Prix : 2 fr.

Et moi, je vais semer la graine amère
Près de vos nids, blanchis par les frimas ;
Sous les rameaux, où vous chantiez naguère,
Mais c'est en vain... vous ne revenez pas !...

Oh ! dites-moi, dans ce lointain bocage,
Où vous fuyez, quand s'en vont les beaux jours,
Y chantez-vous votre joyeux ramage ?
Y trouve-t-on les nids de vos amours ?
Ou gardez-vous la chanson la plus douce
Pour nos jardins, qu'embaument les lilas ?
Et pour vos nids nos frais tapis de mousse ?...
Petits oiseaux, ne nous oubliez pas !

N'oubliez pas, dans le val solitaire,
Près du sentier, qui descend du coteau,
Les vieux tilleuls, abritant ma chaumière ;
Car ce fut là que Dieu mit mon berceau.
Venez nicher dans la verte saulée,
Et si jamais, déplorant mon trépas,
Ma mère, un jour, restait seule, isolée,
Petits oiseaux, ne l'oublirez-vous pas ?...

(A. Maricq.) — (*)

ESPRIT ET BON SENS,
ou Recueil de Pensées, Maximes, Réflexions sur divers sujets,
Extraites de différents auteurs.

(Suite. — *Voyez la dernière livraison, page 119.*)

152. On se réjouissait à ta naissance, et tu pleurais ; vis de manière qu'au moment de ta mort tu puisses te réjouir, et voir pleurer les autres.

153. Ne faites point attendre le bienfait : c'est donner deux fois que de donner tout de suite.

154. Les talents tiennent plus aux circonstances qu'on ne le croit : elles en déterminent souvent l'essor.

(*) Extrait du *Progrès*, Journal publié à Bruxelles, *par la Société centrale des Instituteurs Belges.*

155. Est-il un homme qui n'ait jamais eu à se plaindre de ses semblables?

156. Plus on est honnête, plus il est difficile de croire que les autres ne le sont pas.

157. Ceux qui se plaignent de la fortune n'ont souvent à se plaindre que d'eux-mêmes.

158. Les esprits inquiets s'imaginent d'ordinaire les choses tout autrement qu'elles ne sont.

159. On ne peut se défaire de la honte que la nature a gravée en nous : si on veut la chasser du cœur, elle se sauve au visage.

160. Il en est de l'honneur comme de la neige, qui ne peut jamais reprendre son éclat ni sa pureté, dès qu'elle les a perdus.

161. Comment un autre pourra-t-il garder notre secret, si nous ne pouvons le garder nous-mêmes?...

162. L'amour-propre est comme ces enfants qui tombent sans pleurer, pourvu qu'on ne les regarde pas.

163. L'ordre agrandit l'espace, et multiplie le temps.

164. L'esprit ne tient lieu d'aucun talent, ni la vanité de nulle vertu.

165. L'argent ressemble au fumier, qui ne profite que quand il est répandu.   (Bacon.)

166. J'ai toujours remarqué que les grands chagrins étaient le fruit de notre cupidité effrénée.   (Voltaire.)

167. Tous les genres sont bons, hors le genre ennuyeux.

168. Les sots, depuis Adam, sont en majorité.

169. La *Logique* est la grammaire des idées. (Domergue.)

170. La *Grammaire* est la logique des mots. *(Idem.)*

171. Le *purisme* est la superstition des grammairiens. *(Idem.)*

172. Le *purisme* est l'ennemi secret de la pureté. *(Idem.)*

173. Veux-tu devenir bientôt homme de bien? Évite les méchants, fréquente les bons, et ne demeure jamais oisif.

174. Les instants que nous employons à l'étude ne laissent après eux aucun vide.

175. N'entretenez jamais de votre bonheur l'homme qui vient d'éprouver une disgrâce.   (Morale des Chinois.)

176. Ceux qui emploient mal leur temps sont les premiers à se plaindre de sa brièveté.

177. L'espérance est le songe d'un homme éveillé. (Platon.)

(La suite au prochain numéro.)

Bordeaux, imprimerie de J. Delmas, rue Sainte-Catherine, n. 159.

JOURNAL D'ÉDUCATION

PHYSIQUE, MORALE, ET INTELLECTUELLE.

14ᵐᵉ année. — Nᵒ 7. — Mai 1863.

1ʳᵉ PARTIE,
POUR LES PARENTS ET LES PROFESSEURS.

PÉDAGOGIE (OU SCIENCE DE L'ÉDUCATION.)
DIDACTIQUE (OU ART D'ENSEIGNER.)

DE LA TOILETTE DES FEMMES
au point de vue moral, social, et économique.

Dieu s'est chargé lui-même de la toilette des oiseaux du ciel et des fleurs des champs; il a donné à la femme le désir de se faire belle, et lui a laissé le soin du reste. C'est donc à elle à y pourvoir, et l'on aurait mauvaise grâce à lui chicaner une préoccupation à laquelle la société humaine doit une partie de son charme.

Malheureusement un sot orgueil se met trop souvent de la partie, et ce qui devrait faire la joie universelle, remplit le monde de haines et de souffrances, à ce point qu'on n'ose plus parler de la toilette aux jeunes filles. sans leur en faire peur comme d'une chose vilaine et dangereuse.

Tout le mal vient d'une idée fausse, trop avant enracinée dans les esprits pour qu'on puisse en avoir raison du premier coup, mais qu'on finira bien par ébranler, à force de la secouer. Il est à peu près convenu dans le monde que la richesse constitue une supériorité personnelle, et que celui qui est riche a un peu le droit de mépriser celui qui ne l'est pas. De le mépriser, c'est peut-être trop dire, car ces choses-là ne s'avouent pas; mettons : de le regarder du haut en bas. Bien des gens se défendent de cette faiblesse dans la conversation; il en est peu qui sachent y échapper dans la pratique.

Or, la richesse, cette noblesse de convention des sociétés qui n'ont plus de classes privilégiées, la richesse a aussi ses priviléges auxquels elle se fait reconnaître; et de tous, le plus apparent, celui dont elle use le plus volontiers, c'est le luxe qui n'est pas accessible au vulgaire. Faire acte de luxe, c'est donc proclamer son droit à faire partie de la classe dite supérieure, et je conçois qu'il y ait là, pour peu qu'on prenne le mot au sérieux, de quoi faire tourner bien des têtes qui ne sont pas toujours suffisamment lestées. Sauf un petit nombre de positions qui permettent la simplicité parce qu'elles sont incontestées, la richesse demande à se prouver dans la plupart des cas. On n'est plus ici sur un terrain fermé, comme celui des vieilles aristocraties. Y entre qui veut, et le premier venu peut se dire riche, sans être tenu de mettre le public dans la confidence des misères domestiques et des plaies cachées. Le dire ne suffit donc pas, il faut le prouver; et, à tout prix, on le prouve par l'or, la soie, les chiffons coûteux, armes parlantes de la nouvelle noblesse.

Dès lors, il s'agit moins, dans la toilette, d'obéir à ce gracieux instinct de la parure à qui le beau suffit, même quand il ne coûte rien, que de faire assaut de splendeur, et d'établir aux yeux de tous *qu'on a de quoi*, selon l'expression grotesque de ceux qui ont plus d'argent que de grammaire, expression bonne à conserver, du reste, car elle est parfaitement au niveau du sentiment qu'on lui fait rendre. Qu'on ait à choisir entre une robe ravissante de vingt-cinq francs et quelque chose d'un goût douteux, mais d'un prix fou, on n'hésitera pas entre le plaisir de se faire belle et la gloriole de se faire riche.

Dès lors aussi, au lieu de jouir de sa toilette et de celle de ses voisines, on ne songe plus qu'à vérifier le degré de supériorité pécuniaire attesté par les unes et par les autres ; et telle femme qui se déclarait en pension incapable de faire un calcul, passe ses soirées à entasser des additions mentales, qui lui mettent la mort dans l'âme si le gros total n'est pas de son côté.

Quand les gens réellement riches, qui s'habillent tout tranquillement en raison de leur bourse, vous apportent de belles choses à admirer, il semblerait pourtant qu'on dût leur en savoir gré, et jouir d'une belle robe qui ne vous appartient pas, comme on jouit d'une belle voix qui n'est pas à vous. Mais il est bien question d'admirer ce qui est beau ! Toute parure dont le prix va trop haut est considérée par les rivales en magnificence comme un affront personnel, comme un attentat à leur supériorité menacée de décroître par la comparaison ; et l'on se croit

engagée d'honneur à recommencer l'apologue de La Fontaine sur
la Grenouille qui vit un bœuf. — Que voulez-vous? il faut bien
tenir son rang.

Ainsi détournée de son but primitif, et servant moins à déco-
rer la créature du bon Dieu qu'à constater le rang de la femme
du monde, la toilette devient une course folle, sans terme et
sans agrément, où l'on s'entraîne en se détestant mutuellement,
aucune n'osant ou ne voulant rester en arrière des plus avancées.

Nul n'aime à déchoir, c'est un sentiment bien naturel; et du
moment que la valeur personnelle se mesure à l'ampleur des
robes, il suffit d'une évaporée pour lancer dans la mascarade une
foule d'honnêtes femmes qui ne demanderaient pas mieux quelquefois que de s'habiller plus simplement, si elles ne craignaient
pas de se diminuer en n'augmentant pas le format de leurs
jupes. La conséquence de ces luttes, où l'on ne combat pas
toujours à armes égales, c'est qu'à force de vouloir paraître
riche, bien souvent on cesse de l'être.

Une femme de sens commencerait par se dire qu'en fait de valeur personnelle, le plus ou moins de fortune ne fait rien à la
question, et qu'il est puéril d'attacher une si grande importance
aux signes extérieurs d'une supériorité de si mauvais aloi. Elle
se dirait ensuite que s'il importe peu, pour mériter l'estime,
qu'on ait une grande ou une petite fortune, il importe beaucoup
qu'on sache régler sa vie sur sa fortune, et que bien loin de
s'honorer, on se déshonore au contraire par une toilette dont le
prix dépasse ce que l'on peut raisonnablement y mettre.

On a beaucoup ri, du temps de François Iᵉʳ, de ces seigneurs
qui, pour faire figure à la fameuse entrevue du *Camp du drap
d'or*, y portèrent, comme dit un contemporain, *leurs moulins,
leurs forêts et leurs prés sur les épaules*. Je ne me sens pas le
cœur de rire d'une femme qui porte sur ses épaules, par les salons et les promenades, la joie et la paix du ménage, le repos
d'esprit et quelquefois l'honneur de son mari, le bien-être et
l'avenir de ses enfants.

On ne peut plus rire d'un travers quand il devient un crime.

(Jean Macé. — Extrait du *Journal du Petit-Château*). — (*)

(*) Nous avons emprunté cet article à l'*Éducation de la Femme*, *Revue
mensuelle dirigée par* Mˡˡᵉ GATTI DE GAMOND, et publiée à Bruxelles, rue

PRÉCIS D'HYGIÈNE,
ou Préceptes généraux pour conserver la santé et prolonger la vie.

Nous avons souvent appelé l'attention de nos lecteurs sur l'*Hygiène* et sur son indispensable nécessité. Nous avons donné maintes fois des articles d'Hygiène publique et d'Hygiène privée. Nous avons inséré dans la 14e année (p. 124), un extrait de l'excellent discours sur l'*Etude de l'Hygiène*, par M. le docteur Marmisse, de Bordeaux ; et à la suite de cet extrait nous indiquons quelques *Ouvrages élémentaires d'Hygiène* destinés à l'enseignement dans les *Écoles primaires*, car c'est dans les Écoles primaires que doit d'abord pénétrer la lumière. De plus, dans notre Bulletin Bibliographique, nous avons souvent recommandé plusieurs autres Traités d'Hygiène dignes de toute l'attention des Instituteurs et des familles, et nous en indiquons de nouveaux chaque fois qu'il en parvient à notre connaissance, témoin celui de Mr Devay, que nous annonçons aujourd'hui dans cette livraison (p. 154). Tout cela constitue un ensemble d'études qui doit nécessairement porter ses fruits plus tard. — Aujourd'hui nous ferons mieux encore : nous allons donner un *Précis d'Hygiène*, sous forme d'Aphorismes, que nous empruntons à un homme de talent, oublié aujourd'hui, qui a longtemps professé avec distinction l'Hygiène à Paris : M. le docteur Audin-Rouvière, et qui a exprimé avec beaucoup de précision et de justesse les préceptes de cette science par excellence, puisqu'elle a pour but de *conserver la santé* et de *prolonger la vie*. — (*)

APHORISMES D'HYGIÈNE.

L'hygiène est une partie importante de la philosophie pratique. Sans l'observation de ses préceptes, la durée de la vie s'abrége.

L'homme n'est ni un point isolé dans l'espace, ni un être indépendant de tout ce qui l'environne : il faut l'étudier dans les localités qu'il habite, dans les fluides qui l'entourent et le pressent, dans sa profession, dans sa position sociale, dans les amis qu'il fréquente, dans les habitudes qu'il s'est créées et qui lui donnent chaque jour une nouvelle existence.

---

du Trône, 7. (12 fr. par an.) — Nous recommandons à nos lecteurs cette intéressante publication. On peut s'adresser aussi pour souscrire, à Paris, chez Mesdames Vauthier et Garcin, rue Blanche, 54.

(*) Ce *Précis d'Hygiène* convient également aux lecteurs de la 2e partie de ce Journal, c'est-à-dire aux jeunes gens des deux sexes, car ce qu'il contient s'adresse *à tous*.

Chaque âge a des conditions et des différences qui lui sont inhérentes ; en les parcourant l'homme change de proportions, non-seulement dans sa stature, mais encore dans les rapports mutuels des systèmes organiques, dans le développement des organes et des viscères, dans l'importance et l'activité de leurs fonctions, dans le caractère et l'abondance des produits qui en résultent, par conséquent dans tout ce qui constitue les indices sur lesquels on juge de la différence des tempéraments.

L'homme est un être double : il est moral, il est physique. Il se porte bien tant que l'harmonie règne entre ses deux existences. Le dérangement de l'une entraîne presque toujours celui de l'autre.

Ainsi que le cours de l'année, l'homme a ses quatre saisons. Dans son printemps, il y a surabondance, et dans son hiver il y a privation ; dans l'un il commence, il n'est pas complet ; dans l'autre il finit, il y a pénurie ; et dans tous les deux il exige les mêmes ménagements et la même surveillance.

Aux deux extrémités de la vie l'homme est chancelant et faible. Prodiguez-lui des consolations et des distractions : la vieillesse en a surtout besoin ; elle a de plus que l'enfance le souvenir. La femme soutient et guide les premiers pas de l'homme ; au terme de la course, on retrouve encore les soins tendres et délicats d'une femme.

Donnez de l'air à vos demeures : ne les encombrez pas d'habitants. Occupez, même en été, des chambres à cheminée, afin que l'air y circule avec plus de force et de liberté. Préférez un appartement au midi. Que les plafonds en soient élevés.

Habitez de préférence le voisinage des jardins et des bois. Les plantes, en s'emparant des gaz délétères, sont le plus utile épurateur que l'homme doive aux bienfaits de la nature.

Ne dormez pas au milieu des parfums, ne gardez jamais de fleurs dans vos appartements : les odeurs fortes asphyxient ; sous ce rapport il aurait eu raison, le Sybarite de Montesquieu, dont l'épiderme trop délicat était blessé par une feuille de rose.

Mettez une règle invariable dans les heures de vos repas, et prenez toujours une mesure à peu près égale d'aliments. Barthole, jusqu'à un âge très-avancé, jouit d'une santé robuste, en pesant chaque jour ses aliments. Galien fut toujours bien portant parce qu'il fut sobre. Voltaire, qui poussa si loin une vieillesse féconde en chefs-d'œuvre, était valétudinaire au berceau. Voltaire vécut sobre et réglé.

Si vous saviez, laborieux artisans, combien votre appétit, provoqué par l'exercice, combien la tonicité de votre estomac, dont rien ne dérange les fonctions, et l'heureuse habitude que vous avez contractée de la frugalité, sont préférables aux goûts blasés du riche et du voluptueux, vous ne formeriez jamais le désir de vous asseoir à leur table. Ces hommes que vous croyez si heureux forment un désir bien plus raisonnable, ils ambitionnent votre appétit et vos faciles digestions.

L'ordre dans le repas est la base du régime diététique; gardez-vous de le changer : les mets salés et épicés conviennent mieux au commencement du repas. Le dessert n'est pas à sa place : les fruits tempèrent et rafraîchissent; il faut les manger isolément. La soupe nourrissante ne devrait être mangée que le soir ou le matin, jamais avant les grands dîners. Privez-vous des entremets sucrés.

Toutes les fois que l'estomac est chargé, que la bouche est pâteuse, que la bile ne coule pas, que des accès d'hypocondrie vous surprennent, que la tête éprouve des vertiges, que des palpitations de cœur se manifestent, n'hésitez pas, employez quelque purgatif. Plus vous tiendrez votre estomac libre, moins vous serez sujets aux maladies.

Le sucre (*) est nourrissant, mucilagineux; il n'est pas dissolvant. L'eau pure et fraîche convient à tous les âges, à toutes les constitutions : « *Bois de l'eau,* disait le célèbre Dubois aux jeunes » gens qui le consultaient; *bois de l'eau,* te dis-je ! » — Dumoulin, le *Dubois médical* de son temps, s'écriait en mourant : « Je laisse » deux grands médecins après moi, *la diète et l'eau.* »

(La suite au prochain numéro.)

(*) C'est une erreur vulgaire de croire que le sucre est un sel dissolvant; il nourrit, il adoucit. Ainsi un verre d'eau sucrée après les grands repas n'est pas préférable à l'eau pure, qui donne du ton à l'estomac et de là à tout l'organisme. L'eau aide à la digestion, dissout les matières

HYGIÈNE DES FAMILLES,

PAR

LE DOCTEUR FRANCIS DEVAY,

Professeur à l'École de Médecine de Lyon (*).

Comme le *vice*, la *misère*, et tous les désordres du corps et de l'âme, la *maladie* est en général *facile à prévenir*, mais difficile et souvent impossible à déraciner. On en est convenu toujours et partout, et toujours et partout on attend le crime, la famine ou la maladie, pour songer à la morale, à l'économie politique et à l'art médical.

C'est cette déplorable inconséquence qui a fait prendre la plume au docteur Devay :

« Aujourd'hui, dit-il, l'action de la Médecine apparaît lors de
» l'explosion du mal, jamais pour le prévenir. Appelé comme
» l'officier public, au moment d'une catastrophe, le médecin
» traite plus de malades qu'il n'en guérit en réalité, parce que
» pour guérir le mal il faut l'approfondir, et obtenir une con-
» fiance qui est ordinairement refusée. L'homme de l'art, consi-
» déré en quelque sorte comme le mercenaire, part, sa besogne
» achevée, sans gratifier la famille des conseils utiles, opportuns,
» touchant des choses qu'il a parfaitement vues, mais sur les-
» quelles il n'a point été interrogé.

» Avec cela, l'hygiène intérieure de la famille est négligée, et
» les maladies les plus graves s'y développent sourdement. Il est
» donc à désirer pour tous que ces rapports soient chargés; que
» la famille s'ouvre avec confiance au médecin, et que celui-ci
» se dévoue à propager chez elle les saines pratiques de l'hygiène
» et de la médecine préventive.... » (Préface, xii.)

En attendant que les mœurs ou les lois aient produit cet heu-reux changement, en faisant du médecin un fonctionnaire public, ou par tel autre moyen, M. Devay nous donne un livre qui vient combler une partie de cette fâcheuse lacune. Il entre dans la

---

excrémentielles. Les buveurs d'eau mangent beaucoup, digèrent bien, et parviennent à la vieillesse. C'est encore une erreur commune que celle des personnes qui enlèvent au café ses principes amers et aromatiques en y ajoutant une grande quantité de sucre, c'est comme s'ils buvaient un verre de sirop.

(*) Un fort volume in-8°, de 752 pages, (à Paris, chez Assel n, rue de l'École de Médecine.) — Prix : 10 fr.

maison, s'assied au foyer, interroge l'aïeul, examine l'enfant,
instruit le père, parle au cœur de la mère, déconseille un mariage
précoce, tardif, consanguin, ou physiologiquement mal assorti,
et donne à tous le secret de la *santé du corps*, sans oublier la *santé
de l'âme*. En lisant ce livre, on sent, à chaque page, l'homme de
cœur à côté de l'homme de science, et la confiance qu'inspire le
premier donne de l'autorité à la parole du second. Aussi cet
ouvrage nous paraît-il destiné à devenir le manuel indispensable,
le code hygiénique de toute famille jalouse de sa prospérité matérielle et morale, dans le présent et dans l'avenir. Son étendue
et sa richesse (752 pages de texte et 12 de table des matières)
rendent impossible l'analyse, même la plus succincte, dans les
limites où nous devons nous renfermer. Laissons donc de côté,
et fort à regret, les chapitres aussi intéressants qu'instructifs qui
traitent des *sept règles de la santé ; des tempéraments ; des âges ; de
l'influence de l'air pur, vicié, sec, humide, dense, rare et électrisé,
sur l'organisme humain ; du méphitisme des habitations ; du danger
des logements humides, mal exposés et sans soleil ; des climats comme
moyens préservatifs et curatifs de certaines maladies ; des aliments
utiles et nuisibles ; de l'eau ; des boissons alcooliques ; du thé et du
café ; du nombre et de l'ordre des repas ; des exercices, de la gymnastique et du sommeil ; des bains, des frictions et des soins de la peau ;
des vêtements favorables et défavorables à la santé ; de l'hygiène du
sens de la vue, de l'ouïe (avantages et dangers de la musique), du
goût, de l'odorat et du toucher ; des influences du physique sur le
moral ; du traitement hygiénique, philosophique, et moral des passions ; de l'influence exercée sur la santé par les études prématurées,
les romans, le théâtre, les livres de médecine, les divers systèmes
religieux et philosophiques ; de la longévité individuelle et collec-
tive*, etc., etc.

. . . .

L'*Hygiène des familles* est un livre remarquable, non-seulement
par le nombre, le choix et l'importance des sujets qu'il embrasse,
mais encore par les vues larges, la science et les sentiments
élevés de l'auteur. C'est plus qu'un excellent traité d'*hygiène* ;
c'est encore un bon livre de *morale*, riche en aperçus féconds
sur l'*éducation* et sur l'*économie politique*. A ces divers titres,
nous ne saurions trop en recommander la lecture, non-seulement
aux pères et aux mères de famille, pour lesquels il est surtout

écrit, mais encore à tous ceux qui s'occupent d'éducation, de législation, d'économie sociale, et qui ont à cœur le progrès matériel et moral de l'humanité.

(Édouard Raoux, Professeur à Lausanne.)

APPAREIL SCOLAIRE PERFECTIONNÉ,
Appendice à toutes les Méthodes de Lecture, d'Orthographe et de Calcul ;
par F.-P. LALLEMENT,
Instituteur primaire, Membre sociétaire de l'Institut Polytechnique de Paris.

On sait combien l'enfance aime le mouvement, et combien elle est avide de voir, de toucher pour s'instruire. Aussi, les instituteurs habiles savent-ils profiter de cette disposition, que j'appellerai instinctive ; et loin de clouer en quelque sorte les jeunes enfants sur leurs bancs, en les obligeant à rester constamment dans un état purement passif qui paralyse leur intelligence, cherchent-ils à les intéresser en les faisant venir au tableau noir, ou en les occupant à montrer avec la baguette ce qu'ils leur enseignent. De là, ces tableaux imprimés, ces gravures, ces cartes et ces objets matériels, mobilier indispensable d'une classe bien faite. Aussi, recommandons-nous instamment l'appareil ingénieux de Mr *Lallement*, annoncé en tête de cet article. — Voici du reste ce qu'on lit dans le *Journal des Instituteurs* :

« Nous avons sous les yeux un Appareil scolaire, appendice à toutes les Méthodes de Lecture, d'Orthographe et de Calcul, imaginé par Mr Lallement, Instituteur à Étrepy (Marne). Ce travail, déjà d'un mérite réel dès son apparition, a été, en 1861, couronné à la Sorbonne par la Société pour l'Instruction élémentaire, et récompensé dans un Concours régional. Admis par la Commission impériale à l'Exposition internationale (où il figure sous le n° 2800), il vient d'être de plus médaillé par la Société académique de la Marne, comme objet d'utilité publique. Nous sommes heureux d'ajouter nos sincères félicitations à ces honorables et significatives distinctions. Et, après la modification importante que Mr Lallement vient encore d'apporter à son travail, nous nous faisons un devoir de constater l'utilité hors ligne de cet objet.

» Mr Lallement est, en effet, véritablement ainsi sorti du sen-

tier mille fois battu déjà pour rentrer dans la voie du progrès ;
car son ingénieux appareil, dans sa construction actuelle, n'est
plus, comme ceux de ses devanciers, un objet artificiel ayant
l'inconvénient de substituer des objets factices à la réalité : il
n'y a dans ce nouveau travail ni fiction, ni artifice ; et, par son
emploi, toutes les facultés du jeune enfant sont *agréablement* mises
en jeu sans préjudice pour aucune.

» L'*Appareil Lallement*, ainsi perfectionné, obtiendra donc,
croyons-nous, un grand succès ; car il est appelé, nous en sommes convaincu, à rendre à l'Instruction primaire de signalés
services. »

Cet appareil, ou meuble classique, est du prix de 28 francs.
— S'adresser à l'Auteur, Mr *Lallement*, Instituteur primaire, à
Étrepy (Marne).
La brochure in-8°, servant de guide, coûte 1 franc.

DE LA DANSE.

Dans son *Éducation des Enfants*, Locke recommande avec raison de leur faire apprendre à danser. Commencez par des rondes
quand des occasions bien gaies se présenteront ; puis, essayez
des contre-danses dans lesquelles l'enfant sera un peu embarrassé,
ce qui vous amènera, dans l'intérêt de ses amusements, à lui
faire donner des leçons. Il saura comment on tient sa tête, ses
pieds, ses bras ; comment on fait un assemblé, un jeté ; il verra
que nos mouvements sont susceptibles de définition ; il comprendra comment les figures d'une contre-danse sont combinées de
façon qu'on revienne chacun à sa place sans désordre ; il prendra
le chant en goût ; il acquerra le sentiment de la mesure, sentiment utile pour la marche militaire, pour un médecin qui tâte
le pouls, pour agir plusieurs personnes ensemble, comme les
marins qui tirent un câble ; et il recevra des leçons de politesse,
de bon goût, de grâce, d'agrément qui ne sont jamais inutiles.
Enfin, il sera plus sociable et plus à même de trouver des plaisirs honnêtes en compagnie de dames et de jeunes personnes
sans éprouver aucun embarras.

(L.-L. Vallée.)

BULLETIN BIBLIOGRAPHIQUE.
Livres. — Musique. — Dessin. — Cartes. — Atlas.

> Il faut lire pour s'instruire, pour se corriger,
> pour se consoler, et pour s'amuser.
> (CHRISTINE DE PISAN.)

(SUITE. — *Voyez la dernière livraison*, page 129.)

63. La Morale dans l'Histoire naturelle. Considérations sur les Animaux; par *Alphonse Boulongne*. (In-12, 1860; à Paris, chez Lethielleux, rue Bonaparte, 66.) — Prix : 2 fr.

64. Promenades d'un Maître d'école avec ses Élèves, ou Entretiens sur des sujets agricoles; par le Baron *L. de Babo.* (In-12, 1862; à Paris, même adresse.) — Prix : 60 cent.

65. L'Esprit des Belles-Lettres, ou Morale et Philosophie de la Littérature, avec tous les Préceptes sur l'Art d'écrire, par l'*Abbé Laveau.* (In-12, 1861 ; à Paris, même adresse.) — Prix : 2 fr. 50.

66. Émilia ou le legs d'une mère. (In-12, 1862; à Paris, chez Chastel, rue Roquépine prolongée, 4, boulevard Malesherbes.) Prix : 1 fr. 50.

67. Histoires américaines, de Rena Rey; traduction libre par *Henri Th. de Jersey.* (In-18, 1861 ; à Paris, même adresse.) — Prix : 1 fr.

68. La Fontaine et ses devanciers, ou Histoire de l'Apologue jusqu'à La Fontaine inclusivement; par *P. Soullié,* élève de l'École Normale supérieure, Professeur au Lycée d'Angoulême. (In-8°, 1861 ; à Paris, chez Aug. Durand, rue des Grès-Sorbonne, 7.) Prix : 3 fr.

69. Cours complet de Grammaire française, par Mad^e *Charrier-Boblet.* — Ce Cours est composé de 12 volumes in-12. (Premiers Éléments d'Orthographe d'usage. Orthographe enseignée par la pratique. Grammaire-pratique. Analyse grammaticale. Analyse logique. Participes. Ponctuation, etc., etc.)

Tous ces ouvrages sont remplis d'observations qui révèlent une longue expérience et un grand esprit d'analyse. (Se trouvent à Paris, chez Dézobry, rue des Écoles, 78 ; et chez Mad^e Ve Maire-Nyon, quai Conti, 13.)

Mad^e Charrier a fondé avec Mad^e Boblet, depuis 1826, à Paris (rue de Seine, 54), des *Cours d'Émulation* qui jouissent d'une réputation bien méritée, due au talent et à l'habile direction de ces deux dames.

70. De la Cosmogonie de Moïse comparée aux faits géologiques, par *Marcel de Serres* (2 vol. in-8°, 1844, 2ᵉ édition ; à Paris, chez Lagny frères, rue Cassette, 12.) — Prix : 15 fr.

71. De la Création de la Terre et des Corps célestes, par *Marcel de Serres,* Professeur de Minéralogie et de Géologie à la Faculté des Sciences de Montpellier. (In-8°, 1843 ; à Paris, même adresse.) Prix : 7 fr. 50.

Les personnes qui s'occupent de Géologie, doivent nécessairement étudier les idées de M. Marcel de Serres. Les deux ouvrages que nous annonçons ici se prêtent un mutuel appui ; le second est la réfutation des objections qui ont été faites à l'auteur sur le premier.

72. Des Causes des migration, des divers animaux, et particulièrement des oiseaux et des poissons, par *Marcel de Serres.* (In-8°, 1845, 2ᵉ édition ; à Paris, même adresse.) — Prix : 7 fr. 50.

Musique.

73. Souscription aux OEuvres musicales choisies et inédites de Mʳ *A. Elwart,* ancien Pensionnaire de France à Rome, et Professeur d'Harmonie au Conservatoire de Musique.

Le nom de Mʳ *Elwart* est bien connu de nos Lecteurs et surtout de nos Concitoyens. Couronné deux fois au 1ᵉʳ et au 2ᵉ concours de la Société de Sainte-Cécile de Bordeaux (1854 et 1855) pour une hymne et une messe, Mʳ Elwart a été encouragé à publier ses œuvres ; et aidé des lumières d'amis impartiaux, il a fait un choix sévère parmi tant d'ouvrages sortis de sa féconde plume. A cet effet, il a divisé ses compositions en 6 groupes principaux : 1° Musique de chambre, instrumentale et vocale. 2° Musique d'église : messes, hymnes, motets. 3° Musique de concert : ouvertures, symphonies. 4° Oratorios, odes-symphonies. 5° Musique d'orphéons, symphonies purement vocales. 6° Musique dramatique : opéras-comiques, grands opéras. — Le prix de la souscription est fixé à la somme de *150 francs,* payables par fractions de *25 francs,* contre livraison de chacun des 6 groupes. — On souscrit à Paris, chez Brandus et Dufour, éditeurs de musique, rue Richelieu, 103.

74. Chant de l'Helvétie, 2ᵉ Fantaisie sur Guillaume Tell, pour le Piano, par *Ch.-B. Lysberg.* (A Paris, chez Léon Grus, boulevard Bonne-Nouvelle, 31.)

75. Galathée, Illustration pour le Piano, par *W. Kruger.* (A Paris, même adresse.)

(La suite au prochain numéro).

LES ANIMAUX DESTRUCTEURS DES SERPENTS.

Nous n'avons en France qu'un seul serpent vrai, la vipère, suffisamment distincte des couleuvres et des orvets inoffensifs par sa tête triangulaire, qui l'a fait nommer *trigonocéphale*, et par la particularité d'où dérive son nom vulgaire, celle d'être *vivipare*, c'est-à-dire de donner naissance à des petits vivants. En réalité, la vipère est tout aussi *ovipare* que les autres reptiles de sa classe ; seulement ses œufs éclosent dans le corps de la mère avant d'avoir été pondus : c'est toute la différence. Le nombre des vipères s'est beaucoup accru en France depuis que les progrès modernes de la Thérapeutique ont fait justice de la prétendue efficacité des bouillons de vipères, autrefois employés contre une foule de maladies graves. Aujourd'hui que les pharmaciens n'achètent plus les vipères, il n'y a plus d'intérêt à leur donner la chasse ; et, comme cette chasse n'est pas sans danger, personne ne s'en occupe. Il en résulte que, dans les cantons au sol siliceux, hérissés de roches de grès, retraite favorite de la vipère, ce dangereux reptile multiplie avec excès. Il y a dans la pittoresque forêt de Fontainebleau des cantons où il serait imprudent de se promener sans être chaussé de fortes guêtres de cuir ; on serait à peu près certain d'être mordu par les vipères ; et, bien que leur morsure ne soit pas réellement mortelle, quand la personne mordue ne peut pas être secourue immédiatement, les suites d'un pareil accident peuvent être fort graves.

Il serait donc plus que temps de s'occuper sérieusement de la destruction des vipères ; on le peut sans exposer personne à en être mordu : il y a assez d'animaux que leur instinct porte à rechercher les vipères et à les détruire, il s'agirait seulement d'utiliser l'instinct de ces animaux.

Parmi les quadrupèdes, le *hérisson*, qui vit à l'état sauvage dans nos bois, et qu'il serait facile d'y faire ou seulement d'y laisser multiplier en nombre suffisant, est l'ennemi mortel de la vipère. Protégé par son armure de piquants, il brave les morsures du reptile, et lui enlève la tête avec une dextérité surprenante. Il paraît que, quand le hérisson est mordu de la vipère, soit au nez, soit aux lèvres, seules parties de son individu qui ne soient pas protégées, le venin du reptile ne produit sur lui aucun effet. Mais messieurs les chasseurs sont les adversaires acharnés du pauvre et utile hérisson, parce que, lorsqu'il est attaqué par messieurs leurs chiens, il a l'impolitesse de se défendre en se mettant en boule, et offrant à la dent des chiens une surface qu'ils ne peuvent mordre sans se piquer sévèrement. Au nom de l'intérêt public, il pourrait être interdit aux gardes de tuer les hérissons, dont la chair est à peine mangeable, et qui ne commettent dans les bois aucune espèce de dégâts; on pourrait aussi, et il est permis d'ajouter on devrait, introduire ces animaux, quand ils sont absents ou trop rares, dans les bois peuplés de vipères, et protéger l'existence des hérissons par des règlements sévères, rigoureusement observés.

Dans l'Inde, où les serpents sont plus nombreux, et bien autrement dangereux qn'ils ne peuvent l'être en Europe, on leur oppose avec succès la *mangouste,* petit quadrupède également connu sous le nom d'*ichneumon,* et deux oiseaux également connus l'un et l'autre dans toute l'Europe, le *paon* et la *pintade.* Rien n'égale en particulier l'animosité de la pintade contre les plus gros serpents venimeux. A Chandernagor (Inde française), dès qu'une pintade découvre un serpent, s'il est trop fort pour qu'elle espère en venir seule à bout, elle appelle à son aide toutes les pintades du voisinage, lesquelles, à coups de bec sur la tête, ont bientôt fait justice des serpents les plus redoutables.

Dans tout le midi de la France, où les vipères sont très-communes, la mangouste, qui s'élève facilement en domesticité, pourrait être multipliée comme ennemi naturel des serpents; elle rendrait les mêmes services en Algérie, où les serpents dangereux ne manquent pas, et aux Antilles françaises, où, comme on sait, les tentatives d'acclimatation du *serpentaire* du cap de Bonne-Espérance n'ont pas donné les résultats espérés. L'heure est venue où l'Histoire naturelle doit recevoir toutes ses applications, et où l'homme éclairé doit utiliser tous les instincts des animaux qui peuvent lui être utiles.   (Isabeau.) — (*)

(*) Extrait du *Journal des Instituteurs,* dirigé par Mr CHARLES LOUANDRE. (A Paris, chez Paul Dupont, rue de Grenelle-Saint-Honoré, 45.)

LES PUCES ARTISTES.

On lit ce qui suit dans le *Courrier des États-Unis* :

Parmi les excentricités britanniques, en voici une qui a bien son charme. Il existe à Londres depuis vingt-cinq ans un théâtre dont les artistes sont des puces. Elles sont une soixantaine attachées par le cou à une longue chaîne dorée et peuvent se mouvoir librement. Ces insectes, pour être susceptibles d'éducation, doivent être des puces *humaines*; celles des animaux ne sont bonnes à rien.

Le professeur a ouvert un marché dont les approvisionneuses sont principalement de vieilles femmes qui fournissent l'article brut. Le prix varie selon la saison, mais c'est en général six pence (0,60 c.) la douzaine; l'été, elles ne coûtent que la moitié.

Les meilleures puces viennent de Russie, d'où elles sont envoyées dans des boîtes à pilules, emballées dans du coton de la plus fine qualité.

Parmi les exercices auxquels elles sont soumises, il faut compter la valse, et l'attelage à une petite voiture qu'elles traînent d'un bon pas. — (*)

ORIGINE DU POISSON D'AVRIL.

Donner un poisson d'avril, c'est, personne ne l'ignore, faire accroire à quelqu'un une fausse nouvelle, lui susciter une course inutile, pour avoir ensuite occasion d'en plaisanter; et cette mauvaise plaisanterie n'a lieu que le premier jour du mois d'*avril*, d'où son nom. Mais quelle est l'origine de cette mystification ? Entre les diverses anecdotes rapportées par les étymologistes, en voici deux qui paraissent assez concluantes.

La première remonte au règne de Charles IX, roi de France. L'année, qui, depuis le dixième siècle, commençait le jour de la fête de Pâques en avril, prit pour point de départ le jour initial de janvier, par suite d'une ordonnance de ce prince en date de 1564, et enregistrée par le Parlement en 1567. Un grand changement ayant été ainsi apporté dans les usages de ce temps, il s'ensuivit que les étrennes qu'on se donnait au mois d'avril, c'est-à-dire à

(*) Extrait de *La Science pittoresque illustrée*, Journal publié à Paris.

la fête de Pâques, qui avait été regardée jusqu'alors comme le premier jour de l'année, furent réservées pour le 1er janvier, date à laquelle l'ordonnance royale venait de fixer le commencement de l'année; et le 1er avril, on se contenta dès lors de faire des félicitations de plaisanterie à ceux qui n'adoptaient qu'avec regret le nouveau régime, on s'amusa à les mystifier par des cadeaux simulés ou par des messages trompeurs; et, comme au mois d'avril le soleil vient de quitter le signe zodiacal des poissons, on donna à ces plaisanteries le nom de *poissons d'avril*.

La seconde version, non moins accréditée que la précédente, est celle-ci : Le roi de France Louis XIII faisait garder à vue dans le château de Nancy un prince de Lorraine dont il n'avait pas à se louer. Ce prisonnier trouva le moyen de tromper les gardes, et se sauva le premier jour d'avril, en traversant la Meurthe à la nage, ce qui fit dire aux Lorrains que *c'était un poisson qu'on avait donné à garder aux Français*.

ORIGINE DES ŒUFS DE PAQUES.

Depuis l'an 987 de l'ère chrétienne jusqu'au règne du roi de France, Charles IX, c'est à la fête de Pâques que commençait la nouvelle année, c'est-à-dire à l'équinoxe du printemps, et non au solstice d'hiver, comme cela se pratique aujourd'hui, conformément à l'ordonnance de Charles IX, de 1567, ordonnance que l'usage a consacrée.

Chez tous les peuples agricoles de l'Europe et de l'Asie, on célèbre de temps immémorial la fête du nouvel an en mangeant des œufs, et les œufs faisaient partie des présents qu'on s'échangeait ce jour-là. On avait même soin de les teindre en plusieurs couleurs, surtout en rouge, couleur favorite des anciens peuples, et des Gaulois en particulier.

Les œufs, chez les Égyptiens, étaient l'emblème sacré du renouvellement du monde après le déluge. Les juifs les adoptèrent comme un type du renouvellement de leur nation par la sortie d'Égypte; et, à la fête de Pâques, ils les plaçaient sur la table avec l'agneau pascal. Les chrétiens les prirent pour symbole de la résurrection dont Jésus-Christ leur avait donné l'exemple et le précepte; et ils préférèrent aux diverses couleurs dont on les teignait la couleur rouge, en mémoire de l'effusion de son sang sur la croix.

Les œufs faisant autrefois partie, comme nous l'avons dit, des présents qu'on se faisait chez les anciens peuples le premier jour du nouvel an, et les chrétiens du moyen âge célébrant la fête du nouvel an à l'équinoxe du printemps, c'est-à-dire au temps de la fête de Pâques, il est arrivé de là que l'usage de l'échange des œufs à titre de présent a été attaché à la Pâque, et qu'on n'en a plus donné au nouvel an, quand le premier jour de l'année a été transporté au solstice d'hiver et fixé au 1er janvier, par l'ordonnance de Charles IX. Cependant, comme le fait observer un auteur, ce n'a point été par le simple effet de l'habitude, mais par la raison qui faisait attribuer à la fête de Pâques les mêmes prérogatives qu'au nouvel an, « celles d'être un renouvellement de toutes choses, comme chez les Persans, et, pour les chrétiens, le triomphe du Soleil de justice, du Sauveur du monde, sur la mort par la résurrection. »

Le jour de Pâques, où cessait l'abstinence du carême, au milieu des cérémonies de la plus grande fête de l'année, on apportait des œufs à l'église et on les faisait bénir en grande pompe. Les familles se faisaient ensuite une petite fête intérieure de les distribuer ; on en envoyait aux parents, aux amis ; selon les moyens de chacun, ils étaient plus ou moins richement ornés, et quelquefois même ils portaient des devises.

Les gens pauvres ou peu aisés se contentaient de les teindre dans une infusion rouge peu coûteuse, et, comme c'était le plus grand nombre, le nom vulgaire a été longtemps celui d'œufs rouges ; tandis qu'il eût été plus juste de continuer à les appeler œufs de Pâques.

Il y avait alors dans chaque ville la promenade et la quête des œufs de Pâques. Un des jours de la semaine de Pâques, les étudiants, les clercs, les jeunes gens s'assemblaient, portant drapeaux, bâtons et piques, précédés de tambours et d'instruments, et se rendaient devant l'église métropolitaine, où ils chantaient *Laudes*. Puis ils se dispersaient dans la ville, quêtaient des œufs, et revenaient à l'église les faire bénir en chantant encore une hymne. Les œufs étaient leur profit ; ils s'étaient donné assez de mal, avaient surtout fait assez de bruit pour avoir le droit de les garder et de les manger.

Cette quête fut enfin supprimée, par le motif, facile à comprendre, que les jeunes gens ne faisaient pas leur course et ne terminaient pas leur fête sans de grands désordres, qui obligèrent à défendre cette promenade. Depuis lors, chacun donna lui-même les œufs de Pâques aux siens, dans l'intimité et sans bruit.

Telle est l'origine des œufs de Pâques.

Cette fête des œufs de Pâques, abandonnée en France comme la plupart des vieilles coutumes de nos pères, s'est conservée dans toute sa simplicité solennelle chez tous les peuples du Nord, et notamment en Pologne. — (1)

POURRAIT-ON REMPLACER LES ANIMAUX PAR LES MACHINES A VAPEUR ?

Supposons que, révoltés enfin par les mauvais traitements dont ils se voient trop souvent l'objet, nos animaux de travail nous abandonnent et qu'ils fuient tout à coup bien loin de nous : quel moyen donc aurions-nous de nous tirer d'embarras, et que pourrions-nous leur substituer ?

Recourrions-nous à l'action de quelque élément ? à l'action de cette vapeur qui a rendu déjà de si merveilleux services ?

Il est vrai que sur des routes bien nivelées et bien ferrées, la vapeur est venue s'atteler à nos chars, et nous conduire avec nos plus lourds fardeaux.

Mais qu'il y a loin de là à ce que la vapeur quitte ces voies si unies et construites à si grands frais, à ce qu'elle vienne apprendre les mille sentiers en zigzag qui vont chercher les coins épars de nos propriétés et se dirigent, tantôt au sommet de la montagne, et tantôt dans les gorges de la vallée !

Qu'il y a loin de là à ce que la vapeur vienne traîner notre modeste charrue, labourer notre champ, nous débarrasser dans nos travaux de chaque jour et nous montrer la touchante docilité de cet humble compagnon, auquel il suffit de dire, pour être obéi : « Va, viens, monte, descends, à droite, à gauche, ici, plus loin ! »

La vapeur est d'humeur altière ; ses complaisances ont des bornes. Elle n'agit qu'en grand, et elle sait, en tout cas, faire payer son obéissance et sa docilité. — (2)

---

(1) Ces deux articles sont extraits du *Journal des Instituteurs*.

(2) Extrait de : *Roi et non Tyran, ou ce que doit être l'homme dans ses relations avec les Animaux*; par G. C***. (In-18, 1862; à Paris, chez Jacques Lecoffre, rue du Vieux-Colombier, 22.)

LA PETITE ANNA.

Quoi! cette douce enfant si fraîche et si rieuse,
Et qui m'appelait mère avec sa voix joyeuse;
Qui tout à l'heure encor me flattait de sa main;
Qui charmait ici-bas mon passage éphémère;
Que Dieu mit comme un ange en cette vie amère.
    Pour me suivre dans mon chemin;

Elle est morte!..... Ils l'ont dit! entends-tu? pauvre mère,
Ta gracieuse enfant sous un drap mortuaire!
Ainsi, sa tête blonde et ses traits ingénus,
Ses bras, ses petits pieds, sa blancheur de colombe,
Tout cela c'était donc pour laisser à la tombe
    Un peu de poussière de plus!

Mais quoi! voici des croix, des cierges, une bière,
Des tentures! Déjà!.... Pitié pour une mère!
Laissez-moi mon enfant : c'est mon bien, mon trésor;
Laissez-la! Ferez-vous de son lange un suaire?
Voulez-vous donc sitôt la cacher sous la terre?
    Ses pieds n'y touchaient pas encor.

Et la mère pleurait..... Un ange aux longues ailes
Portait la douce enfant dans des sphères nouvelles,
Traversait des chemins d'azur et de vapeur,
Des degrés étoilés, des colonnes de flamme;
Puis l'ange radieux ouvrait à la jeune âme
Les portes de saphir des palais du Seigneur.
    (Anaïs Ségalas. — *Les Oiseaux de passage.*)

FOURNÉE DE PAIN QUI DATE DE 1800 ANS,
découverte dans les ruines de Pompéia.

Les travaux d'excavation qui se poursuivent avec beaucoup
d'activité et d'intelligence à Pompéia, sous la direction de M. Fio-
relli, ont mis au jour une maison entière de boulanger, avec le
four dont la bouche était encore fermée par une large porte en
fer, munie de deux poignées. Au moment où la porte fut descel-
lée, on aperçut la fournée entière de pains tels qu'ils avaient été

déposés *dix-sept cent quatre-vingt-trois ans auparavant*. Les pains étaient au nombre de quatre-vingt-deux, et sous le rapport de la grandeur, de la forme, de toutes les particularités caractéristiques (à l'exception du poids et de la couleur), ils se montraient tels qu'ils étaient sortis de la main du boulanger. Ils ne portent ni le nom du boulanger, ni de marque particulière; ils sont circulaires, de 20 centimètres environ de diamètre; plats, mais un peu enfoncés au centre, sans doute par l'action du coude de l'ouvrier; les bords sont un peu relevés; ils sont partagés en huit portions égales par des lignes assez profondes qui rayonnent du centre; leur couleur est brun sombre; ils sont très-durs, mais excessivement légers. Le brave boulanger de Pompéia, lorsqu'il enfournait le pain nécessaire à la consommation de ses pratiques pour le lendemain, était à mille lieues de penser que ses pains ne verraient le jour qu'*après dix-huit cents ans*. — (*)

AU ROSSIGNOL.

Quand ta voix céleste prélude
Aux silences des belles nuits,
Barde ailé de ma solitude,
Tu ne sais pas que je te suis !

Tu ne sais pas que mon oreille
Suspendue à ta douce voix,
De l'harmonieuse merveille
S'enivre longtemps sous les bois !

Tu ne sais pas que mon haleine
Sur mes lèvres n'ose passer,
Que mon pied muet foule à peine
La feuille qu'il craint de froisser !

Ah ! ta voix touchante ou sublime
Est trop pure pour ce bas lieu !
Cette musique qui t'anime
Est un instinct qui monte à Dieu !

(Lamartine. — Harmonies.)

(*) Extrait du *Cosmos, Revue encyclopédique hebdomadaire des progrès des sciences*, etc. — (N° du 29 août 1862.) — Bureaux : rue Monsieur-le-Prince, 35, à Paris. — Mr Tramblay, Directeur.

LE CURÉ DE VILLAGE.

Tu le veux, j'y consens; d'un pinceau véridique
Je vais te dessiner mon logement rustique,
Et t'offrir à la fois, dans le même tableau,
Et l'état du pasteur et celui du troupeau.
Dans un pareil sujet n'attends pas de ma muse
De brillantes couleurs : le sujet s'y refuse.
Non, je ne prétends pas, en l'ornant de faux traits,
Changer en or mon plomb, mon taudis en palais.

D'abord, pour en saisir nettement la structure,
Conçois dans ton esprit une antique masure,
Dont les murs décrépits, et battus par les vents,
Branlent au moindre choc sur leurs vieux fondements.
Malheur quand l'aquilon du fond de la Norwége
Accourt, poussant sur nous ses tourbillons de neige !
Contre une telle rage où chercher des abris ? . . . .
En vain de mes volets je rejoins les débris :
Hélas ! leurs gonds rouillés soutiennent avec peine
Quatre ais de bois pourri dont la chute est prochaine.
Mais c'est bien pis encor quand de noirs ouragans
Sur mon toit dépouillé répandent leurs torrents;
L'eau qui perce aisément une si faible entrave,
Inonde mon salon, qui la rend à la cave;
Et, chassés de leurs trous, jusque sur mon palier
Les rats viennent chercher un gîte hospitalier.

L'hiver vient... Dans les plis d'une ample redingote
J'ai beau m'ensevelir, près du feu je grelotte;
Car l'air dans mon manoir circule en liberté,
Glacial en hiver, et brûlant en été.
Un bon rhume, en novembre, y fixe son empire,
Et jamais il ne part qu'au retour du Zéphire.

Ne cherche pas ici ce que dans le bon temps
On pouvait appeler l'atelier des gourmands.
D'un pauvre desservant la modeste cuisine
Étale peu de mets : content pourvu qu'il dîne,
Il peut manger son bien sans le secours d'autrui;
Le tourne-broche même est un luxe pour lui.
Point de goûts recherchés, de meubles inutiles :
Une marmite, un pot, voilà ses ustensiles.
Revenons à ma chambre : elle est salle ou salon;

L'usage que j'en fais détermine son nom :
La nuit chambre à coucher, le jour salle où l'on dîne,
Et quand la bise souffle, elle devient cuisine....

. . . .

Passons au revenu : cinq cents francs pour l'année,
Ce qui fait vingt-sept sous six deniers par journée.
À quelque obole près qu'on pourrait constester,
Barême, conviens-en, ne saurait mieux compter.
C'est peu ; pourtant on croit que chez nous tout abonde,
Que l'Église est pour nous une mine féconde ;
Que la dévotion, prodigue en ses tributs,
Remplit nos sacs de grains, et nos bourses d'écus ;
Qu'enfin nous rançonnons les morts jusqu'en leurs bières ;
Qu'à beaux deniers comptants nous vendons les prières ;
Et qu'avec les docteurs ; bien d'accord sur le gain,
Nous bénissons les coups de leur art assassin.

Ah ! pauvre desservant, voilà comme on te traite !
Cours par monts et par vaux armé de la houlette ;
Brave, comme un apôtre, et la pluie et les vents ;
Partage ton pain bis avec les indigents ;
Prodigue-leur des soins qui manquent à toi-même :
Pour prix de tes bienfaits n'espère pas qu'on t'aime.
Mais crains à chaque instant qu'une furtive main
Ne dîme ta volaille ou les choux du jardin ;
Et crains, ah ! crains surtout les propos des commères ;
Ce sont de tes travaux les plus sûrs honoraires ;
Car ne te flatte pas qu'un titre révéré
A l'abri du caquet puisse mettre un curé.
Jadis on révérait le pasteur du village :
Aujourd'hui ce n'est plus qu'un serviteur à gage,
Qui dans chaque manant rencontre son rival ;
Tout, jusqu'au marguillier, veut marcher son égal.
Il faut qu'un desservant, pour éviter la guerre,
Flatte le magister et l'adjoint et le maire :
Du fond d'un cabaret ces petits souverains
Gouvernent la paroisse et règlent nos destins.

(L'Abbé Canat).

ESPRIT ET BON SENS,
ou Recueil de Pensées, Maximes, Réflexions sur divers sujets,
Extraites de différents auteurs.

(Suite. — *Voyez la dernière livraison, page 143.*)

178. Qu'il est doux de jouir du fruit de ses travaux, après un long et pénible travail !

179. Si quelqu'un a parlé de toi par légèreté, il faut n'y point faire attention ; si c'est par folie, il faut le plaindre ; si c'est pour te faire injure, il faut lui pardonner.

180. Combien d'hommes ont gâté le concert de leurs louanges en y mêlant leurs voix !

181. Quand vous écouterez avec la même indifférence les injures et les compliments, vous pourrez croire alors que vous avez fait des progrès dans la vertu.

182. Le soc de la charrue qui laboure, est plus brillant que celui qui reste sous la grange.

183. Soit vanité, soit modestie, il est rare que nous nous appréciions bien nous-mêmes.

184. Il faut en tout faire la part du temps ou du hasard, auquel il est juste d'attribuer la plupart de nos succès.

185. J'ai vu des hommes qui étaient peu propres aux sciences, mais je n'en ai point vu qui fussent incapables de vertus.

(Confucius.)

186. On est plus sociable et d'un meilleur commerce par le cœur que par l'esprit.

187. Se trouver livré à soi-même quand on ne sait pas s'occuper, c'est être en mauvaise compagnie.

188. La douceur du ton et des manières a un ascendant imperceptible auquel on ne résiste pas.

189. La fortune des riches, la gloire des héros, la majesté des rois, tout finit par *ci-gît*.

190. Comment ne pas penser à la mort, quand chaque instant nous en rapproche ?

191. Otez de la vie le temps donné au sommeil, celui qu'exigent les besoins physiques, et celui qu'on passe dans les afflictions ; que reste-t-il ?

192. Il y a des gens qui en savent trop pour jamais rien apprendre : tels sont les présomptueux ou ceux qui croient tout savoir.

193. Après le mérite personnel, il faut l'avouer, ce sont les éminentes dignités et les grands titres d'où les hommes tirent le plus de distinction et d'éclat.

194. Il faut quelquefois dans le monde se résoudre à se laisser apprendre des choses qu'on sait, par des gens qui ne les savent pas.

195. La vie est un trésor contenu dans un vase d'argile.

(Mirabeau.)

196. Le plus grand mal que puisse nous faire un ennemi, c'est d'accoutumer notre cœur à la haine.

197. Il faudrait qu'on instruisît les enfants de ce qu'ils auront à faire étant hommes, et qu'on les y habituât de bonne heure.

198. Un grand nombre d'hommes s'imaginent avoir de l'expérience par cela seul qu'ils ont vieilli.

199. La nature n'emploie la violence que pour détruire; elle opère le bien avec une force tempérée.

200. Il y a quantité de gens qui redoutent le jugement du public, mais il y en a bien peu qui se soucient des reproches de leur conscience.

201. Un des plus utiles emplois que nous puissions faire de l'amour-propre, c'est de nous élever au-dessus de ses blessures.

202. C'est une injustice de reprocher à un homme des principes qu'il désavoue formellement, à moins que sa conduite ne démente son désaveu.

203. Pouvoir vivre avec soi-même et savoir vivre avec les autres, c'est la science de la vie.

204. Il y a trois choses qui donnent crédit au parlant :

> Sa vie,
> La vérité de la chose,
> Et la sobriété de la parole.

(François Bonivard. — 1563.) — (*)

205. Il n'y a rien de petit dès que le génie s'en empare.

206. Le goût supplée à beaucoup de choses, et rien ne supplée au goût.

207. Que d'écrits cités comme des chefs-d'œuvre insultent au bon goût et au bon sens !

(La suite au prochain numéro.)

(*) *François Bonivard* était Prieur de Saint-Victor, près de Genève. — Le passage qu'on vient de lire est extrait de son ouvrage intitulé : *Advis et Devis des Langues; Traité de Philologie* (publié en 1563).

Bordeaux, imprimerie de J. Delmas, rue Sainte-Catherine, n. 159.

JOURNAL D'ÉDUCATION

PHYSIQUE, MORALE, ET INTELLECTUELLE.

14ᵐᵉ année. — Nᵒ 8. — Juin 1863.

1ʳᵉ PARTIE,
POUR LES PARENTS ET LES PROFESSEURS.

PÉDAGOGIE (OU SCIENCE DE L'ÉDUCATION.)
DIDACTIQUE (OU ART D'ENSEIGNER.)

LA PREMIÈRE ÉDUCATION APPARTIENT ESSENTIELLEMENT A LA MÈRE,
et la première instruction doit aussi appartenir à la femme.

Le premier article de ce Journal d'Éducation, lors de sa fondation, à la date du 1ᵉʳ Novembre 1849, porte le titre qu'on vient de lire. Cette vérité, répétée à 14 ans de distance, n'a point changé, elle est toujours la même, elle a conservé son évidence ; aussi la trouvons-nous exprimée d'une manière fort heureuse dans une excellente publication que nous avons signalée à nos lecteurs dans notre dernière livraison : *Éducation de la Femme, Revue mensuelle, dirigée par Mad*ˡˡᵉ Gatti de Gamond, à Bruxelles.

Nous allons citer le passage qui rend si bien cette vérité :

« Le véritable point de départ, la source la plus pure, la base la plus certaine de l'éducation de l'homme, *c'est la mère* (1). Les femmes sont destinées et faites pour cultiver et développer dans l'enfant le premier germe de l'humanité (2). La nature a voulu que la première initiation à la vie intellectuelle et morale fût l'œuvre de la femme (3). Ce sont là de ces vérités que personne ne conteste. Oui, *à la femme appartient l'éducation de la première enfance.* C'est en elle que le Créateur a déposé cette douce tendresse, cette pieuse affection, cette sagacité pénétrante, ce dévouement inaltérable, rayons du beau soleil de l'amour dont les facultés naissantes de l'enfant ont besoin pour éclore et se développer. »

(J.-F. Jacobs.)

---

(1) F. Frœbel. — (2) Schleiermacher. — (3) Jules Simon.

Aussi voudrions-nous que pour les jeunes garçons *la première instruction* (Lecture, Écriture, Orthographe, etc.) fût donnée par des femmes, et non par des hommes, à qui il manquera toujours cette *douce tendresse*, cette *pieuse affection*, cette *sagacité pénétrante*, et ce *dévouement inaltérable* si bien exprimés dans l'extrait précédent.

Il faudrait donc que les *Écoles élémentaires* fussent dirigées par des femmes, que les professeurs fussent des femmes, car ce sexe possède à un degré bien supérieur les qualités dont il vient d'être question.

Si la première instruction est en général si peu fructueuse, c'est que cette lacune existe presque partout, et que l'enfant passe trop brusquement de la mère à l'étranger, *homme*, dont le ton, les manières, les exigences surtout sont si différentes ; et dont les habitudes de discipline, prises dans les colléges, quoique bonnes en elles-mêmes, et si utiles, si nécessaires plus tard, sont si loin de ce moelleux de la femme, de cette patience, de cette indulgence, de cette bienveillance, de ce ton amical et maternel qui éveillent et commandent *la sympathie*, sans laquelle on ne réussit pas en éducation.

Nous avons eu à Bordeaux, il y a environ trente ans, quelques femmes dévouées, pleines de zèle et vraiment habiles, appelées modestement *Maîtresses d'École*, dont plusieurs de nos concitoyens, qui ont pris avec elles les premières leçons, se souviennent encore très-bien. Aujourd'hui, devenus pères de famille, ils regrettent que ces excellentes personnes n'aient pas eu de successeurs.

La loi, il est vrai, ne permet plus ces écoles de jeunes garçons, tenues par des femmes (si ce n'est pour les salles d'asile) ; mais ne pourrait-on pas les tolérer jusqu'à l'âge de 9 ou 10 ans ?

Nous croyons que ce serait un véritable *bienfait* pour ces pauvres enfants, dont on enchaîne si cruellement le corps et l'esprit en les tenant cloués sur leurs bancs, pendant de longues heures d'immobilité forcée.

D'ailleurs, l'insuccès des premières études réclame impérieusement des modifications. Pour notre part, nous les appelons de tous nos vœux : il s'agirait tout simplement de confier la première instruction à des femmes, en s'assurant de leur aptitude morale et intellectuelle.

Nous terminerons cet article par ces mots de M. Jacobs, écrivain pédagogique de mérite, que nous avons déjà cité :

« Nous ne devons pas, encore une fois, intervertir les rôles
» et dénaturer les caractères *en confiant à l'homme les enfants trop*
» *jeunes. Non : Laissons le premier âge à la femme.* »

Nous engageons nos lecteurs à méditer l'article suivant sur les *dangers des études prématurées.*

Tous ces extraits donnent à réfléchir aux esprits sérieux, non superficiels ; car le danger est grand, plus grand qu'on ne le pense.

DANGERS DES ÉTUDES PRÉMATURÉES.

Quoique nous ayons déjà, en janvier dernier (p. 54), traité ce sujet, nous y revenons encore aujourd'hui, surtout quand ce sont des hommes autorisés qui parlent. — Voici ce que dit le Docteur FRANCIS DEVAY, dans son *Hygiène des Familles*, que nous avons annoncée dans notre précédente livraison :

« L'état présent de l'éducation est surchargé d'études indigestibles pour de jeunes intelligences. De là, des épuisements prématurés, des lassitudes cérébrales, des névroses de toute nature, des apoplexies, des épilepsies, etc. — Le cerveau tombe dans une sorte de *stupeur organique* que nous considérons comme la première période, soit de l'aliénation mentale, soit de l'apoplexie. Il y a affaiblissement progressif du sommeil, vertiges fugaces, digestions laborieuses, bizarreries dans le caractère.

» L'immobilité et le silence prolongé sont impossibles aux enfants. Ne pourrait-on pas les instruire *en les faisant parler haut, en les laissant se mouvoir ?*..... Au lieu d'occuper d'abord les enfants de choses sans intérêt pour eux, ne pourrait-on pas leur donner, dans la campagne, des notions sur la *géographie*, la *géologie*, les *minéraux*, les *végétaux*, les *animaux*, *l'agriculture* et *quelques-uns des arts du pays qu'ils habitent ?* Ne pourrait-on pas leur faire ensuite étudier, pendant les journées pluvieuses, les collections d'histoire naturelle qu'ils auraient rapportées de leurs promenades ?..... Serait-il donc coupable de les instruire en les amusant, et ne rentreraient-ils pas plus riches d'idées et de connaissances nouvelles après un jour de promenade, qu'après un mois de lecture à l'école ? Il faut donc, dès le jeune âge, rendre l'instruction attrayante, pour qu'elle soit goûtée et qu'elle devienne profitable. »

PRÉCIS D'HYGIÈNE,
ou Préceptes généraux pour conserver la santé et prolonger la vie.

(Suite. — *Voyez la précédente livraison, page 148.*)

N'épargnez rien pour que vos boissons soient sans aucun mélange. Les poisons signalés par Orfila ne sont pas ceux qui font le plus de victimes. La mauvaise qualité des aliments et des boissons, ainsi que l'intempérance, sont les sources les plus fécondes des maladies. Variez vos mets, variez vos boissons, rien d'exclusif dans les substances alimentaires. L'estomac est capricieux, il ne s'accommoderait pas d'une nourriture constamment uniforme.

La différence la plus importante entre les temps modernes et les temps anciens, pour l'usage des boissons, est dans l'emploi des liqueurs spiritueuses, inconnues avant le moyen-âge. La distillation est, selon nous, le plus funeste présent que la Chimie ait fait à l'espèce humaine.

L'usage du thé et du café est utile relativement. L'une ou l'autre de ces boissons peut remplacer, dans leurs effets moraux, les liquides vineux, sans avoir les mêmes inconvénients pour les organes.

Un grand nombre de personnes ont l'habitude, pour favoriser les fonctions digestives, de prendre du thé et du café. La première de ces boissons a une manière particulière d'exciter, dont l'effet ne se fait bien sentir que quelques heures après le repas. Quant au café (*), liqueur amère et aromatique, sa faculté stimulante est bien connue : personne n'ignore que son infusion, prise peu de temps après l'alimentation, développe l'activité du système digestif, et donne à l'âme un surcroît d'énergie qui favorise toutes les opérations de l'esprit : aussi est-il recherché des gens de lettres et des artistes.

(*) Tissot, en parlant du café, emploie ces expressions d'un homme de lettres : *Le café tue en caressant.* — Mme de Sévigné avait cru devoir prédire que *Racine passerait comme le café.* La nature et le bon goût ont donné de beaux démentis au médecin de Lausanne et à la muse du style épistolaire. Voltaire a vécu caressé par le café et la gloire; le café a triomphé comme Voltaire, qu'il avait inspiré tant de fois.

L'homme qui abuse est cacochyme à vingt ans ; il est vieux à
trente. — A soixante ans, l'homme sage et modéré jouit encore
des bienfaits de l'existence.

Secondez la marche de la nature ; aidez le développement de
ses plus précieuses facultés : qu'une nourriture saine et abondante, un exercice fort et soutenu, des jeux, des danses, des
courses à la campagne, facilitent le passage de l'enfance à la pu-
berté.

Dans les enfants, l'accroissement est le but exclusif de la nature : ce sont les organes de la nutrition, ce sont les voies digestives qui doivent occuper toute votre attention. C'est par des
toniques qu'il faut presque toujours augmenter l'action des glan-
des et des vaisseaux lymphatiques.

Le berceau de l'enfant réclame toute votre sollicitude ; mères,
rappelez-vous sans cesse que de votre conduite, de vos soins,
doit dépendre l'existence future de l'être à qui déjà vous avez
donné la vie.

Faites respirer un air pur à vos enfants ; ne les emprisonnez
pas dans des maillots étroits qui compriment si douloureusement leurs membres délicats. Craignez encore de procurer à
leurs organes un développement trop hâtif ; il produirait sur eux
l'effet que la sève opère sur les fleurs qui, naissant avant le
temps, ne sont qu'éphémères, inodores et décolorées.

Gardez-vous d'assujettir vos enfants à des études prématurées, et à des occupations trop sédentaires. La première étude
est d'assurer leur existence, la première occupation de fortifier
le physique. La santé est d'une nécessité absolue, le latin et le
grec ne sont que des nécessités relatives. Un peu moins de latin,
un peu moins de grec, mais un peu plus de santé.

Les sciences ne s'acquièrent qu'aux dépens de la santé. Ne
regardez donc pas comme accessoires les soins hygiéniques que
vous devez prendre pour les cultiver avec succès, et conserver
la santé, si nécessaire au bien-être de la vie (*). Sachez que l'édu-

---

(*) L'enfance, dit l'auteur de l'excellent ouvrage de l'*Essai sur l'emploi
du temps* (Jullien), n'est point, comme on l'a souvent répété, l'époque
la plus heureuse de la vie. Elle est exempte, il est vrai, des inquiétu-

cation physique influe sur l'éducation morale, que le travail
trop prolongé, les sévérités inutiles, les punitions révoltantes,
flétrissent pour toujours les enfants que vous rendez ineptes,
croyant en faire des savants.

L'instruction ne doit commencer qu'à huit ans : elle doit durer jusqu'à vingt : c'est alors que finit l'éducation des maîtres,
et que doit commencer l'éducation du monde. La violence que
la première fait subir à la nature, n'en triomphe jamais qu'im-
parfaitement.

Si la discipline austère paralyse, par la crainte et la terreur,
le développement de vos jeunes élèves; si vous accablez leur
adolescence de sévérités toujours renaissantes, vous verrez bientôt se faner les roses de leur teint. — Pour leur conserver une
santé forte, un esprit libre, l'humeur enjouée, toujours égale,
un heureux caractère, ne mettez pas en oubli nos principes hygiéniques sur l'éducation physique et morale des jeunes personnes : la santé est le premier des biens ; nous la préférons à
la beauté.

Les enfants n'ont ni passé ni avenir; mais, plus heureux que
nous, ils jouissent du présent. Ne pressez pas le développement
de leurs facultés intellectuelles, redoutez d'en faire des *prodiges* : les *phénomènes* de dix ans sont presque toujours des hommes médiocres à vingt, et des êtres stupides à quarante ans.

Ayez pour les vieillards les mêmes soins que pour l'enfant
lui-même ; prodiguez des égards, des attentions à la vieillesse
de celui qui a tout prodigué à votre enfance.

Les plantes ne croissent pas sous toutes les latitudes; le cas-

---

des, des embarras et des chagrins qui poursuivent l'homme dans les
autres périodes de l'existence; mais elle n'a une certaine conscience
d'elle-même que pour sentir sa dépendance et sa faiblesse; elle est
une sorte de végétation, et, pour ainsi dire, de vie passive et négative.
L'homme, en général, est beaucoup plus heureux dans l'âge mûr, car
alors nous pouvons jouir de l'entier développement de nos facultés :
nous avons par conséquent plus de moyens et d'instruments de conservation et de félicité. Mais la jeunesse paraît être évidemment l'époque
la plus favorable au bonheur. Le corps a plus de vigueur et de force ;
l'esprit plus de nerf et d'activité; l'âme plus de chaleur et d'énergie,
plus de générosité et de noblesse ; la vie enfin offre plus d'avenir et
d'espérance.

tor ne vit que dans les marais; l'isard sur les sommets escarpés;
l'homme seul se multiplie sous toutes les zones ; mais son tempérament change avec les lieux : pour certaines maladies, il
n'est qu'un seul remède, le changement de localité.

Dans les lieux élevés, l'âme a plus d'action et d'érergie, le
corps plus de force et plus d'élasticité. L'air vif et raréfié qu'on
respire sur les montagnes convient aux personnes robustes.

Vous, que l'amour de la science, le désir de raffermir une
santé chancelante , ou le besoin de sensations nouvelles amè-
nent sur les montagnes, hâtez-vous d'adopter les coutumes, et,
si vous le pouvez, les mœurs pures et patriarcales de ceux qui
les habitent.

On peut mépriser les conseils d'un homme; il ne faut jamais
dédaigner ce qu'a adopté une nation entière. Prenez le manteau
en Espagne, car il est vrai le proverbe qui dit : *les coups d'air en
tuent plus que les coups de canon.*

Le séjour des grandes villes, le spectacle des vices et des
passions attristent l'âme; la vie champêtre et le goût des jardins
contribuent beaucoup à la durée de notre existence. Un air pur,
une nourriture simple et frugale, les exercices du corps, l'ordre
dans toutes les actions, le spectacle de la nature, communiquent
à l'âme du repos, de la sérénité et de la gaîté.

En voulant donner à l'homme et à sa compagne une existence
immortelle, où les plaça le Créateur ? — Dans un jardin. Qui n'a
pas lu le délicieux épisode où Delille chante le bonheur du pai-
sible vieillard bornant son ambition aux murs de son enclos ?

Toujours à la campagne on est moins pauvre de temps et d'argent ; on y est plus riche par une vie active; on y économise
deux trésors qui, dans le sein des villes populeuses, s'écoulent
inaperçus.

L'homme n'a pas été créé pour méditer sans cesse, mais pour
travailler et agir. L'oisiveté le fatigue, l'inaction le rend .ma-
lade.

Une étroite sympathie existe entre le cerveau et l'estomac. Si
la tête est trop fortement occupée, les digestions deviennent laborieuses et pénibles : combien de gens qui, après leurs repas,

ne peuvent point se livrer à la lecture, même la plus superficielle! Malheur donc à celui qui ne veut plus exister que par la pensée, qui sacrifie tout aux travaux de l'esprit! Il court après la gloire, et, sans l'atteindre, souvent il perd la santé ; son corps s'use, son génie s'éteint. — A trente ans, Pascal croyait toujours voir un gouffre de feu sous ses pas.

(La suite au prochain numéro).

LA MUSIQUE POPULAIRE,
chorale, instrumentale, et religieuse.

Tel est le titre d'un Journal de Musique, paraissant le 1er de chaque mois, à Paris, chez l'éditeur *Lebeau* aîné, rue Ste-Anne, 4, par livraison de 16 pages grand in-8°. (Prix : 3 fr. par an pour toute la France et l'Algérie.) — Voici le Programme de cette utile publication, qui a commencé le 1er janvier dernier. Ce Programme est intitulé : *Notre but.*

« Dans notre siècle de progrès, où la musique tient une si large place dans les plaisirs publics, on a déjà essayé bien des fois de la populariser davantage encore et de la mettre à la portée de tout le monde ; mais ce qui a toujours jusqu'ici paralysé les généreux efforts que l'on a tentés, c'est que le prix du plus petit morceau de musique est généralement si élevé, que l'on hésite, par raison économique, à se former une bibliothèque musicale, comme on se forme une bibliothèque littéraire.

» La librairie a depuis quelque temps fait des prodiges en donnant pour une somme très-minime des publications splendidement illustrées : notre désir est d'arriver à opérer les mêmes prodiges pour la musique. Cette année nous plantons le premier jalon de l'économie, qui est loin d'être notre dernier mot sur cette question, surtout si notre but est bien compris et si nous sommes aidé par tous, comme nous osons l'espérer.

» Les sociétés chorales, ces institutions si intéressantes et si moralisatrices, se propagent par toute la France depuis quelques années, comme se répandent toutes les choses grandes et excellentes par elles-mêmes. Il n'est à présent ville, bourg ou village qui n'ait son orphéon.

» Les ressources de ces sociétés sont généralement fort restreintes, on ne saurait se le dissimuler. La faible cotisation qu'elles imposent à leurs membres suffit à peine à couvrir les dépenses les plus essentielles, aussi n'ont-elles à leur disposition que fort peu de morceaux de musique et de chant. C'est là un inconvénient grave pour la popularisation de ces institutions et qui nous a vivement frappé depuis longtemps.

» La pensée qui a présidé à notre publication est de mettre chaque société à même d'avoir sa bibliothèque musicale bien complète, sans pour cela qu'elle ait à augmenter dans une proportion notable le chiffre de son budget annuel.

» Chaque numéro de LA MUSIQUE POPULAIRE aura 16 pages d'impression, et contiendra, soit un *chœur général* pour grand concours, soit un *chœur à 3 ou 4 voix d'hommes,* soit un *morceau religieux.*

» Afin de donner à cette publication tout l'éclat désirable, nous nous sommes assuré la collaboration de nos meilleurs compositeurs; nous citerons parmi les principaux : MM. Ch. Gounod, Becker, P. Gautier (de Bordeaux), E. d'Ingrande, Lefébure-Wély, L. Liébé, Ad. Papin, Scard, Schneider, Georges Stern, etc., etc.

» Là ne se borne pas notre programme.

» Lorsque l'exécution d'un morceau nous a ravis, transportés, nous aimons à connaître l'homme qui a excité cet enthousiasme. Nous consacrerons donc des *biographies* détaillées aux compositeurs qui ont illustré l'art de la musique. Dès qu'un nom nouveau viendra se joindre à cette pléiade, nous étudierons l'homme et l'œuvre. Les *faits,* les *nouvelles,* les *concours d'orphéons* auront aussi une large part dans nos colonnes.

» En un mot, toute notre ambition tendra à nous montrer dignes du titre que nous avons donné à notre journal : LA MUSIQUE POPULAIRE. »

DE LA DOUCEUR CHEZ LES ENFANTS.

Le plus bel ornement du caractère d'un enfant, c'est la douceur. La douceur semble essentielle au caractère d'un enfant. Si elle lui manque, on a tout à craindre de lui pour l'avenir. Si le terrain neuf dont on espérait les plus douces fleurs ne produit déjà que de blessantes épines, qui ne le regardera comme un terrain maudit? Jamais enfant cruel ne devint homme compatissant.

Les parents et toutes les personnes chargées de l'éducation publique ou privée ne sauraient veiller trop scrupuleusement à ce que les enfants ne commettent aucun abus relativement aux animaux.

On doit empêcher les enfants de frapper un animal sans motif, de le frapper avec emportement, de le frapper pour exercer une aveugle vengeance. On doit plus fidèlement encore les empêcher de faire souffrir un animal en se jouant et par amusement. La cruauté froide ou accompagnée de gaîté est la pire des cruautés.

Un vieil auteur, grand observateur de la nature humaine, a écrit ces paroles :

« Je trouve que nos plus grands vices prennent leur pli dès notre plus tendre enfance, et que notre principal gouvernement est entre les mains des nourrices. C'est passe-temps aux mères de voir un enfant tordre le cou à un poulet et s'ébattre à blesser un chien et un chat. Ce sont pourtant les vraies semences et racines de la cruauté. Elles germent là et s'élèvent assez gaillardement. » (Montaigne.)

Non ! ne laissons point ces funestes habitudes prendre racine dans le cœur de l'enfant. Elles grandiraient avec lui et plus que lui ; et un jour elles résisteraient à nos efforts comme à ses propres efforts.

Il importe d'autant plus d'insister sur ce point, qu'en général la cruauté précoce que fait paraître un enfant à l'égard des animaux ne va point seule. Elle est, d'ordinaire, accompagnée d'autres vices, et annonce un cœur ou déjà corrompu ou bien près de l'être.

« Accoutumons l'enfance à traiter les animaux comme des êtres doués de sentiment et envers lesquels nous avons même des devoirs à remplir. » (Cousin-Despréaux). — (*)

(*) Extrait de : *Roi et non Tyran, ou ce que doit être l'homme dans ses relations avec les Animaux*; par G. C***. (In-18, 1862; à Paris, chez Jacques-Lecoffre, rue du Vieux-Colombier, 22.)

BULLETIN BIBLIOGRAPHIQUE.
Livres. — Musique. — Dessin. — Cartes. — Atlas.

> Il faut lire pour s'instruire, pour se corriger,
> pour se consoler, et pour s'amuser.
> (CHRISTINE DE PISAN.)

(SUITE. — *Voyez la dernière livraison, page 155.*)

76. Enseignement gradué de la Lecture. Nouvelle Méthode par *Lecoz*, Instituteur, Maître au Cours préparatoire du Lycée de Saint-Brieuc. (20 Tableaux : 1 fr. 60 c. — Livret contenant cette Méthode : 40 c.) Chez l'Auteur, au Lycée de Saint-Brieuc, et chez Guyon frères, libraires, rue Saint-Gilles, à Saint-Brieuc (Côtes-du-Nord).

77. Enseignement de l'Écriture, Méthode *Lecoz*. (Prix : 80 c., mêmes adresses.)

La Méthode de Lecture de M<r> Lecoz est très-bien conçue; elle repose sur des bases solides, et doit nécessairement produire d'excellents résultats. L'Auteur procède avec une sage gradation et beaucoup de logique; on s'aperçoit aisément que son ouvrage est le fruit d'une longue expérience.

Il en est de même de sa Méthode d'Écriture, qui est formée d'une suite de *transparents* (au nombre de 34). Cette Méthode est tellement simple, facile et graduée, que l'Auteur la destine avec raison aux très-jeunes enfants, de 6 à 7 ans.

78. Moyen infaillible de ne plus se tromper dans la Conjugaison des Verbes français, par *P.-A. Levavasseur*, Officier d'Académie, ancien Professeur de Langues, ancien Maître de Pension. (2 brochures in-8°. — Prix ensemble : 1 fr. 25 c. — Chez l'Auteur, à Étrépagny (Eure).

Le titre de cet ouvrage est bien séduisant, et beaucoup de personnes seraient fort heureuses si, en effet, ce *moyen* était aussi facile à pratiquer, et surtout à retenir, qu'il est réellement *infaillible.*

Cet ouvrage se compose de deux brochures, destinées à être employées simultanément, ce qui n'est pas très-commode. Ainsi, pour conjuguer un verbe, il faut recourir aux deux brochures à la fois, l'une contenant les *radicaux*, et l'autre les *terminaisons*. — On conçoit dès lors que la mémoire doit avoir peu de prise sur un tel procédé, qui renferme d'ailleurs une masse considérable de détails, puisque 76 pages in-8° sont nécessaires pour les exposer.

Néanmoins, nous recommandons cet ouvrage aux professeurs,

parce qu'il est le résultat d'*analyses* très-bien faites, et qu'il contient une foule de *faits* intéressants à connaître. Quand on est professeur, il est bon d'étudier toutes les manières d'envisager une question, et la Conjugaison offre assez de difficultés pour qu'on s'en donne la peine.

79. Contes du Petit-Château, par *Jean Macé*. (Grand in-8°, avec illustrations, 1862; à Paris, chez Hetzel, rue Jacob, 18, et chez Firmin Didot et fils, rue Jacob, 56.) — Prix : 10 fr.

80. Théâtre du Petit-Château, par *Jean Macé*. (Grand in-8°, avec illustrations, 1862; à Paris, mêmes adresses.) — Prix : 10 fr.

Le nom de Mr Macé est déjà connu de nos lecteurs ; l'*Histoire d'une Bouchée de pain* leur a appris tout le charme qu'un esprit d'élite comme le sien peut mettre dans un sujet qu'on serait assez généralement disposé à traiter de vulgaire et d'ingrat. Les *Contes* et le *Théâtre* que nous annonçons sont destinés aux enfants et font partie de la *Bibliothèque illustrée des Familles* que publie la librairie Hetzel, et qui compte déjà plusieurs ouvrages charmants et justement appréciés du public, et surtout des familles.

81. Atlas sphéroïdal et universel de Géographie, dressé à l'aide des documents officiels publiés récemment en France et à l'étranger, par *M. F. A. Garnier*, Membre de la Société de Géographie, etc. (Un vol. in-f°, format demi-colombier, composé de 60 planches gravées sur acier, coloriées avec une parfaite exactitude, et accompagné d'un texte descriptif; à Paris, chez Mme Ve Jules Renouard, rue de Tournon, 6.) — Prix : 120 fr. Belle demi-reliure chagrin.

Cet Atlas peut être qualifié à juste titre de *magnifique* sous tous les rapports : rédaction, gravure, papier, coloriage, soins de toute espèce, rien n'a été négligé pour arriver à un degré supérieur d'exécution. L'Auteur a travaillé à son ouvrage pendant de longues années, aussi a-t-il mérité les suffrages des savants les plus distingués.

82. Cartes des Départements de la France, destinées au premier enseignement de la Géographie, accompagnées d'un Texte, par *A. Le Béalle*, Professeur au Collége Rollin. (Chaque livraison in-4° forme un département complet et comprend : 1° une Carte coloriée, avec texte et liste des communes en regard ; 2° une Carte-esquisse imprimée en teinte de crayon pour être repassée à la plume par les élèves. — A Paris, chez Paul Dupont, rue de Grenelle-Saint-Honoré, 45.) — Prix de chaque livraison : 20 centimes. Les Cartes-esquisses se vendent séparément 3 francs le cent.

(La suite au prochain numéro.)

CONNAISSANCES DIVERSES.
MÉLANGES INSTRUCTIFS ET AMUSANTS.

DES FEMMES, MEMBRES DE SOCIÉTÉS SAVANTES.

L'usage d'admettre les femmes parmi les sociétés savantes n'est pas aussi nouveau qu'on pourrait le croire. La Société d'Acclimatation, entre autres, les admet sans difficulté. et s'honore d'en compter de fort distinguées dans ses rangs : la princesse Bacciochi, entre autres, et la comtesse de Corneillan, la digne petite nièce de Philippe de Girard, dont les inventions en industrie séricicole viennent d'être distinguées à Londres par une médaille.

La Société de Géographie a été fière d'inscrire le nom d'Ida Pfeiffer sur ses listes.

L'Académie des Jeux floraux de Toulouse, fondée il y a quatre siècles par une femme restée célèbre, Clémence Isaure. accorde le titre fort recherché de *mainteneur* ou membre titulaire à tout écrivain, homme ou femme, qui a remporté le nombre de prix voulu; et un vice-président de la Société d'Économie politique elle-même, qui a conquis, il y a une trentaine d'années, par de brillants travaux littéraires, cette dignité de *mainteneur*, l'a partagée sans embarras avec plusieurs femmes fort distinguées, Madᵉ Amable Tastu notamment.

En y pensant bien, nous avons reconnu nous-même parmi nos collègues d'une Académie de province une femme poète de mérite, Mˡˡᵉ Pauline Flangergues; et cet exemple d'intelligente confraternité n'est pas rare dans les départements, surtout dans le Midi.

Dans le dernier des remarquables articles sur la condition des femmes, publiés dans le *Journal des Débats* par M. Baudrillart, nous lisons cette curieuse citation empruntée à Rossi :

« J'ai siégé comme étudiant sur les bancs d'une université (en Italie) avec des femmes qui étudiaient le Droit et la Médecine; j'ai été fait docteur en Droit la même année qu'une fort belle dame qui recevait le même grade; j'ai suivi un cours de Littérature grecque fait dans la même université par une dame dont l'enseignement était non-seulement très-bon, mais plein d'esprit et de grâce; je crois même qu'elle vivait encore lorsque je fus nommé professeur à la même université et que j'eus ainsi l'honneur d'être son collègue. »

En Allemagne, comme en Italie, en Russie même, ainsi que nous l'apprend Mad^e Swetchine dans ses *Souvenirs*, les femmes participent à la vie littéraire et scientifique des Académies. En Angleterre, l'idée de les exclure ne viendrait pas même à la pensée; on croirait reculer de la civilisation vers la sauvagerie. La Hollande vient d'inscrire une académicienne.

Il est fort douteux que la loi salique soit bonne dans l'ordre politique; elle serait assurément une faute dans les arts, les lettres, les sciences, l'éducation, l'industrie, dans les carrières pacifiques où sont en jeu l'esprit, le cœur, la main. Mad^e de Sévigné et Mad^e de Staël eussent été dignes d'un fauteuil à l'Académie française, et Mad^e de Mirbel n'eût pas déparé l'Académie des Beaux-Arts, où Mlle Rosa Bonheur figurerait avec un éclat incontesté. Si les Académies sont enchaînées dans leurs hommages au sexe féminin par des règlements officiels, il n'en est pas de même des Sociétés moins immortelles qui se font à elles-mêmes leurs propres statuts.

Nous avons en France de singulières distractions. Croirait-on, à moins de l'avoir vérifié, que les ordonnateurs de la cour du Carrousel n'ont jugé aucune femme, pas même la reine Blanche ou l'héroïque Jeanne d'Arc, digne de figurer dans ce cortége de Français illustres dont les statues décorent les façades intérieures du Louvre? Il paraît qu'aux yeux de ces architectes mâles les femmes n'ont droit ni à la gloire ni à la reconnaisance : elles ont eu tort d'honorer leur siècle et de sauver leur patrie ! — (*)

━━━━━◆━━━━━

DES FEMMES, REÇUES BACHELIÈRES.

Après les femmes, membres de Sociétés savantes, il est à propos de parler des femmes qui ont obtenu le titre de *Bachelières ès-Lettres*, et celui de *Bachelières ès-Sciences*.

(*) Extrait de l'*Économiste français*, Journal paraissant deux fois par mois, sous la direction de Mr JULES DUVAL, à Paris.

Mlle Emma Chenu a subi, avec succès, il y a deux mois, les épreuves du baccalauréat ès-Sciences, devant la Faculté de Paris. C'est la première fois que le fait se présente dans la Capitale. Mais déjà, il y a quelques années, Mlle Daubié avait reçu, après examen, le titre de Bachelier ès-Lettres des mains de la Faculté de Lyon.

Cependant l'épreuve à la Sorbonne avait quelque chose de plus redoutable, puisque dans le public assemblé on ne comptait aucune femme. Mlle Emma Chenu a passé un brillant examen ; son émotion était vive, mais elle a été soutenue et encouragée par l'attitude de toute la jeunesse des Écoles. Les applaudissements ont éclaté au moment où l'on proclamait l'admission des nouveaux bacheliers, et Mr Milne-Edwards a voulu féliciter personnellement Mlle Emma Chenu de ses efforts et de son succès.

REMARQUES SINGULIÈRES SUR LES CHIFFRES QUI EXPRIMENT L'ANNÉE 1863.

Un calculateur a fait sur l'année 1863 les remarques suivantes, en raison desquelles il propose de la nommer *l'année des 9*.

En effet, si l'on additionne les deux premiers chiffres 1 et 8, on a le total 9 ; on obtient le même total par l'addition des deux derniers, 6 et 3.

Si, après avoir placé les deux chiffres 1 et 8 sous 6 et 3, on additionne, le total est 81, dont la réunion des deux chiffres produit 9 ; puis, si l'on soustrait 18 de 63, il reste 45, dont les deux chiffres réunis donnent 9 ; de plus, en divisant 63 par 18, on a pour quotient 3, et pour reste 9.

Maintenant, si l'on multiplie les quatre chiffres 1-8-6-3, les uns par les autres, on a pour résultat 144, dont l'addition des trois chiffres donne 9 ; si, au contraire, on additionne les quatre chiffres 1-8-6-3, on a pour total 18, dont les deux chiffres additionnés produisent 9 ; ensuite, si l'on divise 1863 par 9, on a pour quotient 207, dont la réunion des trois chiffres donne 9.

(Extrait du *Moniteur de la Jeunesse*.) — (*)

(*) *Le Moniteur de la Jeunesse, Journal de la Famille, illustré*, paraît tous les mois par livraison de 32 pages grand in-8°. — Prix par an : 8 francs. (Bureaux : à Paris, rue de Seine, 51.) — Le Rédacteur en chef est Mr Jos. Bertal.

MON FILS EST LA.

LE VOYAGEUR.

Dans cette riante prairie,
Auprès de ce tertre de fleurs,
Quelle est cette femme jolie,
Dont les yeux sont mouillés de pleurs ?
« De tes douleurs quelle est la cause ? »

LA MÈRE.

« Mes pleurs, rien ne les tarira !
Tu vois ce tertre que j'arrose...
      Mon fils est là !

» Cette rose qui, d'elle-même,
Vient de naître sur un tombeau,
Me retrace ce fils que j'aime ;
Vois, hélas ! comme il était beau !
Cette fraîcheur, c'était la sienne ;
Son teint si vermeil, le voilà ;
Ce parfum, c'est sa douce haleine...
      Mon fils est là !

» Que la fortune moins jalouse,
Jeune étranger, comble tes vœux !
Que le sort te donne une épouse,
Et que ton fils ferme tes yeux !
Moi, cette fleur que je protége
Chaque matin me reverra.
En d'autres lieux que deviendrais-je ?...
      Mon fils est là ! »

Le voyageur, vers l'autre année,
Revint comme un ancien ami.
La rose, hélas ! était fanée...
Le tertre s'était agrandi...
Lors, s'informant de l'étrangère,
Le pasteur qu'il interrogea
Lui dit en lui montrant la terre :
      « Tous deux sont là ! »

(Eugène Scribe.)

JUSQU'OU PEUT ALLER LA BIBLIOMANIE.

A aucune époque, le thermomètre de la bibliomanie ne s'était élevé au degré qu'il a atteint aujourd'hui. Une vente publique qui vient d'avoir lieu à Paris, celle de M. H. de Ch...., en a offert des exemples frappants. Les amateurs se disputaient avec acharnement les livres rares et précieux qui étaient offerts au feu des enchères ; des volumes imprimés au seizième siècle se payaient de 400 à 900 fr. Il va sans dire d'ailleurs qu'il ne s'agissait que d'ouvrages d'une rareté bien constatée et d'exemplaires revêtus de somptueuses reliures.

Nous ne mentionnerons qu'un seul exemple de ces adjudications qui paraissent, aux profanes, excessives et un peu folles. Vers 1560, vivait à Toulouse une dame dont la beauté était célèbre dans toute la France ; elle fut nommée la *Belle Paule*, et les chroniqueurs racontent à son égard des circonstances plus ou moins apocryphes : on prétend que les Capitouls rendirent une ordonnance qui lui enjoignit de se tenir chaque semaine une heure à sa fenêtre afin que le peuple, avide de voir cette merveille, pût la regarder tout à son aise. Ajoutons d'ailleurs que Paule, mariée à un gentilhomme, était aussi vertueuse que belle.

Un Toulousain, Gabriel de Minat, voulut faire connaître à la postérité toutes les perfections physiques et morales d'une personne aussi accomplie ; il composa un livre qu'il intitula la *Paulegraphie*, et qui fut imprimé en 1587. Rempli de détails naïfs et singuliers, ce volume, unique en son genre, est devenu presque introuvable ; il vient d'être payé 845 francs.

Ce que les amateurs ambitionnent le plus, ce qui est l'objet d'une concurrence exaltée, c'est la possession de quelques-unes des éditions originales des divers livres qui composent le roman satirique de maître François Rabelais. Il est vrai qu'en général on ne connaît qu'un ou deux exemplaires de ces livrets qui remontent à près de trois siècles et demi et dont la destruction a été si facile. Un mince volume en ce genre a été, l'an dernier, adjugé *à deux mille cent vingt francs*.

En Angleterre, l'émulation est tout aussi vive. On ne devinerait pas à quel prix a été porté un morceau de parchemin, un contrat hypothécaire au bas duquel se lisait le nom de Shakespeare ; et l'on ne connaît, en fait d'autographe du grand poète, que deux signatures authentiques. Le document dont il s'agit, vivement disputé, est resté au pouvoir des administrateurs du Musée britannique; mais il leur coûte 345 livres sterling (7,875 francs) : c'est un peu plus de *sept cent dix francs* pour chacune des lettres qui forment le nom de l'auteur de *Roméo et Juliette.*

(***)

DE LA POLITESSE.

La société est une sorte de bal masqué. Quel que soit, d'ailleurs·, le déguisement de chacun, il est expressément convenu qu'il n'y aura qu'un même masque pour tous, celui de la politesse.

La politesse s'apprend par l'usage du monde. Elle diffère en cela de la grâce, de l'esprit, du goût, du génie, de certaines vertus sociales que nous apportons en naissant, et que le temps, les circonstances développent en nous. L'usage du monde fait sur notre langue, sur nos habitudes, sur nos manières, ce que le rabot et la lime font sur le bois et sur les métaux : il les polit ; aussi le mot *politesse* dérive-t-il du mot *polir*, qui a un sens propre et un sens figuré.

Agir et parler de manière à satisfaire l'amour-propre de tout le monde, avoir une prévenance affable pour ses égaux, n'être ni trop humble ni trop familier avec ses supérieurs, ne pas tenir ses inférieurs à une distance de soi trop marquée ; en un mot, observer scrupuleusement les bienséances, voilà en quoi consiste la politesse.

La politesse est un frein qui comprime nos défauts, un vernis qui fait ressortir nos bonnes qualités.

C'est un malheur que de n'être pas humain, généreux, compatissant ; c'est un tort que de n'être pas poli.

L'homme poli peut n'avoir aucune vertu; mais il a du moins l'avantage que la politesse lui donne l'extérieur de toutes.

La politesse varie suivant le pays, les coutumes; mais nulle part il n'est permis d'être grossier.

La politesse attire et séduit; la grossièreté repousse et révolte.

Un homme poli fait ornement dans une société, un homme grossier y fait tache. (Vigée.)

DISTINCTION ENTRE LA POLITESSE ET LA CIVILITÉ.

On a établi une distinction entre la *politesse* et la *civilité*; c'est qu'en effet un homme poli est toujours civil, et qu'un homme civil n'est pas toujours poli.

La politesse est dans l'esprit et dans le caractère; elle est le fruit d'une bonne éducation, d'un commerce habituel avec des gens bien élevés. La civilité n'est que dans le maintien, dans le témoignage extérieur de certaine déférence, de certains égards que l'on croit devoir aux autres, et surtout à ceux que l'on regarde comme au-dessus de soi. La politesse n'est jamais cérémonieuse; la civilité, au contraire, l'est toujours. La politesse a un langage fin, délicat, mesuré; la civilité ne sait pas le point où elle doit s'arrêter. La politesse est toujours simple, aisée, noble et franche dans ses manières; la civilité est toujours apprêtée, gauche, commune et fausse dans les siennes. Un homme poli nous met à notre aise, un homme civil nous gêne et nous fatigue. Un homme désintéressé est poli, un homme intéressé est civil. Un maître est poli avec ses domestiques, et ses domestiques sont civils avec lui.

(Vigée. — (*)

⸻ ◦ ⸻

LA FORTUNE ET LE MÉRITE.

Sur le chemin de la Fortune,
Le Mérite un jour se trouva :
« Mon cher, dit-elle, vous voilà?
Ah! quelle rencontre opportune!
Sur mon honneur, depuis longtemps
Je vous cherche sans cesse. — Et moi, je vous attends. »

(Du Tramblay.)

⸻ ◦ ⸻

PENSÉE.

Qu'importe, lorsqu'on dort dans la nuit du tombeau,
D'avoir porté le sceptre ou traîné le râteau?
De l'esclave et du roi la poussière est la même,
On n'y distingue pas l'orgueil du diadème.

(Thomas.)

(*) Ces deux articles sont extraits de *L'École Normale,* Journal publié à Paris, par Mr P. LAROUSSE.

LE DOUTE.

Où va l'homme ? où court-il ? où veut-il s'engloutir ?
Quel foudre va tonner ? quelle voix retentir ?...
O désordre ! ô clémence ! aveuglement étrange !
De tous les maux ensemble, ô bizarre mélange !
O siècle agonisant qui, sur ton lit de mort,
Pousses des cris de haine et pas un de remord !
Hélas ! où sont ces temps où, dans chaque famille,
Humble et pure, la foi dès le berceau naissait,
Où le cœur du jeune homme et de la jeune fille,
Religieux, sous l'œil paternel grandissait ?
Où, sans vouloir sonder ce que Dieu couvrit d'ombre,
D'une simple croyance on se laissait charmer,
Où l'âme préférait le jour à la nuit sombre,
Où l'on ne voulait pas de raisons pour aimer ?
Où les hommes vivaient heureux de leur fortune,
Où maîtres et servants ensemble moissonnaient,
Où, le soir, la prière à tous était commune,
Où dans un même amour tous les cœurs s'endormaient ?
Les siècles ont passé : — le doute, l'affreux doute
S'est doucement glissé, serpent, dans les esprits ;
Seul, errant, incertain, l'homme a perdu sa route,
Et la voûte des cieux tremble encor de ses cris.
Il a voulu savoir : dans les ombres funèbres
Son esprit a plongé sans jamais être las,
Et, comme pour ses yeux tout n'était que ténèbres,
Orgueilleux ! il a dit que cela n'était pas !
Que cela n'était pas ?... Mais quoi donc ! la nature,
Homme, n'est-elle plus toujours bonne pour toi ?
Ce Dieu n'est-il donc plus le Dieu de l'Écriture,
Le Dieu saint qui dicta la douce et pure loi ?
Ses dons sont-ils changés ? sa charité puissante
N'épanche-t-elle plus sur toi vie et bonheur ?
Et ne donne-t-il plus de sa main caressante
Et son fruit à ta bouche, et son livre à ton cœur ?
Pour toi, mauvais enfant, toujours bon, toujours père,
Il offre à tes désirs l'éternelle beauté,
Au crime le pardon, aux larmes la prière,
A l'âme la science et l'immortalité ;
Ingrat ! et quand ta voix lui jette l'anathème,
Ton Dieu partout, dans tout, te crie encor : Je t'aime !

(P.-Jules Barbier.)

SUPÉRIORITÉ DE L'HOMME DES CHAMPS.

L'ouvrier des champs grandit où il est né. Les sentiments et les habitudes de famille, de voisinage, de parenté, de pays, lui forment une atmosphère d'affections innées, cruelles à rompre, lentes à réformer. Il n'est pas contraint de se séquestrer de la nature physique, ce milieu nécessaire à l'homme pour que l'homme soit sain et complet. Il a le ciel sur sa tête, le sol sous ses pieds, le soleil devant les yeux, l'air dans la poitrine, l'horizon vaste et libre devant ses regards, le spectacle perpétuellement nouveau du firmament, de la terre, du jour, de la nuit, des saisons, qui entretiennent sans paroles, mais sans lassitude, les sens, le cœur, l'esprit de l'homme de la campagne. Ses travaux sont rudes, mais ils sont variés, ils comportent mille applications diverses de la pensée, mille attitudes différentes du corps, mille emplois des heures et des bras ; ce sont là autant de travaux qui, en diversifiant le travail de l'ouvrier de la campagne, le lui font aimer, et changent la peine en intérêt et souvent en attachement passionné à l'œuvre. — Presque tous ses travaux s'accomplissent en plein air et en plein jour, santé et gaîté de l'homme ; l'homme n'y est point machine, il y est homme ; il y place son émulation, son orgueil, son adresse, sa force, son habileté ; il y est actif et assidu ; mais il n'y est pas esclave. Il se sent libre, et il se déplace à son gré dans le vaste atelier rural ouvert à ses pas ; il y devient robuste, il y reste sain ; sans cesse aux prises avec les forces de la nature, il y exerce les siennes ; il a la fierté et le courage de sa liberté ; il est propre à tout. Quand il a grandi dans cette forte discipline des travaux champêtres, il est aussi propre à défendre son pays qu'à le fertiliser. Une empreinte de santé, de vigueur, de franchise, de liberté et de fierté modeste civilise ses traits. Il regarde en face, il marche droit, il parle haut, il respire à pleine poitrine ; il ne craint et il n'envie personne. Placez à côté l'un de l'autre un habitant des villes et un habitant des campagnes du même âge, et comparez l'homme à l'homme.

(Lamartine.)

QUEL MOTIF VOUS AMÈNE A PARIS ?

..... Quel motif ? — Le même tous les ans :
Paris est une foire aux tréteaux amusants ;
La pièce qu'on y joue, arlequinade immense,
Quand on la croit finie, aussitôt recommence ;
Et, pour nous égayer, chez les Parisiens,
Les paillasses nouveaux valent bien les anciens....
Paris fait mon bonheur !.... Ici, joyeux spectacle,
Un sot, par de plus sots, est pris pour un oracle ;
Un fripon maladroit s'en va, l'esprit perdu,
Donner dans le filet que lui-même a tendu ;
Là, certain coulissier tout un jour fait merveille,
Plus gueux le lendemain qu'il ne l'était la veille ;
Plus loin, c'est un lion, gentleman sans rival,
Jeûnant pour acheter du foin à son cheval ;
Là-bas, un intrigant, constamment sur ses gardes,
Qui, par prudence, en poche a toujours deux cocardes....
Rien n'est désopilant comme de voir de près
Les lauriers de hasard, les blasons peints de frais,
Le char d'un parvenu, qui bruyamment circule,
Et la mode servant d'excuse au ridicule.....
Or, tous les douze mois, régulièrement,
Je me donne à plein cœur ce divertissement.

(Hippolyte Minier, — de Bordeaux.) — (*)

LE TORRENT ET LE RUISSEAU.

Un torrent furieux, dans sa course rapide,
    Insultait un ruisseau timide
    Dont l'onde arrosait un verger.
« Va, lui dit le ruisseau, sois fier de l'avantage
D'offrir à chaque pas quelque nouveau danger.
Je serais bien fâché d'avoir pour mon partage
    L'honneur cruel que tu poursuis :
    Tu t'annonces par le ravage,
    Moi, par les biens que je produis. »

(Richaud-Martelli.)

(*) Extrait de sa comédie : *Jérôme Cassolard*, jouée à Bordeaux pour la première fois, le 29 avril dernier, avec un plein succès, qui s'est soutenu depuis.

ESPRIT ET BON SENS,
ou Recueil de Pensées, Maximes, Réflexions sur divers sujets,
Extraites de différents auteurs.

(SUITE. — *Voyez la dernière livraison, page 167.*)

208. Une faute est toujours une faute, quelle qu'en soit la cause.

209. Lorsqu'on unit à une imagination vive un esprit juste et la force de méditer, on a tous les éléments du génie.

210. L'homme est un animal intelligent, mais il n'est pas toujours un animal raisonnable.

211. Le bonheur et le malheur des hommes ne dépendent pas moins de leur humeur que de la fortune.

212. Le temps ou un peu d'eau efface les taches du corps; mais ni le temps ni l'eau d'aucun fleuve ne peuvent enlever les taches de l'âme.

213. On est charmée lorsqu'on entend faire l'éloge de son mari, et fière quand on entend faire celui de ses enfants.

214. Tu me parles de *la gloire* qui doit être le but constant de mes travaux, et de *la postérité* qui me jugera mieux un jour. Mais, mon cher ami, qu'importe la postérité si je meurs même pendant ma vie !... La gloire après la mort n'est qu'un vain mot. Elle serait quelque chose si elle pouvait nous dédommager des maux que nous avons soufferts pour elle.

(Félicien David. — *Fragment d'une lettre.*)

215. Un homme de lettres menait de front un poëme et un procès duquel dépendait sa fortune. Il négligeait le premier au profit du second. Comme on lui reprochait de sacrifier la gloire à la fortune : — C'est fort bien, répondit-il, mais avant de songer à devenir immortel, je veux songer à vivre.

(*Moniteur de la Jeunesse.*)

216. Il ne faut pas que le respect dû aux grands génies d'une autre époque fasse complètement oublier ceux qui ne demandent qu'à vivre.

217. Le bien qu'on a fait la veille fait le bonheur du lendemain.

218. Il est plus aisé de réprimer la première fantaisie que de satisfaire toutes celles qui viennent ensuite.

219. Il en est des vices comme des maladies; ils se gagnent par la fréquentation.

220. On paie cher le soir les folies du matin.

221. Il faut tourner longtemps autour de l'homme avant que d'en trouver le bon côté.

222. Si l'on ne disait que des choses utiles, il règnerait un grand silence dans le monde.

223. Nous avons des maîtres qui nous apprennent à parler, et nous n'en avons point qui nous enseignent à nous taire.

224. On pardonne facilement aux autres, quand on ne se pardonne rien à soi-même.

225. Les maladies sont les leçons de la mort.

226. La tranquillité de l'âme est la meilleure marque de la santé. — (*).

227. Beaucoup de choses manquent à la pauvreté; toutes, à l'avarice.

228. Tous les animaux et tous les végétaux qui ont existé depuis la création du monde, ont tiré successivement de la surface du globe terrestre la matière de leurs corps, et lui ont rendu, à la mort, ce qu'ils en avaient emprunté.

229. « Le corps, né de la poudre, à la poudre est rendu. »

230. Rien ne se perd dans la nature, tout se transforme.

231. Le dépôt de la tradition se compose de souvenirs que le temps a altérés, et de fictions que l'imagination a créées.

232. Parmi les différentes expressions qui peuvent rendre une pensée, il n'y en a qu'une qui soit la bonne; on la rencontre rarement, quoiqu'elle soit presque toujours la plus simple et la plus naturelle.

233. Le style frivole a depuis longtemps atteint parmi nous sa perfection. (J. Joubert.)

234. Il y a des sottises bien habillées, comme il y a des sots bien vêtus. (Chamfort.)

(La suite au prochain numéro.)

(*) Les Maximes (depuis 221 jusqu'à 226) sont d'un chartreux de Gaillon, près de Rouen : Dom *d'Argonne*. Elles furent imprimées en 1691, à Rome, dans un livre qui a pour titre : *De l'Education : Maximes et Réflexions de Mr de Moncade*. — Ce livre est assez rare.

JOURNAL D'ÉDUCATION

PHYSIQUE, MORALE, ET INTELLECTUELLE.

14ᵐᵉ année. — Nᵒ 9. — Juillet 1863.

1ʳᵉ PARTIE,
POUR LES PARENTS ET LES PROFESSEURS.

PÉDAGOGIE (OU SCIENCE DE L'ÉDUCATION.)
DIDACTIQUE (OU ART D'ENSEIGNER.)

GUIDE MÉDICAL DES MÈRES DE FAMILLE,
PAR LE DOCTEUR ADET DE ROSEVILLE.

(Un vol. in-12; à Paris, chez Asselin. — Prix : 3 fr. 50.)

Voici un livre que nous recommandons avec confiance aux Mères de famille; il traite un sujet qui ne peut que les intéresser, et le mérite de l'Auteur est une garantie pour elles. — Voici l'Introduction de l'ouvrage, qui donnera une idée du *plan* qu'a suivi l'Auteur :

« Si l'on se pénètre profondément de cette vérité que l'enfant, en venant au monde, ne présente encore qu'une bien faible ébauche de cette admirable organisation qui élève l'homme au premier degré de l'échelle des êtres répandus sur le globe, on comprendra facilement comment, pendant un certain laps de temps, il trouve dans tout ce qui l'entoure tant de causes si puissantes de maladie : parmi ces dernières, les unes sont graves dès leur début, les autres sont légères en apparence, mais aussi sont d'autant plus redoutables, que la bénignité de leurs premiers symptômes, en laissant dans une sécurité parfaite les personnes étrangères à l'art de guérir, leur en impose longtemps sur les terribles accidents dont elles doivent presque toujours craindre l'apparition.

La période qui s'étend de la naissance à l'entier accomplissement de la première dentition, est l'époque de la vie la plus difficile à franchir, et par conséquent celle où les attentions les plus minutieuses et les soins les mieux entendus sont de la plus grande importance : combien d'enfants, en effet, ne succombent que par suite de l'impéritie des personnes qui se sont chargées de veiller sur eux ! combien en est-il aussi dont l'existence, à peine commencée, est tranchée par les sots préjugés de quelques prétentieux ignorants qui, se croyant la science infuse, veulent toujours faire prédominer leur prétendue expérience par des conseils aussi ridicules que funestes.

D'un autre côté, la tendresse maternelle n'a-t-elle pas, dans quelques cas, elle-même, ses fâcheuses conséquences, lorsque sa sollicitude, poussée au-delà de toute borne et oublieuse de ce vieux dicton bien juste, que *le mieux est l'ennemi du bien*, devient, par des précautions trop fréquemment multipliées et mal entendues, une cause de fatigue ou de tourment pour l'objet de sa plus chère affection ? Enfin, cette tendresse portée jusqu'à la plus regrettable faiblesse, n'a-t-elle pas encore des conséquences plus fâcheuses, lorsque quelquefois elle fait commettre à la mère les plus graves imprudences, en l'entraînant à céder à tous les caprices de son élève.

Tant de faits de cette nature se sont présentés à notre observation, qu'ils nous ont suggéré la pensée du petit ouvrage que nous publions aujourd'hui. En effet, mettre sous les yeux d'une bonne mère de famille les nombreux écueils au milieu desquels sa prévoyance peut venir échouer, et lui indiquer les moyens de les éviter, était un devoir à remplir, un complément à ajouter à la liste des ouvrages utiles.

Pour atteindre ce but, il fallait avant tout être simple, clair, intelligible pour tous, en un mot, se renfermer dans les bornes étroites d'un traité très-élémentaire, dépouillé de tout terme technique, de toute citation érudite, de toute réflexion savante, et, par conséquent, faire une complète abnégation de cet amour-propre d'auteur qui pousse tout écrivain à s'efforcer de faire sortir de sa plume des pages remarquables par la richesse de sa science et l'élégance de son style : certes, c'est là une gloire dont personne ne contestera la jouissance ; mais aussi, il y a bien un certain bonheur à dépenser dans l'intérêt de la société tout entière le produit longuement amassé de ses études et de ses veilles.

On nous reprochera peut-être de nous être trop souvent répété ; mais pouvions-nous faire autrement ? Nous nous adressons à des lecteurs qui non-seulement n'ont pas les moindres notions en Médecine, mais dont le plus grand nombre encore ne comprend même pas nos expressions médicales : dès lors, toutes les fois que nous n'avons pas pu nous dispenser de nous en servir, nous avons cru bien faire en mettant à côté de chacune d'elles les termes vulgairement employés pour désigner les mêmes choses, et en les répétant aussi souvent que nous l'avons fait, nous avons été guidé par cette pensée que, pour épargner de fatigantes recherches à bien des personnes qui ne savent pas les faire, ce qui abonde ne vicie pas.

. . . .

Dans notre premier chapitre, consacré à l'*Hygiène du jeune âge*, nous avons exposé brièvement les principales précautions dont on doit entourer l'enfant, et qu'on ne doit jamais négliger pour le mettre, autant que possible, à l'abri des fâcheuses influences qui menacent continuellement sa santé et sa vie : car il ne faut pas oublier que s'il est heureux de guérir un malade, prévenir la maladie est une chose bien plus heureuse encore.

Dans le second chapitre, après avoir décrit de la manière la plus détaillée les causes, les symptômes et la marche de chaque maladie, nous en avons fait ressortir le côté grave, et sous le titre de *Médication maternelle*, nous avons indiqué les remèdes qu'une mère peut administrer avec la certitude de soulager son malade, sans craindre de dépasser les bornes dans lesquelles une sage prudence doit sans cesse la renfermer, et nous avons eu le soin de toujours lui marquer le moment où elle doit absolument appeler l'homme de l'art à son aide.

Enfin, dans le troisième chapitre, sous le titre de *Petit Formulaire maternel*, nous avons donné un recueil, aussi complet que possible, des diverses préparations dont l'exécution concerne les personnes chargées du soin des malades ; car il n'est que trop vrai que beaucoup d'entre elles ignorent même comment se fait une tisane, de quelle manière se donne un bain de pieds, ou comment se pose un sinapisme.

Les médecins, hâtons-nous de le dire, ne trouveront rien dans ce livre qui puisse les intéresser ; ils savent tous, en effet, au moins aussi bien que nous, ce que nous y enseignons ; mais en revanche nous espérons que les gens du monde pourront y puiser des connaissances dont ils nous sauront peut-être gré quelquefois dans le cours de leur existence, et si nous sommes assez heureux pour que nos enseignements les préservent de quelqu'un de ces affreux chagrins qui font le malheur de toute la vie, ce sera la plus douce récompense à laquelle nous puissions aspirer. »

COMMENT ON DEVRAIT ENSEIGNER L'ARITHMÉTIQUE AUX ENFANTS,
à propos d'un nouveau livre de M' Jean Macé.

Il est une triste vérité : c'est que le premier enseignement de l'Arithmétique, (comme le premier enseignement de la Grammaire), est peu conforme à la nature même de l'intelligence des enfants. On procède presque toujours par abstraction et d'une manière empirique ; on oublie que l'esprit a besoin de connaître une foule de faits identiques ou analogues avant d'en déduire une conséquence, c'est-à-dire une règle. — Le professeur se trompe gravement quand il croit que l'enfant peut comprendre à priori une *formule* qui exprime un principe. Toute formule suppose l'exposé préalable des faits qu'elle résume. — (*)

Des hommes d'un vrai mérite et animés surtout d'un amour réel pour l'enfance, ont cherché à réformer un enseignement aussi défectueux, aussi illogique. Les ouvrages de Pestalozzi, de Condorcet, de Clairaut, de Lemare, de Rivail, et de plusieurs autres, sont connus des professeurs zélés qui, pénétrés de leurs devoirs, étudient sans cesse et cherchent les meilleures méthodes d'enseignement. Mais combien d'autres, et c'est le plus grand nombre, se laissent aller au courant de *la coutume* et de *la routine !*.... L'habitude d'un vieil enseignement l'emporte sur la raison, et l'on continue à marcher dans une voie évidemment fausse, puisque les résultats sont presque toujours négatifs.

M' Jean Macé l'a bien senti ; il a voulu que l'enfant ne reçût pas des formules toutes faites, sans les comprendre ; il a, comme Pestalozzi, cherché à donner à l'enfant des notions intuitives ; et par ce mot *d'intuition,* il ne faut pas entendre un aperçu vague, incertain d'une chose ; mais bien, une appréciation sûre, une vue évidente, en un mot une *notion claire et précise* de cette chose.

(*) Voyez sur les *abstractions,* vulgairement appelées *règles,* un article remarquable de LEMARE (13e année de ce Journal, p. 151 et 169.)

Mr Jean Macé vient donc de publier un livre, comme il sait les écrire, intéressant, facile à comprendre, destiné aux enfants ; mais que nous croyons bien plus utile encore aux parents et aux Professeurs, en ce qu'ils y apprendront la vraie manière d'enseigner l'Arithmétique, par la méthode analytique, dite méthode des inventeurs.

Ce livre porte un titre qu'on trouvera peut-être bien enfantin, bien terre à terre pour un livre de science : *L'Arithmétique du Grand-papa. Histoire de deux petits marchands de pommes !*.... Et cependant ce livre est plein de philosophie au point de vue du premier enseignement de l'Arithmétique. Heureux celui qui, après l'avoir lu, en saisira l'esprit et en fera une application judicieuse à l'instruction des enfants ! — On en jugera par la Préface de l'ouvrage, que voici :

« Il y a longtemps que j'enseigne l'Arithmétique à de grandes demoiselles qui l'ont apprise déjà, et à chaque fois que je recommence avec une génération nouvelle, le même chagrin s'empare de moi. Je m'aperçois que la plupart ne comprennent pas ce qu'elles ont appris, et qu'elles appliquent les règles sans pouvoir les expliquer.

Quand on se reporte à ces tribus sauvages de l'Australie, où l'on ne sait compter, dit-on, que jusqu'à trois, rien ne paraît admirable comme les procédés élémentaires de l'Arithmétique. Il y a là une puissance d'invention, une simplicité, une sûreté de marche qui force les esprits les plus fiers à s'incliner devant l'inconnu qui a trouvé cela. Celui-là, certes, fut un génie que peu ont égalé dans toute la série des siècles écoulés après lui, et il alluma au milieu des hommes une lumière qui éclaira pour eux des sentiers nouveaux.

Une lumière devrait s'allumer aussi chez l'enfant quand l'Arithmétique lui est révélée. Loin de là, on dirait presque qu'un trou noir se creuse alors en lui, et que sa raison naissante s'engourdit à cette étude, au lieu d'en recevoir une impulsion. Il y apprend à réciter par cœur des formules qui ne disent rien à son intelligence, et à exécuter machinalement des opérations dont il ne se rend pas compte, habitude funeste qu'il emporte ensuite dans la vie et dont il ne lui est pas toujours facile de se défaire.

Cela tient à un vice radical de méthode dans le premier enseignement.

« Toute la suite des hommes, dit Pascal, pendant le cours de tant de siècles, doit être considérée comme un même homme qui subsiste toujours et qui apprend continuellement. »

Cette longue éducation de l'humanité, dont le point de départ est si loin de nous, elle recommence en chaque petit enfant. L'enfant a cet avantage, il est vrai, que, servi par la tradition qui lui donne en bloc le trésor de découvertes péniblement amassé par les ancêtres dans toute la suite des âges, il franchit par enjambées gigantesques le chemin le long duquel ils se sont péniblement traînés. Mais il ne faut pas croire pour cela qu'on puisse le faire entrer en possession de son héritage sans suivre l'ordre dans lequel cet héritage s'est formé. Si rapide que soit sa course, il convient que l'enfant passe par la même route que l'humanité, et l'on doit respecter dans l'individu, si l'on veut faire besogne qui vaille, la loi qui a présidé à l'éducation de l'espèce.

Or, nous savons de reste, sans que personne nous l'ait appris, que le premier calculateur n'a pas débuté par les règles abstraites qu'on trouve dans les livres d'école. Il est assez évident qu'il a dû se trouver d'abord en présence de problèmes pratiques, dont il n'a pu se tirer qu'en tendant tous les ressorts de son intelligence pour créer la règle, et qu'il n'a pas fait de l'art pour l'art. Faire débuter l'enfant par la règle abstraite, et lui poser ensuite les problèmes à résoudre, c'est aller au rebours de la marche de l'esprit humain, qui en est chez lui au point où il en était dans l'enfance de l'espèce.

Aussi, qu'arrive-t-il? c'est que son intelligence, ainsi brusquée, se refuse à l'abstraction qui se présente avant l'heure, et que sa mémoire seule entre en jeu pour se charger douloureusement de mots et de pratiques dont le sens lui échappe.

La vraie méthode est donc ici de le replacer dans les conditions du commencement, et de le faire assister en quelque sorte à la création de l'Arithmétique. C'est ce que j'ai voulu essayer dans ce conte des *Deux petits marchands de pommes*, où je me suis peu inquiété des licences du récit, qui n'embarrassent pas les enfants. Si l'essai n'est pas suffisamment réussi, j'espère qu'il se trouvera quelqu'un pour le recommencer, car c'est par là, sans le moindre doute, qu'il faut conduire les enfants à l'Arithmétique. Vienne ensuite le livre d'école et l'abstraction pure : elle fera son entrée utilement par une tranchée déjà ouverte, au lieu d'arriver en ennemie, s'efforçant de battre en brèche un pauvre petit cerveau fermé.

Ce livre-ci est donc un livre de préparation, un livre de famille, et je le dédie à toutes les mères qui ont eu le cœur gros en voyant leur enfant ouvrir, pour la première fois, la formidable Arithmétique qu'elles se rappelaient peut-être n'avoir jamais elles-mêmes tout à fait comprise. »

L'ouvrage de Mʳ Jean Macé se trouve à la librairie d'Hetzel, à Paris, rue Jacob, 18 ; — et à Bordeaux, chez MM. Muller et Feret. (Un vol. in-12, 1863.) — Prix : 3 francs.

PRÉCIS D'HYGIÈNE,

ou Préceptes généraux pour conserver la santé et prolonger la vie.

(Suite. — *Voyez la précédente livraison, page 172.*)

Que l'homme de bureau, le savant qui médite, le prêtre qui prie, la vierge du monastère, ne s'abusent pas sur les dangers d'une vie trop sédentaire! Les conseils de notre longue expérience pourront en diminuer les fâcheux effets :

1° Que leur demeure soit aérée, leur nourriture légère et frugale ;

2° Que leur chambre soit à l'abri de l'humidité, et qu'aucun lien ne gêne les articulations ;

3° Que leurs méditations ou leurs prières n'excèdent pas une heure. Des mouvements habituellement doux, et quelquefois rapides, devraient immédiatement leur succéder ;

4° Les spectacles, la musique, les chants, les plaisirs de la conversation, reposent et soulagent la tête ;

5° Si les matinées sont consacrées au travail, abandonnez du moins le reste de la journée à des délassements agréables ;

6° Promenez-vous après vos repas, et n'oubliez jamais que l'hypocondrie est fille de la solitude.

Le cerveau est le siége des organes qui produisent les qualités morales et les facultés intellectuelles. O vous dont l'existence n'est presque qu'intellectuelle, redoutez une érection permanente du cerveau! Craignez les engorgements de ces organes. Cette terrible maladie est plus facile à prévenir qu'à guérir.

Que de gens qui languissent d'une *vanité blessée*, d'une *prétention déçue*, d'une *ambition rentrée*, d'un *portefeuille perdu*, d'une *Excellence évanouie*, etc., etc.! Nous leur dirons : ne consultez pas Hippocrate, mais lisez Épictète.

La vanité blessée fit mourir Racine, rendit Pope hargneux, Virgile hypocondriaque; elle fit tomber Hogard en démence, et Swift en imbécillité; elle empoisonna les jours du Dominicain, assassina Winckelmann, et tua Fourcroy.

Les passions sont à la fois le mobile de nos actions et le fléau de la vie : la modération est celui de la force et de la sagesse.

La profession d'un homme est toujours une partie constitutive de son état hygiénique. Les professions engendrent des habitudes, et placent l'homme dans des conditions qui font partie de son existence.

Chaque profession doit suivre un régime particulier : il faut une nourriture solide à la main qui travaille; il en faut une délicate et peu substantielle à la main qui écrit, à celle qui éternise sur la toile des traits passagers et chéris. Il faut une plus grande quantité de nourriture aux jeunes gens qu'aux hommes d'un moyen âge, et surtout qu'aux vieillards. Les digestions sont d'autant plus actives que le corps prend plus d'accroissement.

Dans presque toutes les situations de la vie, l'exercice pris jusqu'à la provocation d'une légère sueur, les frictions répétées jusqu'à ce que la peau rougisse, et les vêtements qui facilitent la transpiration, produisent les plus heureux résultats.

Combien d'engorgements et d'embarras dans les viscères ne cèdent-ils pas à un exercice continu, aux secousses souvent répétées du cheval, de la voiture, à des jeux violents ou à des ouvrages de force?

L'homme doit se mouvoir et souvent changer de place. « Quand » je considère le physique de l'homme, disait le grand Frédéric, » je suis tenté de croire que la nature nous a fait plutôt pour » l'état de postillon que pour celui de savant. »

(La fin à la prochaine livraison.)

BULLETIN BIBLIOGRAPHIQUE.

Livres. — Musique. — Dessin. — Cartes. — Atlas.

Il faut lire pour s'instruire, pour se corriger,
pour se consoler, et pour s'amuser.
(CHRISTINE DE PISAN.)

(SUITE. — *Voyez la dernière livraison, page 179.*

83. Collection de Tableaux élémentaires et synoptiques des Arts et des Sciences (format jésus entier); largeur : 75 centimètres; hauteur : 55 centimètres; publiée par la Maison Basset, à Paris, rue de Seine, 33. — (Prix : 2 fr. — 2 fr. 50 — 3 fr.)

Cette collection, qui compte aujourd'hui plus de 100 Tableaux, se continue chaque année. Nous avons déjà recommandé à nos lecteurs ce système d'enseignement, qui s'adresse d'abord *aux yeux* pour arriver ensuite plus facilement *à l'esprit*; Horace l'a dit, il y a 1875 ans : *Segnius irritant animos*, etc., et Horace avait raison; chacun de nous peut s'en convaincre aisément.

84. Histoire populaire de la France, illustrée de plus de 1,200 vignettes, en 4 volumes grand in-8°, publiée périodiquement 2 fois par semaine, par Ch. Lahure et Cie. — Il a déjà paru 140 livraisons de cet ouvrage, qui en aura 200. — Prix de chaque livraison : 10 centimes, et des 4 volumes : 22 francs pour Paris, et 30 francs pour les départements. — Chez tous les Libraires de France.

Nous avons déjà annoncé, l'année dernière, cette publication, qui présente un intérêt réel, compris de tout le monde. Les Éditeurs ont pris pour base de leur travail les ouvrages depuis longtemps populaires de *Victor Duruy*, dont personne ne conteste la science, l'exactitude et les sentiments patriotiques.

L'exécution artistique et typographique de cet ouvrage ne laisse rien à désirer. D'ailleurs le nom de M. Ch. Lahure était déjà une garantie pour le public.

85. Cartographie élémentaire des Écoles. Méthode nouvelle et progressive de Géographie pratique, par MM^{rs} *Aug. Braud*, ancien Chef d'Institution, Membre de la Société pour l'Instruction élémentaire et de la Société des Méthodes d'enseignement, et *Loiseau–Taupier*, Professeur à l'Institution impériale des Sourds-muets de Paris, etc. (Chaque cahier in-4°, oblong, se compose de : 1° une *carte-modèle* écrite; 2° trois *cartes-calques* d'exercices à remplir; 3° une Notice *statistique*, *historique* et *biographique*;

4° un *questionnaire* sur la Notice. A Paris, chez Dézobry, Tandou et Cie, rue des Écoles, 78.) Prix de chaque cahier : 15 centimes. La carte-modèle et la Notice seules : 5 centimes.

86. Herbier agricole ou Liste des Plantes les plus communes ; à l'usage des Écoles d'Agriculture et des Écoles normales primaires, par *J. Bodin*, Directeur de l'École d'Agriculture de Rennes. (In-18, 1862, nouvelle édition enrichie de 110 figures intercalées dans le texte ; à Paris, même adresse.) — Prix : 85 cent.

87. Cours abrégé de Géologie, ou Développement du tableau de l'état du Globe à ses différents âges, par *Nérée Boubée*, Professeur à Paris. (In-8°, 1834 ; à Paris, rue de l'École de Médecine, 10.) — Prix : 3 fr.

88. Cours de Géologie agricole, théorique et pratique, par *Nérée Boubée*. (In-8°, 1856 ; à Paris, même adresse.) — Prix : 5 fr.

89. Trois Tableaux géologiques pour faciliter l'étude et pour reconnaître les terrains, par *Nérée Boubée*. (A Paris, même adresse.) — Prix : 2 fr. 50 — 3 fr. 50 — et 10 fr.

90. Manuel élémentaire de Géologie appliquée à l'Agriculture et à l'Industrie, avec un Dictionnaire géologique, par *Nérée Boubée*. (In-18, 4° édition, avec une planche coloriée ; à Paris, même adresse.) — Prix : 2 fr. 50.

Mr Nérée Boubée a été enlevé à la science, encore dans la force de l'âge, en 1862. La Géologie lui doit beaucoup de travaux scientifiques et d'explorations dans les Pyrénées ; on s'en aperçoit bien en lisant ses ouvrages : il parle toujours *de visu* et ne hasarde rien ; aussi ses nombreux voyages et son zèle ardent lui ont permis de fonder à Luchon un *Musée* qui réunit les productions naturelles de la chaîne entière des Pyrénées dans les trois règnes de la nature, au nombre de 4,000 pièces. — Il fonda, en 1847, un journal intitulé : *Réforme agricole, scientifique, industrielle ; Journal mensuel des Sciences utiles dans leurs rapports avec l'Agriculture*. Cette publication étendit encore sa réputation, que ses ouvrages de Géologie avaient commencée. — Sa veuve, qui réside à Paris (rue de l'École-de-Médecine, 10), et chez laquelle on trouve les ouvrages de son mari, dirige le magasin d'objets d'Histoire naturelle créé par Mr Nérée Boubée, sous le nom de Maison Eloffe et Cie. Nous recommandons ce magasin aux Amateurs et aux Professeurs, ainsi qu'aux Colléges, Écoles et Maisons d'Éducation. On peut s'y fournir d'échantillons précieux et indispensables pour les leçons d'Histoire naturelle.

CONNAISSANCES DIVERSES.
MÉLANGES INSTRUCTIFS ET AMUSANTS.

LES PLANTATIONS COMMÉMORATIVES.

L'homme, par intuition d'une vie posthume, aime à perpétuer le souvenir des grands évènements de la patrie et de la famille. Tantôt il écrit un livre ou grave une inscription ; tantôt il taille une statue, érige un monument, ou frappe une médaille. Mais le plus souvent il plante un arbre.

Un arbre ?... c'est le *memento* le plus simple. L'humble villageois peut en user dans son champ.

C'est aussi le plus poétique. N'est-ce pas avec le poète Deleyre qu'on dit d'un bel arbre :

> Je l'ai planté, je l'ai vu naître...?

N'espère-t-on pas qu'il deviendra célèbre comme le mûrier de Shakespeare, comme le laurier du tombeau de Virgile, ou tout au moins que nos descendants se reposeront sous son ombre et que notre âme y viendra recueillir d'affectueux regrets ?

L'arbre est enfin le monument le plus durable.

Les boababs du cap Vert, les *Wellingtonia* de la Californie, rappellent les premiers siècles de la création.

Les cèdres du Liban, les ifs de Fortingals et de Braburn, dans le comté de Kent, le *ficus religiosa* de Anarajapoura, dans l'île de Ceylan, remontent aux temps bibliques.

Les oliviers sous lesquels se reposa Jésus-Christ sont encore debout, si l'on en croit la tradition.

Le chêne du *Druide* dans la commune de Pommeraye (Maine-et-Loire), le chêne de *Charlemagne*, celui de *Clovis* dans la forêt de Fontainebleau, reportent la pensée au temps des Gaulois et des Francs.

Le fameux camphrier de Ninosa, au Japon, provient d'un bâton fiché en terre par le philosophe Kobodosaï, qui vivait au huitième siècle.

Le chêne-chapelle d'Allouville, près d'Yvetot, est né d'un gland qui germa vers l'an 1000.

Le chêne de *Goff*, près du vieux palais d'Olivier Cromwell, fut planté en 1066 par Théodore Godfrey, qui passa en Angleterre avec Guillaume le Conquérant.

On a longtemps admiré, dans la forêt de Vincennes, un chêne sous lequel saint Louis avait rendu la justice.

Naguère on voyait encore à Rome un oranger planté par saint Dominique en 1200, dans le couvent de Sainte-Sabine, et un autre planté en 1278 par saint Thomas d'Aquin, dans le monastère de Fondi.

A Versailles, on conserve aussi un oranger nommé *le Grand-Bourbon*, qui fut planté en 1414 par l'une des aïeules de Jeanne d'Albret.

Le tilleul de *Trons*, dans les Grisons, déjà célèbre en 1424, avait en 1798, 51 pieds de circonférence; ce qui lui assignait plus de six cents ans d'existence.

Fribourg montre avec orgueil le vieux tilleul qui fut planté, en 1476, en mémoire de la bataille de Morat.

Les baigneurs de Contrexeville vont visiter, dans la forêt communale de Saint-Ouen, le fameux chêne *des Partisans*, sous lequel se réunissaient les Lorrains qui allaient, à travers les bois, piller les villages de la frontière française.

Nombre d'arbres séculaires, connus sous le nom de *Sully*, ombragent encore les chemins, les places publiques, le porche des églises, et témoignent de l'impulsion donnée à la sylviculture par le ministre de Henri IV. Sully pensait, comme les mages des anciens Perses, qu'élever un enfant, labourer un champ, et planter un arbre sont les trois actes les plus agréables à Dieu. — (*)

❖

LE VRAI BONHEUR.

Consacrer dans l'obscurité
Ses loisirs à l'étude, à l'amitié sa vie,
Voilà les jours dignes d'envie :
Être chéri vaut mieux qu'être vanté.

(Watelet. — *Essai sur les Jardins.*)

(*) Extrait de *La Science pour tous*. Journal publié à Paris, par M. COLLONGE. (Rue des Grands-Augustins, 24.)

LA VENGEANCE DE CALLOT.

Le cri *au feu !* retentit au milieu de la nuit dans les rues de Nancy. Un célèbre graveur, Callot, se lève l'un des premiers avec ses fils et ses quatre apprentis. Un cavalier passe tout à coup au milieu de la multitude inquiète et crie : — Hâtez-vous ! le danger est pressant ; c'est vers la rue de la Ronce ; la maison de Claude Henriet est en feu !

Henriet avait été le premier maître de Callot dans l'art de la gravure. Depuis longtemps le mariage d'un de ses fils avec Cécile, la fille aînée de Callot, avait été résolu, quand tout à coup, sous prétexte que Cécile n'était pas assez riche pour son fils, Henriet avait rompu l'union projetée. La pauvre Cécile était encore malade du chagrin que lui avait causé cette brusque rupture.

— Vengeons-nous de cet avare ! s'écrie Callot, en s'élançant du côté de la maison qui brûle.

Déjà une fumée épaisse s'échappait en tourbillons des fenêtres et des portes. La famille de Claude Henriet s'était réfugiée sur un balcon et attendait avec une inexprimable anxiété qu'une échelle apposée contre le mur par de généreux citoyens lui permît d'échapper à une mort imminente.

— Sauvons d'abord les personnes ! s'écrie Callot.

Grâce à ses exhortations et à son exemple, trois échelles sont dressées contre la maison, et à peine le malheureux Henriet et ses enfants ont-ils quitté le balcon, qu'il s'écroule et qu'une colonne de flammes s'élance de cette partie du bâtiment.

Cependant le vieil Henriet, sauvé comme par miracle, semblait avoir oublié le danger qui le menaçait, il n'y avait qu'un instant, pour déplorer la perte qu'il allait faire. Il parcourait les groupes des travailleurs, et leur montrant le dernier étage de la maison : — C'est là-haut, mes amis, que se trouve toute ma fortune : mes cartons de gravures, ma joie, mon trésor, ma richesse !

En effet, la riche collection de gravures d'Henriet était d'un prix inestimable. Le roi d'Espagne en avait offert cent cinquante mille livres.

Malgré les supplications du vieillard, personne n'osait affronter une mort presque certaine, lorsqu'un homme s'élance, saisit l'échelle la plus haute et la plus solide, arrive au sommet, brise la fenêtre, se précipite sans hésiter dans la chambre et reparaît bientôt, portant entre ses bras les précieux cartons.

Des cris d'admiration retentissent au milieu de la foule ; on veut entourer, féliciter le généreux citoyen, mais il a disparu.

Le lendemain Callot et ses deux fils viennent trouver Claude Henriet.

— Mon maître ! dit Callot au vieillard, vous avez trouvé ma fille trop pauvre pour votre fils. Je désirais me venger et je me suis vengé selon mon cœur. Tenez, Claude Henriet, voici vos cartons ; les voici intacts, ni le feu ni moi n'y avons touché !

— Quoi ! Callot, dit le vieillard en tendant les bras à son ancien élève, cet homme qui hier...

— C'était moi, répondit simplement Callot. — (*)

LA PATIENCE ET L'AMBITION.

Il est deux routes dans la vie :
L'une solitaire et fleurie,
Qui descend sa pente chérie
Sans se plaindre et sans soupirer.
Le passant la remarque à peine,
Comme le ruisseau de la plaine
Que le sable de la fontaine
Ne fait même pas murmurer ;
L'autre, comme un torrent sans digue,
Dans une éternelle fatigue,
Sous les pieds de l'enfant prodigue
Roule la pierre d'Ixion.
L'une est bornée et l'autre immense,
L'une meurt où l'autre commence :
La première est la patience,
La seconde est l'ambition.

(Alfred de Musset.)

(*) Extrait de *La Gerbe. Recueil d'Anecdotes instructives et morales.* (In-18, 1852 ; à Paris, chez Chastel, rue Roquépine prolongée, 4, boulevard Malesherbes.) — Prix : 50 c.

MOYENS DE MENER UNE VIE HEUREUSE.

Dom d'*Argonne*, ce chartreux de Gaillon, près de Rouen, dont nous avons cité quelques maximes dans notre dernière livraison, donne les moyens de mener une vie heureuse au milieu des tempêtes qui agitent la mer de ce monde. Ces moyens sont les suivants :

1º Une maison propre et commode, dans un lieu sain et agréable, avec un revenu médiocre, mais bien assuré.

2º Assez d'occupation pour n'être jamais oisif, et assez de loisir pour n'être point trop occupé. Des livres choisis et des amis qui le soient davantage. Plus d'envie de former son jugement que d'acquérir un savoir fastueux et importun. Pour toute philosophie, une morale fondée sur les principes du christianisme.

3º Une bonne santé, conservée par la tempérance et par un travail modéré, plutôt que par les remèdes.

4º Point d'ambition, point d'envie, point d'avarice, point de procès, assez de courage pour perdre sans inquiétude ce qui ne doit pas toujours durer, et pour attendre avec confiance ce qui n'aura point de fin.

Aucune de ces règles pour être heureux, autant que la fragilité humaine le permet, n'offre peut-être rien de nouveau. Mais comme le bonheur est le plus grand intérêt de l'homme dans cette vie passagère, on ne saurait trop les lui répéter ; et qu'il se souvienne surtout de ce que dit un poète :

> Oui, ce fantôme ailé, qu'on nomme le bonheur,
> N'habite ni la cour, ni même le village ;
> C'est un fort beau secret qu'on chercha d'âge en âge ;
> Il faut, quand on le peut, le trouver dans son cœur.

TOUT NE PÉRIT PAS AVEC NOUS.

> Le présent est affreux, s'il n'est point d'avenir,
> Si la nuit du tombeau détruit l'être qui pense !
> *Un jour tout sera bien*, voilà notre espérance ;
> *Tout est bien aujourd'hui*, voilà l'illusion.
> Les sages me trompaient, et Dieu seul a raison.

(Voltaire. — Poème sur les désastres de Lisbonne,
en 1755.)

DE LA CONSOMMATION
à Londres et à Paris.

Le consommateur de Londres a, en moyenne, lit-on dans la *Gazette des Hôpitaux,* une alimentation plus substantielle et plus fortifiante que celui de Paris.

La consommation *du pain* est sensiblement égale dans les deux villes ; mais à Londres, il faut y ajouter une importante quantité de farine employée en nature dans la cuisine domestique.

La viande est consommée dans une proportion de 20 0/0 supérieure à celle de Paris. *Le poisson* est deux fois plus en honneur à Londres. Paris reprend toutefois sa supériorité pour le *beurre,* le *lait,* la *volaille* et les *fruits.*

Si l'on passe aux denrées coloniales, on trouve que le *thé* domine à Londres, le *café* à Paris. La consommation du *sucre* est incomparablement plus considérable à Londres qu'à Paris.

Quant aux boissons, si la *bière* domine à Londres, le *vin* entre dans les mêmes proportions dans l'alimentation du Parisien ; et il y a tendance à voir la bière augmenter à Paris et le vin à Londres. Il n'en est plus de même des *liqueurs fortes,* plus abondantes à Londres qu'à Paris, heureux d'ignorer le gin.

En résumé, l'avantage définitif reste à Londres sous le rapport de la solidité du régime alimentaire, et ce n'est que justice, car nous n'avons pas à lutter contre le climat de l'Angleterre.

SINGULIÈRE DISTRACTION
d'un écrivain, dans une critique littéraire.

Mʳ H. L......, dans un article de critique littéraire (*Moniteur* du 7 mai dernier), dit : Le Dictionnaire de l'Académie est plein de mots omis.

Ceci nous rappelle une édition d'un livre qui portait dans le titre : *Revue, corrigée, et augmentée de plusieurs omissions qui s'étaient glissées dans la première édition.* — (*)

(*) Extrait du *Journal des Arts, des Sciences et des Lettres,* fondé et dirigé par M. Guyot de Fère, à Paris.

LE PRINTEMPS.

Quand le printemps est de retour,
Quand les prés et les bois reprennent leur parure,
Quel poète, amoureux d'un champêtre séjour,
    Peut rester dans la ville impure?
Comment aimer les vers sans aimer la nature?
    Sitôt que les premières fleurs
Émaillent le gazon de leurs vives couleurs,
    Sur la colline, dans la plaine,
Je vais avec délice aspirer votre haleine,
    O fraîches violettes, vous,
Qui me représentez mes printemps les plus doux!
En souvenir de mes jours d'innocence,
    Je me surprends cueillant encor
    Et pâquerette et bouton-d'or,
    Modestes fleurs dont mon enfance
    Composait son plus cher trésor.
    La nature semble renaître;
Sous les tièdes zéphyrs, à leur souffle embaumé,
Lorsque tout se ranime et prend un nouvel être.
    Je me crois aussi ranimé.
    La terre, longtemps languissante,
    S'épanouit, fleurie et verdissante,
    Aux rayons d'un plus chaud soleil;
    C'est la beauté convalescente,
    Qui nous sourit à son réveil.
D'un long ennui, convalescent moi-même,
A la ville, en partant, j'ai légué mes soucis;
Ma pensée est plus libre au fond du bois que j'aime,
Plus douce, quand le ciel et l'air sont adoucis.

    Parfois, avec mélancolie,
Je redemande aux fleurs, à la brise, au printemps,
De ma jeune saison ces rapides instants,
Où d'aimables erreurs mon âme était remplie;
J'évoque le passé..... Fol espoir! vains souhaits!
L'homme voit revenir le printemps sur la terre,
Mais son printemps, à lui, ne revient plus jamais.

    Ainsi parle une voix austère,
    Qu'il faut écouter malgré soi;
Et cependant, soumis à la commune loi,
    Quand les ans pèsent sur nos têtes,
    Pensons, même devenus vieux,
    Qu'aux vieillards le Maître des cieux
    Ménage encor des jours de fête.

Mettons-les à profit, sans regrets superflus ;
Toute félicité ne nous est point ravie ;
Tant qu'à ses beaux printemps la terre nous convie,
Essayons d'oublier qu'ici-bas il n'est plus
De renouveau dans notre vie.

(A.-H. Lemonnier.) — (*)

A CEUX QUI S'ENNUIENT AUX EAUX,
dans les montagnes.

Vous êtes au milieu des montagnes ; de toutes parts s'offrent à vos yeux des formes, des accidents de terrain, des phénomènes qui vous étonnent, que vous ne comprenez pas. La vapeur vous a subitement transportés dans un monde nouveau, dont le spectacle vous surprend, dont vous ne pouvez vous expliquer les lois, l'harmonie, les contrastes, le merveilleux enchaînement. De tout côté vous apercevez des causes et des effets qui sont pour votre esprit des sujets incessants de questions diverses auxquelles vous ne pouvez répondre.

Prenez un traité de Géologie, élémentaire et philosophique, lisez-le et relisez-le : c'est certainement la lecture la plus opportune que vous puissiez faire au milieu des montagnes. Elle offre à la fois tout l'intérêt d'un roman et l'utilité d'une étude scientifique on ne peut plus facile et d'une application de tous les jours. Les grandes questions que traite la Géologie élargiront le cadre ordinaire de vos idées, frapperont et occuperont votre esprit, d'autant plus qu'à chaque pas vous rencontrerez des objets et des faits qui seront pour vous la justification matérielle de toutes ces magnifiques théories. Les courses ne seront plus pour vous un simple but d'admiration poétique ; en reconnaissant la solution de toutes ces questions muettes que la belle nature adresse en foule à votre esprit, vous y trouverez une source inépuisable d'intérêt et d'instruction.

En un mot, dès que vous serez pénétrés des principes de la Géologie, vos promenades de chaque jour auront un charme que

---

(*) Extrait du *Moniteur de la Jeunesse.* Journal publié à Paris, rue de Seine, 51. — Rédacteur en chef : Jos. Bertal.

vous ne soupçonniez pas, l'ennui ne sera plus possible pour vous aux eaux.

Et combien il est regrettable, en effet, que les jeunes gens ignorent en général le bonheur que procure, même aux hommes qui n'ont reçu aucune instruction première, le culte si facile des sciences naturelles. On n'en verrait pas un aussi grand nombre livrés au dégoût, à l'oisiveté, à l'ennui le plus profond, cherchant, mais ne pouvant trouver dans les lieux publics que des distractions monotones, des plaisirs sur lesquels ils sont déjà blasés et qui finissent par leur devenir insupportables; tandis que la nature inépuisable offre à tous ceux qui se prennent à l'observer, à l'interroger, un charme qui l'emporte bientôt sur les passions les plus vives, sur les habitudes les plus impérieuses.

Rien n'égale, en effet, le bonheur du naturaliste, lorsqu'il se livre à ses explorations, à ses lectures spéciales, au classement de sa collection; et ce bonheur, calme et durable, que ne traverse jamais aucune déception cruelle, aucune amertume cuisante, lui procure encore souvent la gloire de quelque découverte utile ou tout au moins une réputation honorable et flatteuse, quelquefois même une fortune brillante qui devient le prix d'une observation faite en courant sur des gisements que les habitants du pays foulaient aux pieds depuis des siècles.

Que celui qui s'ennuie, que celui qui se sent attristé par des chagrins ou par des malheurs qui paraissent irréparables, se livre donc en toute confiance à la lecture de quelques ouvrages faciles sur la Géologie ou sur quelque autre branche de l'Histoire naturelle. Avant un mois le calme sera rentré dans son âme, et bientôt il nous remerciera vivement du bon conseil qu'il aura trouvé dans ces quelques pages et que nous ne pouvions donner d'une manière plus opportune qu'au milieu des montagnes, où tout engage le visiteur à observer et à rechercher les merveilles de la nature. — (*)

Nous engageons nos lecteurs à relire l'article sur l'*Étude de la Géologie ou Histoire de la Terre,* que nous avons donné dans la 13ᵉ année de ce Journal (p. 176).

(*) Extrait de l'ouvrage intitulé : *Bains et Courses de Luchon : Guide pour les Courses et les Promenades et pour l'usage des Eaux,* par NÉRÉE BOUBÉE, Professeur de Géologie. (In-12, 2ᵉ édition, avec plans, cartes, etc.) — Prix : 3 fr.

L'ÉTUDE ET LA MÉDITATION.

Dans sa majestueuse et sainte obscurité
Soudain s'ouvre un palais par l'étude habité,
Là tout se tait ; nul son n'importune l'oreille ;
Mais le calme est actif et le silence veille ;
Des soins, des passions la turbulente voix
Expire en approchant de ces paisibles toits.
Là, loin du vain fracas d'un monde qu'elle oublie,
La méditation, assise et recueillie,
Couve tous les trésors renfermés dans son sein,
Et son front taciturne est penché sur sa main.
Elle ne quitte point ce solitaire asile ;
Le regard incliné, la paupière immobile,
D'un invisible objet que poursuit son ardeur
Son œil semble de loin percer la profondeur.
Au ravage du jour les heures échappées
Glissent légèrement et d'ombre enveloppées ;
L'astre des nuits préside à des travaux constants,
Et la seule pensée y mesure le temps.

(Thomas.)

LA MARQUISE DU DEFFAND.

Je me rappelle très-bien d'avoir été mené par la Maréchale de Mirepoix chez Mme du Deffand, dont les lettres viennent de rajeunir la célébrité. J'étais d'un âge à être plus frappé du tonneau qu'elle habitait que de l'agrément de son esprit ; mais l'on m'a conté d'elle un trait qui n'est peut-être pas indigne d'être conservé. Elle n'aimait pas l'exagération, comme on en a la preuve dans sa correspondance, et pourtant elle était condamnée à voir sans cesse des personnes engouées, enthousiastes, et des prôneurs éternels encore plus fatigants que tout le reste. Un jour, excédée des éloges excessifs que M. de *** faisait d'un homme très-médiocre, en ajoutant, par forme de refrain, que tout le monde pensait comme lui, elle répondit : « Je fais, Monsieur, assez peu de cas du *monde* depuis que je me suis aperçue qu'on pouvait le diviser en trois parts : les trompeurs, les trompés, et les trompettes. » M. de *** était évidemment dans cette dernière classe, et je ne le rencontre guère sans penser à cette saillie.

(Extrait des Souvenirs de M. de Lévis.)

L'HOMME EST-IL RÉELLEMENT LE ROI DE LA TERRE?

L'homme est, dit-on, le roi de la terre, dont il a été créé le maître; s'il y règne, en effet, convenons qu'il ne possède qu'un empire bien partagé, et que l'on y trouve, comme dans l'empire turc, bien des pachas rebelles. Le lion n'est-il point nommé le sultan des déserts, le cerf le monarque des bois, la baleine le roi des mers, et enfin l'aigle le dominateur de la plaine éthérée? Hélas! l'homme, malgré ses haies et ses murailles, peut-il seulement se dire maître du moindre coin de terre? Des pluies de sauterelles viennent à l'improviste moissonner ses épis, quand les taupes et les mulots ont épargné ses semailles; si bien fermés que soient ses caves et ses greniers, il y rencontre des ennemis; l'araignée file sous ses lambris et tapisse ses plafonds. Croit-il s'emparer seul du coin du feu? le grillon fait entendre sa voix aigre et l'avertit qu'il a compagnie; son lit même recèle des tyrans qui se jouent de la massue d'Hercule; enfin il n'est pas jusqu'au fruit vermeil dont il se croit sûr après l'avoir cueilli, qui ne lui montre, quand il l'ouvre, un premier occupant: tout lui rappelle la jolie fable de Le Bailly:

> Elle est à moi, disait arrogamment un homme
> Qui de la main d'un singe arrachait une pomme.
> Mais jugez en l'ouvrant combien il reste coi,
> Lorsqu'il y trouve un ver qui dit: Elle est à moi! — (*)

NUÉE DE SAUTERELLES.

Une lettre de Gandiole (Sénégal) raconte en ces termes un orage de sauterelles qui aurait éclaté près de Saint-Louis : « Le 24 septembre dernier, vers deux heures du soir, quoique le temps fût très-beau et très-calme, je fus prévenu qu'un orage allait bientôt éclater sur nous. En effet, je pus voir du côté du nord un nuage très-dense et sombre qui s'avançait au sud-est, de notre côté. J'étais d'autant plus étonné que ce nuage venait du côté du nord, (habituellement l'orage nous arrive du sud ou de l'est); quelques instants après, un bruit singulier fixa mon attention: ce bruit ressemblait à un roulement de tonnerre sourd et prolongé; ce n'est que de près que je pus distinguer que c'é-

---

(*) Extrait du *Buffon poétique*, par E. Roch. (In-12, avec gravures.)

tait une nuée de sauterelles qui traversaient le fleuve et se diri-
geaient dans le Cayor; les plus fatiguées s'abattaient sur nos ré-
coltes; elles couvraient tout notre horizon, et le gros de la
troupe volait à environ 50 mètres au-dessus de nous.

Mais il y en avait tellement dans notre atmosphère, que nous
ne pouvions nous voir à dix pas de distance; un coup de fusil
chargé à petit plomb fut tiré et en tua plus de trois cents, sans
faire de trouée au nuage tant il était épais. Ces sauterelles
étaient longues d'environ 6 à 7 centimètres, elles étaient vertes
et avaient les ailes blanches; elles volaient lentement, et leur
passage dura de trois à six heures du soir. Le nombre en était
incalculable, les champs de maïs étaient littéralement couverts.
Quoique au nombre de sept ou huit personnes, nous eûmes
beaucoup de peine à les chasser, malgré le bruit que nous fai-
sions en frappant sur des ustensiles sonores; cinq minutes après
leur arrivée, des plants de maïs étaient coupés à rase terre.

Ces sauterelles ont fait aussi beaucoup de ravages en passant
sur Saint-Louis.

Je n'ai pu savoir d'où elles provenaient; mais on suppose généralement qu'elles ont descendu le fleuve Sénégal, sans doute
chassées par le feu des prairies. Ces émigrations sont très-rares
et ne sont pas périodiques. » — (*)

❦

DEUX ÉPIGRAMMES EN JEUX DE MOTS,
par les académiciens Michaud et Campenon.

Lorsque Ducis, qui était académicien, mourut, Michaud et
Campenon se disputèrent son fauteuil à l'Académie.

On rapporte que Campenon fit le premier, contre son concur-
rent, cette épigramme :

> « Au fauteuil de Ducis on a porté Michaud.
> » Ma foi ! pour l'y placer, il faut un *ami chaud.* »

Mais Michaud répliqua :

> « Au fauteuil de Ducis aspire Campenon :
> » A-t-il assez d'esprit pour qu'on l'y *campe? Non.* »

(Extrait du Moniteur de la Jeunesse.)

Michaud fut élu académicien en 1813, et Campenon en 1814.

(*) Extrait du *Cosmos, Revue encyclopédique des progrès des Sciences.*
(Bureaux à Paris, rue Monsieur-le-Prince, 35.)

ESPRIT ET BON SENS,
ou Recueil de Pensées, Maximes, Réflexions sur divers sujets,
Extraites de différents auteurs.

(SUITE. — *Voyez la dernière livraison, page 191.*

235. L'homme digne d'être écouté est celui qui ne se sert de la parole que pour la pensée, et de la pensée que pour la vérité et la vertu. (Fénelon.)

236. Un homme d'esprit faisant la critique d'un poème assez mal écrit, disait :

« C'est de mauvaise prose où les vers se sont mis. »

237. Une trop grande négligence, comme une excessive parure, multiplie les rides des vieillards, et fait mieux voir leur caducité.

238. La fortune est si capricieuse, que d'un mendiant elle fait souvent un potentat. — (*)

239. Les ambitieux, après avoir forgé leurs chaînes, se sont plaints souvent de leur esclavage.

240. L'esprit s'aiguise à la ville; il s'attendrit aux champs. (Malesherbes.)

241. Le cœur n'aurait-il pas des idées ? (Le même.)

242. Celui qui fuit le monde, disant qu'il ne lui convient pas, d'ordinaire convient peu au monde. (Le même.)

243. La bienveillance donne plus d'amis que la richesse, et plus de crédit que le pouvoir. (Fénelon.)

244. Le sublime n'exclut pas la naïveté.

245. Tel est devenu fat à force de lecture,
Qui n'eût été que sot en suivant la nature.
(Du Resnel. — Traduction de *Pope*.)

246. La Patrie est aux lieux où l'âme est enchaînée.

247. La vie est un combat.

248. *Les enfants* oubliant le passé, n'ayant aucune idée de l'avenir, et voltigeant continuellement dans l'étroit sentier du pré-

---

(*) Le Pape *Sixte-Quint* fut d'abord gardeur de pourceaux, ce qui le fait souvent nommer *le Pâtre de Montalte*. Combien d'autres exemples ne pourrait-on pas citer du caprice de la fortune? — *Bernadotte*, fils d'un bourgeois de Pau, devint roi de Suède. — *Pey Berland*, fils d'un paysan du Médoc, avait commencé par garder les moutons, et parvint à l'archevêché de Bordeaux. — Etc., etc.

sent, disent : nous vivons ; — *les adolescents* méprisant les jouets de l'enfance, jetant de joyeux regards sur l'avenir, disent : nous vivrons ; — et *les vieillards*, craignant de soulever le voile de l'avenir, portant les yeux en arrière et parcourant d'un regard rapide les endroits riants de leur vie passée, disent : nous avons vécu.

249. Combattez le mal dès son principe ; le remède vient trop tard lorsque ce mal s'est fortifié par de longs délais.

(Ovide. — Traduction de Ch. Nisard.)

250. On redevient enfant aux lieux de sa naissance.

251. J'ai revu les beaux lieux témoins de ma naissance,
Et mon cœur est tout plein de la reconnaissance
Que je dois à celui qui, sur ces bords charmants,
Entoura de douceurs le berceau de mes ans.   (***).

252. Les mourants qui parlent dans leur testament peuvent s'attendre à être écoutés comme des oracles.

253. Il faut user de tout avec modération, de peur que la privation n'en soit trop sensible.

254. L'étude adoucit les mœurs et efface tout ce qu'il y a en nous de grossier et de barbare.   (Ovide.)

255. Tous les efforts de la violence ne peuvent affaiblir la vérité.

256. Il est faux qu'on ait fait fortune lorsqu'on ne sait pas en jouir.   (Vauvenargues.)

257. Il est aisé de critiquer un auteur, mais il est difficile de l'apprécier.   (Le même.)

258. Rien n'est si utile que la réputation, et rien ne donne la réputation aussi sûrement que le mérite.   (Le même.)

259. Un homme ne doit jamais rougir d'avouer qu'il a eu tort ; car en faisant cet aveu, il prouve qu'il est plus sage aujourd'hui qu'il ne l'était hier.   (Pope.)

260. L'esprit croit aisément ce que le cœur désire.

(Demoustier.)

261. L'instruction est un trésor, et le travail en est la clé.

262. Le changement des modes est l'impôt que l'industrie du pauvre met sur la vanité du riche.

(La suite au prochain numéro.)

Bordeaux, imprimerie de J. Delmas, rue Sainte-Catherine, 159.

JOURNAL D'ÉDUCATION

PHYSIQUE, MORALE, ET INTELLECTUELLE.

14ᵐᵉ annéc. — Nᵒ 10. — Août 1863.

1ʳᵉ PARTIE,
POUR LES PARENTS ET LES PROFESSEURS.

PÉDAGOGIE (OU SCIENCE DE L'ÉDUCATION.)
DIDACTIQUE (OU ART D'ENSEIGNER.)

L'ENFANT EST AVIDE DE TOUT CONNAITRE.
Profitez de sa curiosité.

> La curiosité des enfants est un penchant de la
> nature qui va comme au-devant de l'instruction ;
> ne manquez pas d'en profiter.
>
> (FÉNELON. — *Éducation des filles.*)

L'enfant, dès qu'il éprouve des sensations, s'occupe de les étudier. Il a soif de se connaitre et de connaitre tout ce qui l'impres-
sionne. Ouvre-t-il les yeux à la lumière? Il interroge ses organes
sur l'action qu'elle exerce sur eux, et bientôt la concordance des
sensations du toucher et de l'œil lui apprend à juger des choses
par la vue. Il s'ébat continuellement ; il remue ses doigts, ses
jambes, ses bras ; il veut tout palper, tout voir, tout entendre.
Cette curiosité, c'est un véhicule qui le pousse dans le monde intellectuel et matériel. Il faut la seconder. Beaucoup de parents,
au contraire, cherchent à l'oblitérer, parce qu'elle les tracasse.
Vous donnez une montre à votre enfant, et il veut la casser pour
savoir ce qui, en dedans, la fait aller. L'enfant a ses raisons : il
veut lever tous les voiles qui lui cachent les causes. Il ouvre
une boîte pour savoir ce qu'elle contient; un tiroir pour manier
un à un tous les objets qu'il renferme; il met les bottes et le
chapeau de son père. Dans tout cela, il fait son métier d'enfant,
et il apprend plus de choses en un jour que vous, parents mala-
droits, ne lui en apprenez en un an. — Mais il dérange tout, il
brise tout et met le désordre partout ! — Ne le blâmez pas : son
but au fond est raisonnable, il est même excellent. Toutefois,
prenez vos précautions pour prévenir les inconvénients ; et, au
lieu de le gronder, tâchez de l'aider. Il veut casser sa montre !
— Ouvrez-lui la vôtre ; montez-la sous ses yeux ; faites mar-

cher les aiguilles. Il ne comprendra pas le mécanisme, mais il aura vu ce qu'il voulait voir, et il saura qu'une montre est une machine très-intéressante et d'un travail extrêmement soigné.

Il y a cependant une curiosité fâcheuse, c'est celle qui ressemble à de l'espionnage. Elle vient ordinairement de ce qu'on se dit à voix basse des choses qui intéressent un enfant et qu'on veut lui cacher. Il est tout naturel qu'il cherche à les savoir. Or, si ces mauvaises leçons deviennent fréquentes, et que l'enfant trouve quelque autre curieux, mû par des intérêts analogues aux siens, une bonne qui le gâte, par exemple, et qu'on blâme de ses gâteries, il pratique et étudie le métier d'espion. Pour prévenir, dans ce cas, le vice de la curiosité, il suffirait que personne dans la maison n'eût de secrets à se dire tout bas devant les enfants, et que jamais ils n'eussent besoin de se lier de complicité avec qui que ce soit. Si vos précautions sont insuffisantes, vous éloignerez de chez vous les personnes qui ne marcheraient pas exclusivement dans le sens des intérêts de votre famille ; vous devrez en toutes choses agir ouvertement ; vous devrez, par des conversations, mettre en évidence le mépris que mérite l'espionnage et l'infamie des espions, et en même temps vous stimulerez, d'une part, la franchise, et, d'autre part, le respect dû aux affaires des autres, en ce qui ne nous regarde pas. Si, après cela, votre enfant se laisse aller à quelque acte d'indiscrète curiosité, il vous sera aisé de lui faire sentir qu'il se donne par là des dehors d'espions qui répugnent à l'honnête homme. — (*)

DE LA NATATION.

L'homme n'apporte pas en naissant la faculté de nager. Sa pesanteur spécifique est le principal obstacle à son maintien au-dessus de la surface liquide. Il lui faut de grands efforts pour soutenir sa tête hors de l'eau, maintenir son corps dans une position presque horizontale, et se diriger : ses efforts épuisent bientôt ses forces musculaires.

Les Égyptiens, les Grecs, et surtout les Romains attachaient à cet art une grande importance ; un proverbe vulgaire chez les derniers disait en parlant d'un ignorant : *Il ne sait ni lire ni nager.*

(*) Extrait de l'*Éducation domestique de l'Enfant et de l'Adulte ; ou l'Art de corriger les défauts et les vices, et d'exciter les qualités et les vertus;* par L.-L. VALLÉE, ancien Inspecteur général des Ponts-et-Chaussées, etc. (In-8°, 1858 ; à Paris, chez Hachette.) — Prix : 6 fr.

Les poissons sont les animaux nageurs par excellence : les palmipèdes parmi les oiseaux, les serpents à collier et à large queue, certains coléoptères parmi les insectes, nagent aussi avec beaucoup de facilité. (Ch. Saint-Laurent.)

Les quadrupèdes en général ont la faculté de nager sans effort, même les plus gros et les plus lourds, tels que les hippopotames ; c'est probablement la position horizontale de leurs corps qui leur donne cette facilité.

L'homme a donc besoin, comme nous le disions tout à l'heure, de faire tous ses efforts pour y parvenir ; il n'entre dans l'eau qu'avec une certaine crainte, convaincu d'avance de son impuissance. Cependant de quelle utilité n'est pas pour lui l'art de se soutenir sur l'eau ! Combien périssent, faute de savoir nager !...

On a remarqué que les marins, qui par état devraient savoir éviter les périls qui les entourent et les menacent sans cesse, ne savent pas nager ! En dehors des marins, le nombre de ceux qui ignorent cet art est infiniment grand.

Cependant, depuis quelques années, l'usage d'aller prendre les bains de mer (pour nous à Royan, à Arcachon, et à Biarritz), la commodité des chemins de fer, qui nous y conduisent rapidement, tout cela a considérablement augmenté le nombre des baigneurs et par suite des nageurs. Les Écoles de Natation ou bains flottants sur les rivières sont venus ajouter de nouvelles occasions de se livrer à cet utile exercice, qui d'ailleurs offre un des plaisirs les plus vifs auxquels puissent se livrer les jeunes gens.

Nous n'avons pas besoin d'insister sur l'utilité de la Natation au point de vue de l'*Hygiène ;* cet exercice développe les forces musculaires, tout en entretenant la santé. Nous ne saurions donc trop recommander cette partie de la Gymnastique aux jeunes gens des deux sexes, et aux Instituteurs et Institutrices, chargés de diriger leur éducation physique, morale, et intellectuelle.

Ce sont les considérations précédentes qui ont porté un de nos concitoyens, Mr Bentzien (*), à demander l'établissement d'un *Gymnase public* dans les Écoles communales, auquel serait

---

(*) Mr Jean-Daniel Bentzien, négociant à Bordeaux, est auteur de plusieurs *Mémoires* sur des questions d'utilité publique, d'administration, etc., mémoires pleins d'intérêt et qui témoignent de ses lumières et de sa philanthropie.

annexée une *École de Natation*. Plusieurs fois, depuis 1849, Mr Bentzien a adressé des demandes directes aux Conseils municipaux de Vayres, de Libourne, et de Lesparre (Gironde) ; puis à ceux des Sables-d'Olonne (Vendée), et de Nantes (Loire-Inférieure). — Notre compatriote a exposé avec beaucoup de vérité les nombreux accidents et les cas de mort bien regrettables qui, tous les étés, à l'époque des bains, viennent surprendre les familles, à Paris, à Bordeaux, comme dans tous nos ports de mer. Dès lors, on ne saurait trop le répéter : avis à nos autorités municipales et départementales pour prendre le plus tôt possible des mesures propres à empêcher de si grands malheurs.

La Natation est un art très-simple, qui peut s'apprendre en peu de temps. *Se soutenir sur l'eau* est quelquefois l'affaire d'une première leçon, et les professeurs de Gymnastique doivent former des nageurs ordinaires dans 5 ou 6 séances. L'habileté à nager et à plonger vient plus tard, par suite d'un exercice fréquent et de la hardiesse qu'on acquiert chaque jour ; et de même que l'enfant qui sait se tenir sur ses jambes acquiert bien vite la facilité de courir et de sauter, de même le jeune homme encouragé par ses premiers succès ne tarde pas à devenir excellent nageur et habile plongeur : nous l'avons vu fréquemment dans les Écoles de Natation.

PRÉCIS D'HYGIÈNE,

ou Préceptes généraux pour conserver la santé et prolonger la vie.

(SUITE et FIN. — *Voyez la dernière livraison, page 199.*)

Buvez de la camomille en Hollande, car les refroidissements y sont fréquents. Une boisson qui accélère la circulation ; qui pousse vivement à la peau, est dans ce pays froid et humide une panacée presque universelle. Buvez-en aussi en France, et surtout à Paris, car beaucoup de maladies ont, plus qu'on ne pense, leur source dans les transpirations supprimées.

Combien la seule application des corps laineux sur la peau n'a-t-elle pas prévenu de maux, évité de dangers, arrêté de maladies dans leur marche trop rapide !

Il est des exemples de longévité dans toutes les classes, dans tous les rangs, dans toutes les professions. Ceux qui ont ainsi prolongé leur existence ont souvent différé de mœurs, d'habitudes, de régime diététique; mais tous ont été d'accord sur un seul point : *c'est de se lever de bonne heure, et de respirer l'air embaumé du soleil levant.*

C'est moins la perfection d'une machine que l'emploi qu'on en fait qui en détermine la destruction ou la durée. Des femmes délicates et débiles parviennent à un âge avancé, tandis que, dans la plénitude de leurs forces, des jeunes gens succombent sous les coups du mal.

N'ayez jamais d'indigestion, dit Sanctorius, *et vous ne serez jamais malade.* C'est ainsi que, malgré sa constitution faible et languissante, le fameux vénitien Cornaro dépassa quatre-vingt-quinze ans. La vie est un trésor dans nos mains; il dépend de nous de le conserver ou de le dépenser vite.

La nature elle-même, sans médecin, prescrit la diète aux malades, ou du moins elle leur fait préférer les aliments liquides aux solides, et parmi les premiers, les aqueux et les acidulés à ceux qui ont d'autres qualités. Hippocrate a donc eu raison de dire que l'Hygiène était née avant la Médecine, puisque le premier des remèdes, c'est la diète.

La malpropreté est au corps ce que le vice est à l'âme; il y a même, sous ce rapport, une étonnante connexité entre le physique et le moral. Par des règlements sages et sévères, Cook rendit à la fois ses matelots propres et sains, tempérants et vertueux.

On mange et l'on dort beaucoup plus en hiver que dans toute autre saison; aussi doit-on, dans les premiers jours du printemps, recourir aux moyens d'éviter la pléthore et employer les purgatifs.

L'heure du sommeil n'est point indifférente. Vers le soir, un léger mouvement fébrile nous invite au repos. Celui qui, sourd à cette voix de la nature, ne se couche que très-tard, en est puni par un sommeil agité, par des rêves pénibles. Voulez-vous que le repos soit *réellement réparateur?* Ne l'ajournez jamais au lendemain.

L'Antiquité superstitieuse cherchait à expliquer les rêves; c'était peut-être une tradition médicinale d'un temps p us antique encore. Nul doute que ceux qui nous tourmentent, qui nous offrent sans cesse des sujets bizarres, des objets menaçants, n'annoncent une digestion laborieuse, une compression dans le cerveau. Mangez moins alors, dormez sur un lit dur, la tête élevée et peu couverte; buvez de l'eau fraîche en abondance; prenez un léger laxatif, et ces angoisses pourront disparaître.

Tous les rêves n'annoncent pas une altération dans la santé. Le célèbre Franklin a écrit un chapitre curieux sur les moyens de s'en procurer d'agréables.

Ne cherchons pas à expliquer les rêves; Cabanis et Buffon l'ont vainement tenté.

Il semble que l'habitant de la campagne, que fortifient un exercice journalier et une nourriture abondante et saine, devrait vivre plus longtemps; mais quelle triste compensation dans les logements bas et humides, dans les fumiers en putréfaction et les mares d'eau pourries qui les entourent! Combien de villages situés au milieu de marécages qui exhalent la mort, au sein de forêts de haute-futaie qui empêchent toute circulation de l'air! Combien d'habitants qui n'ont pour toute boisson qu'une eau sale, savonneuse ou saumâtre!

On ne peut éviter la mort, mais il est facile de reculer les bornes de la vie. Il vaut mieux empêcher le mal que de le guérir. Aimer la vie sans craindre la mort, telle est la maxime du sage.

Paracelse, qui portait au pommeau de son épée une panacée contre la mort, fut frappé à quarante ans. La panacée universelle est d'user de tout avec modération.

Craindre la mort, c'est ne jamais jouir, c'est toujours mourir. Il est plus affreux de l'appréhender sans cesse que de la recevoir.

Repoussez surtout les idées sombres et mélancoliques. La douce et consolante Espérance est le vrai chemin du bonheur et surtout de la santé.

Ce sont surtout les peines morales que le vieillard doit éviter soigneusement. Dans la jeunesse, les passions nous entraînent; dans l'âge mûr, l'ambition, les affaires, les plaisirs nous distraient; mais dans la vieillesse, les illusions du passé sont évanouies, les infirmités du présent trop réelles, et les craintes de la mort remplissent l'avenir. Le chagrin, les regrets sont, pour le vieillard, le vautour de Prométhée.

Puisqu'on ne peut éviter la mort, que des regrets tardifs, inutiles, ne s'échappent point de nos lèvres glacées au moment de faire le dernier voyage. Adoucissons au contraire les adieux déchirants du départ; cachons sous des fleurs la pâleur de nos fronts déjà couverts d'une sueur mortelle; et, sachant mourir en sage, que la fin de notre vie ressemble au soir d'un beau jour.

La prolongation de la vie humaine est donc proportionnée à la modération des actes et des passions de l'homme. Tempérance, propreté, exercice fréquent, sobriété, gaîté, respiration d'un air pur, quelques voyages, séjour à la campagne, abstinence de liqueurs spiritueuses, modération en travaux, en nourriture, en plaisirs, en repos; point de colère, elle n'est bonne à rien; réserve dans l'usage des médicaments pharmaceutiques internes, et surtout la paix du cœur, tels sont les moyens de vivre plus longtemps. (Audin-Rouvière.) — [1].

FIN DU PRÉCIS D'HYGIÈNE.

DE LA FAIBLESSE D'ATTENTION CHEZ LES ENFANTS.

Nous voici à une époque de l'année (l'approche des vacances) où les plaintes relatives à l'inattention des élèves deviennent plus nombreuses que jamais. Visitez les écoles en ce moment, et vous entendrez dire partout que les enfants sont plus distraits, plus dissipés qu'on ne l'a jamais vu. On ne peut pas fixer leur attention, dit-on; ils ne montrent aucun goût pour l'instruction; à peine une leçon est-elle commencée que déjà leur esprit semble las; ils ne vous écoutent plus, et vous ne pouvez plus obtenir qu'ils suivent vos explications.

La cause qui donne lieu à ce concert de plaintes est très-naturelle, et cependant elle paraît méconnue, comme la cause même qui produit en général l'inattention chez les enfants. De là souvent le redoublement de reproches dont ils se voient l'objet et un accroissement de punitions qui ne sont pas toujours méritées.

Le défaut d'attention des enfants, il faut qu'on se le persuade

(1) Extrait de *La Médecine sans le Médecin, ou Manuel de Santé*, par AUDIN-ROUVIÈRE, Médecin, Professeur d'Hygiène au Lycée de Paris, etc., etc. (In-8°; 1827, 9e édition.) — Prix : 6 fr.

bien, n'est pas toujours volontaire; et dans les distractions auxquelles ils se laissent aller, il y a autre chose que de la mauvaise volonté et un parti pris de ne pas écouter les leçons.

La légèreté dont on se plaint n'est pas autre chose que la conséquence d'un besoin naturel de mouvement qui existe chez tous les hommes, mais à un plus haut degré chez les enfants.

On se plaint des mouvements perpétuels qui, dans les écoles, troublent la classe par le bruit qu'ils occasionnent, et ceux qui font entendre ces plaintes ne remarquent pas que souvent eux-mêmes ne sont pas moins remuants que leurs élèves. Que chacun de nous prenne la peine d'observer combien de fois il remue les pieds et les mains dans l'espace de quelques minutes, même lorsqu'il est occupé à un travail qui l'intéresse, et il deviendra plus indulgent pour les dérangements de ses élèves. Ces dérangements sont sans doute fort désagréables lorsqu'ils sont multipliés par le nombre des enfants présents à l'école et lorsqu'ils se produisent dans une classe souvent très-sonore et au milieu d'une leçon où l'on aurait besoin de silence et de calme; mais ce n'est pas une raison pour être injuste envers les enfants et pour exiger d'eux une immobilité qui n'est pas de leur âge.

Il faut bien se convaincre que le travail auquel on astreint les jeunes enfants dans les écoles n'est pas conforme à leur nature. Je ne parle pas ici du genre d'instruction qu'on leur donne ni de la manière dont cette instruction leur est donnée; c'est une question qui sera traitée dans un autre moment. Je me borne à considérer l'étude en elle-même et l'immobilité de corps qu'elle exige.

Or, quels que soient le goût qu'on ait pour l'étude et l'ardeur avec laquelle on s'y livre, le travail d'esprit qu'elle demande est toujours plus fatigant que le travail du corps; il est de même moins naturel à l'homme, pour qui l'activité du corps est nécessaire à l'entretien de la santé. Ceci est vrai pour l'homme fait comme pour l'enfant.

Pour savoir la dose d'attention qu'on peut exiger des enfants et le temps pendant lequel on peut l'obtenir d'une manière continue, il faudrait connaître la limite à la fois physiologique et psychologique de la durée moyenne des efforts intellectuels dont sont capables les enfants. Des recherches de ce genre n'ont point été faites en France, et nous ne possédons pas de recueil d'observations sur la durée de l'attention qu'on peut obtenir des enfants selon leur âge et selon la nature des travaux auxquels on les occupe.

A défaut d'observations de ce genre faites chez nous, nous citerons celles qui ont eu lieu en Angleterre et qui ont été résumées dans un Mémoire lu en 1860, à Oxford, dans la réunion de l'*Association pour le progrès des sciences*, par M. Edwin Chadwick, dont nous avons pu constater personnellement le zèle en faveur de l'instruction primaire. Comme les Anglais ne passent pas pour être moins susceptibles d'attention que les Français, les remarques faites chez nos voisins peuvent trouver leur application chez nous.

M. Chadwick déclare qu'une expérience de douze à quinze années pendant lesquelles il a visité des écoles renfermant ensemble de dix à douze mille élèves, l'a convaincu qu'en général la durée des leçons dépasse de beaucoup la limite des efforts intellectuels dont les enfants sont capables. Ce n'est pas seulement pour les enfants, c'est aussi pour les élèves d'un âge beaucoup plus avancé dans les colléges et dans les universités.

D'après ses recherches, les études des élèves les plus remarquables par leur succès dans les universités n'iraient pas au delà de six heures par jour d'un travail exigeant des efforts d'esprit continus. Un des plus habiles examinateurs d'Oxford assurait que, lorsqu'il entendait parler d'un candidat qui se présentait aux examens après avoir travaillé douze ou treize heures par jour, il avait l'habitude de le regarder comme un homme perdu, et que durant une expérience de treize années en qualité d'examinateur à Oxford, il n'avait jamais vu un exemple du contraire.

Dans ses *Recherches psychologiques*, Benjamin Brodie fait remarquer au contraire qu'un homme peut se livrer à des travaux manuels pendant douze ou treize heures par jour sans en éprouver d'autre inconvénient que celui d'une fatigue corporelle. Ce qu'il fait est presque toujours la même chose que ce qu'il a toujours fait, et devient au bout de peu de temps une affaire d'habitude; il n'a presque plus aucun effort d'esprit à faire. Il n'en est plus de même lorsqu'il s'agit d'études ou de travaux intellectuels qui demandent des efforts d'esprit; il n'est au pouvoir de personne de les soutenir d'une manière continue au delà d'une portion très-limitée des vingt-quatre heures.

Il est certain qu'on accomplit plus sûrement de grands travaux par des efforts modérés, mais poursuivis avec persévérance pendant longtemps avec des intervalles convenables de repos, qu'avec un travail excessif continué pendant moins de temps et d'années. Notre grand Cuvier lui-même consacrait habituellement sept heures par jour à ses travaux scientifiques, et encore n'étaient-ils pas de nature à exiger une tension continuelle de l'esprit.

Sir Walter Scott déclarait avoir habituellement donné six heures de la journée à ses travaux littéraires, et être après ce temps encore en état de se livrer à quelques légers travaux. Cependant, dans un entretien sur ce sujet, il avoua qu'il travaillait pendant trois heures avec plaisir, mais qu'au delà de quatre heures, il commençait à éprouver quelque fatigue. Après les pertes qu'il éprouva, il fut forcé de se livrer à un travail sans relâche, et il n'est pas douteux que cet excès de travail n'ait contribué avec ses souffrances morales à produire la maladie de cerveau qui amena sa mort prématurée.

Le peintre David Wilkie disait qu'il se sentait fatigué s'il consacrait régulièrement plus de quatre ou cinq heures par jour à l'exécution de ses compositions, et il est probable que c'est pour se reposer de ce trop grand travail qu'il se livra à l'occupation plus facile de la peinture des portraits. « En réalité, dit notre auteur, on trouve peu d'hommes, même parmi les mieux doués, qui soient capables de faire de plus longs efforts d'intelligence en les répétant chaque jour. »

Ces exemples, auxquels il serait facile d'en ajouter beaucoup d'autres, semblent établir qu'il n'est guère possible d'exiger avec suite des adultes plus de six heures par jour de véritables efforts de l'esprit. Mais, si c'est là la limite de ce qu'on peut demander aux adultes, quelle est celle qu'il convient de ne pas dépasser avec les enfants ?

L'étude, on ne doit pas se le dissimuler, n'est pas l'occupation naturelle de l'enfance. Cependant, dira-t-on, l'enfance est l'âge où l'on doit apprendre ; si l'on passe cet âge, les nécessités de la vie ne permettront pas plus tard d'étudier ce que l'on a besoin de savoir. Sans doute, l'enfance est l'âge où l'on doit étudier, mais il faut reconnaître que l'étude n'est point le travail naturel à cet âge.

L'étude, pour la jeune enfance surtout, ne devrait pas être un travail proprement dit. C'est un repos ; repos nécessaire, même pour empêcher le corps de se fatiguer comme il le ferait par suite de l'exercice continuel auquel un besoin naturel entraîne les enfants à se livrer. L'étude bien entendue, tout en restant un travail pour l'esprit, doit être un repos salutaire pour le corps ; mais ce double résultat ne peut être obtenu qu'à la condition pour l'étude de ne pas devenir une fatigue par les efforts prolongés d'attention qu'elle exigera.

C'est ainsi que l'étude devrait être envisagée à l'égard des enfants ; et c'est faute de la considérer sous son véritable point de vue qu'on en fait trop souvent ce qu'elle ne devrait pas être, un travail contre nature, eu égard à l'âge des enfants. C'est pour cela qu'on exige d'eux une durée et une puissance d'attention que leur âge ne comporte pas : c'est ce que nous démontre l'examen du caractère de l'enfance et de ses besoins. — (*)

(*) Extrait du *Journal des Instituteurs*, publié à Paris, par PAUL DUPONT.

CONNAISSANCES DIVERSES.
MÉLANGES INSTRUCTIFS ET AMUSANTS.

LES MYSTÈRES DE L'HISTOIRE.

L'Homme au masque de fer.

La tenue des registres de l'état civil ne remonte pas en France au delà de l'année 1520, et ce fait explique de la manière la plus simple et la plus claire les nombreuses erreurs qui se sont glissées dans notre histoire au sujet de la filiation des familles et de la biographie de certains personnages. Il était difficile en effet de constater la descendance, et plus difficile encore de constater l'identité des individus, quand aucun acte authentique ne venait affirmer la naissance et la mort. A part les couvents, qui avaient des *obituaires*, c'est-à-dire des registres sur lesquels étaient inscrits le décès des religieux, à part quelques chapelles fondées dans les châteaux féodaux et nommées par cela même *chapelles castrales*, où l'on tenait note de la naissance et de la mort des personnes appartenant aux grandes familles féodales, aucun acte écrit ne conservait la mémoire des générations qui se succédaient sur cette terre. François Ier, en instituant les registres de baptême et les registres d'enterrement, fut le premier de nos rois qui créa pour les populations ce qu'on appelle aujourd'hui l'état civil; mais les registres dont nous parlons étaient tenus avec une si grande négligence, l'orthographe des noms de famille eux-mêmes était tellement irrégulière, que l'identité des personnes échappait constamment. Cette circonstance favorisa une foule de fraudes, et même une foule de crimes. Des intrigants dont il était impossible de constater l'origine spéculèrent sur la crédulité publique pour s'attribuer des titres ou des prétentions qui ne leur appartenaient pas; d'autres furent victimes de coupables intrigues sans qu'il fût possible de savoir ce qu'ils étaient. Au nombre de ces personnages mystérieux, se place le *Masque de fer*. Cent soixante ans sont passés depuis le jour où, sous l'autorité du gouvernement de Louis XIV,

la dépouille du *Masque de fer* fut rendue à la terre, et depuis ce
temps l'histoire a vainement cherché à connaître quel fut l'infortuné que la volonté du grand roi avait condamné à une prison perpétuelle en couvrant ses traits d'un voile impénétrable.
Ce *Masque de fer* est une des énigmes de notre histoire : on en a
parlé bien souvent, et nous sommes certain d'intéresser nos
lecteurs, qui tous le connaissent de nom, en venant encore leur
en parler aujourd'hui.

Un an après la mort du cardinal Mazarin, en 1662, on conduisit dans le plus grand secret au château de Pignerol un personnage inconnu qui, en 1686, fut amené par le gouverneur de
ce château, nommé Saint-Mars, dans l'île Sainte-Marguerite.
« Ce prisonnier inconnu, dit Voltaire, était d'une taille au-dessus de l'ordinaire, jeune, et de la prestance la plus belle et la
plus noble.

» Dans la route, il portait un masque dont la mentonnière
avait des ressorts d'acier qui lui laissaient la liberté de manger
avec le masque sur le visage. On avait ordre de le tuer s'il se
découvrait. Il resta dans l'île jusqu'à ce que Saint-Mars, ayant
été fait gouverneur de la Bastille, l'an 1690, l'alla prendre à
l'île Sainte-Marguerite et le conduisit à la Bastille, toujours
masqué. Le marquis de Louvois alla le voir dans cette île avant
la translation, et lui parla debout et avec une considération qui
tenait du respect. Cet inconnu fut mené à la Bastille, où il fut
logé aussi bien qu'on peut l'être dans ce château. On ne lui refusait rien de ce qu'il demandait. Son plus grand goût était pour
le linge d'une finesse extraordinaire et pour les dentelles. Il
jouait de la guitare. On lui faisait la plus grande chère, et le
gouverneur s'asseyait devant lui. Un vieux médecin de la Bastille, qui avait souvent traité cet homme singulier dans ses maladies, a dit qu'il n'avait jamais vu son visage, quoiqu'il eût
souvent examiné sa langue et le reste de son corps. Il était admirablement bien fait, disait ce médecin ; sa peau était un peu
brune ; il intéressait par le seul son de sa voix, ne se plaignant
jamais de son état et ne laissant point entrevoir ce qu'il pouvait
être.

» Cet inconnu mourut en 1703, et fut enterré, la nuit, à la
paroisse de Saint-Paul. Ce qui redouble l'étonnement, c'est que,
quand on l'envoya dans l'île Sainte-Marguerite, il ne disparut

dans l'Europe aucun homme considérable. Ce prisonnier, l'était sans doute, car voici ce qui arriva les premiers jours qu'il était dans l'île. Le gouverneur mettait lui-même les plats sur la table, et ensuite se retirait, après l'avoir enfermé. Un jour le prisonnier écrivit avec un couteau sur une assiette d'argent, et jeta l'assiette par la fenêtre, vers un bateau qui était au rivage, presque au pied de la tour. Un pêcheur à qui ce bateau appartenait ramassa l'assiette, et la rapporta au gouverneur. Celui-ci, étonné, demanda au pêcheur : « Avez-vous lu ce qui est écrit » sur cette assiette, et quelqu'un l'a-t-il vue entre vos mains ? » — Je ne sais pas lire, répondit le pêcheur; je viens de la » trouver, personne ne l'a vue. » Ce paysan fut retenu jusqu'à ce que le gouverneur fût bien informé qu'il n'avait jamais lu et que l'assiette n'avait été vue de personne. « Allez, lui dit-il, » vous êtes bien heureux de ne savoir pas lire. » Parmi les personnes qui ont eu une connaissance immédiate de ce fait, il y en a une très-digne de foi, qui vit encore. M. de Chamillart fut le dernier ministre qui eût cet étrange secret. Le second maréchal de la Feuillade, son gendre, m'a dit qu'à la mort de son beau-père, il le conjura à genoux de lui dire ce que c'était que cet homme qu'on ne connut jamais que sous le nom de l'*Homme au masque de fer*. Chamillart lui répondit que c'était le secret de l'État, et qu'il avait fait serment de ne le révéler jamais. »

Voici encore quelques détails que nous tirons de l'*Histoire générale de Provence* de l'abbé Papon :

« J'ai eu la curiosité, dit-il, d'entrer dans sa prison (à l'île Sainte-Marguerite) le 2 février de cette année 1678. Elle n'est éclairée que par une fenêtre, du côté du nord, percée dans un mur qui a près de quatre pieds d'épaisseur, et où l'on a mis trois grilles de fer, placées à une distance égale. Cette fenêtre donne sur la mer. J'ai trouvé dans la citadelle un officier de la compagnie franche, âgé de soixante-dix-neuf ans. Il m'a dit que son père, qui servait dans la même compagnie que lui, avait plusieurs fois raconté qu'un *frater* de cette compagnie aperçut un jour sous la fenêtre du prisonnier quelque chose de blanc qui flottait sur l'eau. Il l'alla prendre, et l'apporta à M. de Saint-Mars. C'était une chemise très-fine, pliée avec assez de négligence, et sur laquelle le prisonnier avait écrit d'un bout à l'autre. M. de Saint-Mars, après l'avoir dépliée et avoir lu quelques lignes, demanda au *frater,* d'un air fort embarrassé, s'il n'avait pas eu la curiosité de lire ce qu'il y avait. Le *frater* lui protesta plusieurs fois qu'il n'avait rien lu ; mais, deux jours après, il fut trouvé mort dans son lit. C'est un fait que l'officier a entendu raconter tant de fois à son père et à un aumônier du fort qu'il le regarde comme incontestable. Le suivant me paraît également certain, d'après tous les témoignages que j'ai recueillis sur les lieux.

» On cherchait une personne du sexe pour servir le prisonnier. Une femme du village voisin vint s'offrir, dans la persuasion que ce serait un moyen de faire la fortune de ses enfants ; mais, quand on lui dit qu'il fallait renoncer à les voir, et même à conserver aucune liaison avec le reste des hommes, elle refusa de s'enfermer avec un prisonnier dont la connaissance coûtait si cher. Je dois dire encore qu'on avait mis aux deux extrémités du fort, du côté de la mer, deux sentinelles qui avaient ordre de tirer sur les bateaux qui s'approchaient à une certaine distance.

» La personne qui servait le prisonnier mourut à l'île Sainte-Marguerite. Le père de l'officier dont je viens de parler, qui était, pour certaines choses, l'homme de confiance de M. de Saint-Mars, a souvent dit à son fils qu'il avait été prendre le mort, à l'heure de minuit, dans la prison et qu'il l'avait porté sur ses épaules dans le lieu de la sépulture. Il croyait que c'était le prisonnier lui-même qui était mort. C'était, comme je viens de le dire, la personne qui le servait, et ce fut alors qu'on chercha une femme pour la remplacer. »

Le Masque de fer mourut à la Bastille le 19 novembre 1703, à dix heures du soir, après une maladie de quelques jours. « Peu de jours avant sa mort, rapporte Voltaire, il dit lui-même à l'apothicaire de la Bastille qu'il croyait avoir environ soixante ans ; et le sieur Marsolan, chirurgien du maréchal de Richelieu, et ensuite du duc d'Orléans, régent, gendre de cet apothicaire, me l'a dit plus d'une fois. »

Il fut enterré le lendemain de sa mort, à quatre heures de l'après-midi, dans le cimetière de l'église Saint-Paul. Dans son acte de décès, il fut inscrit sous le nom de Marchiali, et on ne lui donna que quarante-cinq ans. Tout ce qui avait été à son usage fut brûlé ; on fit regratter et blanchir les murailles de la chambre qu'il avait occupée, et on en défit les carreaux, afin de s'assurer qu'il n'y avait caché aucun écrit.

« Le secret qui enveloppe l'existence du Masque de fer, dit M. Losaud, semble avoir moins intéressé le gouvernement français que l'honneur même de la famille des Bourbons. Si la détention de ce prisonnier n'avait eu, comme on l'a prétendu, d'autre motif qu'une vengeance politique, il est certain qu'après une ou deux générations, le mystère qui entoure cette affaire aurait été éclairci. Quel intérêt Louis XV, par exemple, ce prince sans dignité, aurait-il eu à cacher les circonstances qui auraient nécessité un coup d'État sous Louis XIV? Pourtant, pressé un jour de questions sur le Masque de fer par son premier valet de chambre Laborde, auquel il accordait toute sa confiance, il lui répondit : « Je le plains, mais sa détention n'a fait de tort qu'à lui, et a prévenu de grands malheurs; tu ne peux pas le savoir. » On raconte encore que plus tard Louis XVI, questionné aussi par sa femme Marie-Antoinette et son frère le comte d'Artois, leur fit une réponse à peu près semblable, et il est probable que ce prince fut le dernier possesseur de ce secret. Louis XV ne l'avait su qu'à sa majorité : il dut en être de même de son successeur ; mais la catastrophe sanglante qui termina la vie de ce dernier dut l'empêcher de le communiquer à d'autres personnes de sa famille.

Nous ne rapporterons point les nombreuses suppositions auxquelles a donné lieu le Masque de fer. Il nous suffira de dire que, d'après l'opinion la plus probable, ce personnage n'était autre qu'un frère jumeau de Louis XIV. — (*)

<hr>

LA DOULEUR ET L'ENNUI.

Mourant de faim, un pauvre se plaignait;
Rassasié de tout, un riche s'ennuyait.
    Qui des deux souffrait davantage?
Écoutez sur ce point la maxime du sage :
    De la douleur et de l'ennui
    Voici l'exacte différence :
L'ennui ne laisse plus de désirs après lui ;
Mais la douleur, près d'elle, a toujours l'espérance.

(Hoffmann.)

<hr>

(*) Extrait du *Journal des Instituteurs*, publié à Paris, par PAUL DUPONT.

L'ENFANT.

Le bien qu'il faut que l'on envie,
C'est un enfant, ange ici-bas ;
Liens charmants, ses petits bras
Nous attacheront à la vie.

Un mot de sa bouche de miel
Sur nous aura toute puissance ;
Ses yeux, où brille l'innocence,
Ont la limpidité du ciel.

Sa pureté, sainte auréole,
Sur nous aussi rayonnera ;
Son sourire pour nous sera
L'étoile qui guide et console.

De nos fautes de chaque jour
Purifiée à cette flamme,
Émue et meilleure, notre âme
N'aura qu'un sentiment d'amour.

Ah ! l'enfant, c'est le bonheur même
Quand sur nous, avec un baiser,
Il vient, doux oiseau, se poser
En gazouillant : « Père, je t'aime ! »

(Léon Magnier.) — (1)

VAUCANSON ET BUFFON.

J'ai beaucoup vu, dans mon enfance et dans ma première jeunesse, le fameux Vaucanson, le plus grand mécanicien de son temps, qui avait fait un automate qui jouait de la flûte et un canard artificiel qui mangeait et digérait. Lorsqu'il fut reçu à l'Académie des Sciences, il s'aperçut que presque tous ses nouveaux confrères lui faisaient fort mauvaise mine. Il en demanda la raison à M. de Buffon, qui lui répondit avec sa bonhomie ordinaire : « C'est que vous n'êtes pas plus fort que moi en Géométrie, et qu'ici ils ne font cas que de cela. — Hé ! que ne me le disáient-ils ! s'écria Vaucanson ; je leur aurais fait un géomètre. » — Il ne pensait pas que cela fût plus difficile que de faire un flûteur et un canard. — (2)

---

(1) Extrait du *Moniteur de la Jeunesse*.
(2) Extrait des *Mémoires de Mme de* GENLIS. *(Souvenirs de Félicie.)*

LES TROIS POUPÉES.
Histoire orientale.

Depuis longtemps, les prévarications auxquelles s'étaient laissé aller plusieurs gouverneurs de provinces, leur avaient aliéné l'esprit du Rajah ; et il ne lui manquait plus qu'un prétexte pour que leurs places leur fussent enlevées. Voici l'épreuve à laquelle il les soumit : Trois poupées, toutes semblables à l'extér.eur, furent envoyées à chacun d'eux, avec menace de destitution si, avant une époque fixée, ils n'étaient pas parvenus à expliquer un sens renfermé dans chacune d'elles.

Après mille et mille recherches, qui n'avaient abouti à rien, tous, excepté un, s'étaient avoués incapables de résoudre la question proposée, et ils attendaient leur sort au milieu de tourments et d'inquiétudes plus aisés à concevoir qu'à décrire. Quant à l'autre, il lui était tombé du ciel une de ces bonnes chances qu'on a baptisées du nom de hasards, et auxquelles tant de malheureuses gens, réduits au désespoir, ont dû si souvent leur salut. Un jeune brahme, doué d'une perspicacitép lus grande qu'on ne l'aurait cru si l'on n'eût considéré que son âge, lui était venu en aide. Un fil ciré, introduit dans l'oreille de chaque poupée, était sorti par l'autre oreille à la première, et par la bouche à la deuxième ; mais aucune issue ne s'étant trouvée à la troisième, le fil d'épreuve lui était resté dans le corps.

La réponse faite au Rajah par le Gouverneur fut donc que la première des trois poupées lui avait semblé le symbole de la légèreté, parce que les conseils donnés, quelque sages qu'ils fussent, aussitôt entrés par une oreille, sortaient par l'autre ; la deuxième, l'emblème de la perfidie, parce que les secrets confiés à l'oreille étaient aussitôt divulgués par la bouche ; et la troisième, l'image de la sagesse et de la discrétion, parce que ni les conseils de la raison n'étaient perdus, ni les secrets de l'État ou de l'amitié trahis.

Et non-seulement sa province lui fut conservée, mais plusieurs autres y furent encore ajoutées par le Rajah satisfait. — (*)

(*) Extrait des *Exercices et Dictées sur les difficultés de l'Orthographe* ; par GALLIEN. (In-12 ; à Paris, chez Larousse et Boyer.) — Prix : 1 fr. 50 c.

DU TABAC A FUMER.
Production. — Consommation. — Influence.

Un médecin distingué a lu dernièrement, dans une Société libre d'Émulation du Commerce et de l'Industrie de la Seine-Inférieure, un rapport sur l'influence du tabac à fumer où nous trouvons les détails suivants :

L'usage de fumer se développe dans le monde entier. Les pays de production, en Europe, ont beaucoup de peine à subvenir aux besoins locaux.

En Amérique, la consommation augmente déjà dans des proportions plus grandes que la production.

D'après des statistiques anglaises, la totalité de ceux qui, dans le Nouveau-Monde, font usage du tabac, consomment annuellement un poids égal à celui du pain consommé par 10 millions d'Anglais.

L'Angleterre, qui ne produit pas de tabac, consomme annuellement 15 millions de kilogrammes de tabac américain. Depuis 10 ans, la consommation anglaise a augmenté d'un quart.

Hambourg, qui a 150,000 habitants, brûle 40,000 cigares par jour.

En Danemark, la consommation annuelle arrive à 2 kilogrammes par tête sur toute la population entière.

Dans les Pays-Bas, la proportion est encore plus élevée.

En Autriche, la culture du tabac couvre 40,000 hectares.

En 1854, la production et la consommation du tabac dans le monde entier étaient chacune de 253 millions de kilogrammes, soit 250 grammes par personne.

En prenant pour moyenne du contenu en nicotine 3 0/0, chiffre très-faible, on trouve qu'il se consomme annuellement, sur la surface du globe, 7,590,000 kilogrammes de ce poison, dont quelques gouttes suffisent pour donner la mort.

L'État emploie dans ses manufactures 50,000 ouvriers.

Après ces intéressants détails de statistique, l'Auteur étudie, au point de vue physiologique, les effets désastreux du tabac ; le danger existe surtout pour ceux qui en contractent l'usage prématurément, c'est-à-dire dans l'enfance et la première jeunesse ; le tabac abaisse l'intelligence, dit l'auteur du rapport, directement par son action sur le cerveau, indirectement en por-

tant à la paresse et en substituant l'inertie à l'activité du corps....
En même temps qu'il amoii drit l'individu au point de vue moral,
il relâche les liens de la société et de la famille.... il s'associe à
tous les mauvais instincts et les renforce....

(Moniteur des Sciences médicales.) — (*)

LE VOYAGEUR ET SA MONTRE.

Un enfant de Paris, tout fier de son berceau,
Mais à courir le monde occupant son jeune âge,
 Avant de se mettre en voyage,
Avait réglé sa montre au cadran du château.
 C'était un chef-d'œuvre impayable,
Un mouvement à nul autre pareil,
 Qui, dans sa marche invariable,
 Aurait défié le soleil.
Dans Bruxelles d'abord mon jeune homme s'arrête.
Grâce aux lettres qu'il porte, on l'accueille, on le fête,
 On l'invite de toute part;
Mais à chaque dîner, rendez-vous ou rencontre,
 En prenant l'heure de sa montre,
 Il arrive toujours trop tard,
 Donnant pour excuse éternelle
Qu'il doit s'en rapporter à son bijou modèle,
 Que les horloges du pays
 Ont tort d'avancer sur Paris.
 A Londres, c'est une autre chance :
Les cadrans retardaient, il arrivait trop tôt,
 Et, s'en excusant comme un sot,
De sa montre toujours il vantait l'excellence.
 Monsieur, lui dit un vieux marin,
Sur le globe avant vous j'ai fait bien du chemin.
J'ai vu bien des pays, bien des mœurs en ma vie;
 Mais, sans prétendre y rien changer,
 Pour bien vivre avec l'étranger,
J'ai tâché d'oublier les mœurs de ma patrie.
Vous avez, dites-vous, un instrument parfait :
Je vous en félicite et ne vais à l'encontre;
Mais sachez que toujours il faut régler sa montre
 Sur les cadrans du pays où l'on est.   (Viennet.)

(*) Extrait du Cosmos, Revue encyclopédique hebdomadaire des Progrès des Sciences, etc. (A Paris, rue Monsieur-le-Prince, 35.) — Prix : 20 fr. par an.

L'ESPRIT.

Rien n'est plus ordinaire ;
C'est un titre banal ; on ne peut faire un pas
Qu'on ne voie accorder ce nom imaginaire
À tout venant, à gens qui ne sont bien souvent
Que des cerveaux brûlés, des têtes à l'évent,
        Que les plus fats de tous les hommes.
Ce qu'on prend pour l'esprit, dans le siècle où nous sommes,
        N'est, ou je me trompe fort,
        Qu'une frivole effervescence,
Qu'un accès, une fièvre, un délire, un transport,
Que l'on nomme autrement faute de connaissance.
Proverbes, quolibets, folles allusions,
Pointes, frivolités, plaisamment habillées,
Quelque superficie et des expressions
        Artistement entortillées ;
        Joignez-y le ton suffisant ;
Voilà les qualités de l'esprit d'à présent.
Pour moi, mon avis est, dût-il paraître étrange,
Que ces petits messieurs, qui sont si florissants,
Feraient un marché d'or, s'ils donnaient en échange
Tout ce qu'ils ont d'esprit pour un peu de bon sens.

(La Chaussée.)

LA MÉDIOCRITÉ.

Enfin j'arrive au port, voici les lieux charmants
Où mon cœur éprouva ses premiers sentiments,
Où comme un songe heureux s'envola mon enfance,
Age d'or, jours sereins coulés dans l'innocence.
Vallon, forêt, ruisseau, que vous me semblez doux !
Pour ne plus vous quitter, je retourne vers vous.
L'or n'éclatera pas dans mon humble retraite :
L'amour de vos déserts, une âme satisfaite,
Des livres, des amis, le bonheur d'être à soi,
Voilà tous les trésors que j'apporte avec moi.
Qu'ai-je besoin de plus dans une vie obscure ?
Il faut beaucoup au luxe et peu pour la nature.

O médiocrité, sûr abri des mortels,
De fleurs, tous les printemps, j'ornerai tes autels !
C'est pour l'ombre et les champs que le ciel m'a fait naître.
Protége et la cabane, et l'enclos, et le maître ;
Daigne écarter les soins, les vices, les revers,
De ce foyer rustique où j'ai gravé ces vers.

(J.-F. Ducis.)

UNE BIBLIOTHÈQUE.

A propos d'une bibliothèque de Gruel, sculptée par Guyonney.

Il est trop vrai que, même au dix-neuvième siècle, ce mot a encore un son étrange pour les oreilles de certaines gens. Le luxe court les rues, escalade tous les étages et trouve moyen de s'arranger avec toutes les fortunes. On le comprend et on l'admet pour tout ce qui est extérieur et purement de vanité, pour l'ameublement, pour la parure, le logement, la vaisselle, et les mille joujoux dont nos besoins factices ont fini par nous faire une nécessité. Mais pour une *bibliothèque*, c'est autre chose. Il semble que ce soit là un meuble tout à fait à part, qui ne convient qu'aux châteaux, aux somptueux hôtels, aux riches désœuvrés, ou aux savants.

Les uns disent : je n'ai pas le temps de lire ; les autres : mes ressources ne me permettent pas une pareille dépense ; ceux-ci pensent : les livres instruisent autant jetés dans une armoire ou sur le premier meuble venu que soigneusement rangés sur un rayon ; ceux-là se promettent d'acquérir un jour une bibliothèque, et ils se font cette promesse toute leur vie.

Il en est qui répondent : A quoi bon ? — tout simplement, et sans plus de commentaires.

A ces derniers il n'y a rien à répondre ; on ne dispute pas des couleurs avec les aveugles, ni de l'harmonie avec les sourds.

Les gens qui prétendent n'avoir pas le temps de lire ne trouvent presque jamais le temps de faire autre chose. L'économie des heures est une chose rare, que peu possèdent, et ceux qui la pratiquent ont toujours quelques loisirs en réserve pour l'entretien de leur âme et la culture de leur intelligence.

Il n'est pas vrai que les livres négligés ou abandonnés à la poussière profitent aussi bien que ceux dont on a soin. On soigne ce que l'on aime, et les livres sont des amis que l'on caresse en raison de l'estime et de l'affection qu'ils nous inspirent. La négligence à leur égard accuse l'antipathie ou tout au moins l'indifférence. Le premier effet de la lecture, de la bonne lecture s'entend, est d'habituer notre âme à se fixer et à se recueillir, et de là découle le sentiment de l'ordre dans les actions et de l'harmonie dans les idées.

Mais de toutes ces opinions la plus fausse est celle qui nous persuade qu'une bibliothèque n'est qu'un meuble de luxe accessible seulement à la richesse. Il en est de cet objet comme de tous les autres : le prix descend ou monte, il varie suivant les classes, les besoins et les fortunes.

Cette bibliothèque de Gruel a coûté quatre mille francs ; elle est en bois de poirier, sculpté par Guyonney, et doublé en citronnier. Mais supprimez ces sculptures, le prix baissera ; enlevez les peintures des panneaux, les décorations de l'avant-corps, les moulures, l'ornementation de la corniche et l'élégant écusson qui la couronne, le prix tombera encore, et tombera à sept ou huit cents francs. De même qu'en toute chose d'art et d'industrie, la valeur dépend de la matière d'abord et ensuite de la main-d'œuvre. Au poirier substituez ici le palissandre, le chêne ou l'acajou, et vous descendrez à quatre ou cinq cents francs, suivant les doublures et les fonds. Encore votre meuble sera-t-il rehaussé de moulures. Mais ces ornements mêmes peuvent disparaître, et les doublures de prix, les doublures simples ne sont que d'une utilité secondaire. Leur absence dans le corps du meuble entraîne une nouvelle réduction dans son prix, et cette réduction devient énorme si au bois que l'on vient de citer, l'on substitue le modeste bois de hêtre, sans autre ornementation que les livres qu'il est appelé à conserver. Dès lors la différence de prix ne résulte plus que de la dimension, et il n'est pas inutile de rappeler en passant que peu de livres suffisent, pourvu qu'ils soient bons. Pour trente ou vingt francs et même moins, le plus humble mobilier peut donc contenir une bibliothèque, et la plus modeste habitation posséder son dressoir de l'intelligence.

(Jules Desnoels.)

ESPRIT ET BON SENS,
ou Recueil de Pensées, Maximes, Réflexions sur divers sujets,
Extraites de différents auteurs.

(SUITE. — *Voyez la dernière livraison, page 215.*)

263. La maladie marche sur les pas de l'intempérance, et la pauvreté sur ceux de la paresse.

264. Il n'est rien d'inutile aux personnes de sens.

(La Fontaine.)

265. Quiconque attend le superflu pour secourir les pauvres ne leur donnera jamais rien.

266. Il n'y a ordinairement personne moins curieux d'apprendre que les gens qui ne savent rien.

267. Les personnes sensibles désirent qu'on les aime; les personnes vaines ne sont pas contentes, à moins qu'on ne les préfère.

268. Que d'hommes n'ont ni assez d'esprit pour bien parler, ni assez de jugement pour se taire.

269. Ceux qui savent beaucoup admirent peu; ceux qui ne savent rien admirent tout.

270. Les mendiants et les flatteurs diffèrent en un point : ceux-là vont pieds nus; et ceux-ci nu-tête.

271. Bien parler des absents, ne railler personne, et ne rien dire contre la vérité : voilà trois choses extrêmement rares.

272. Les deux sortes de gens les plus incapables d'affaires, c'est l'étourdi et le pusillanime : celui-là agit avant de réfléchir; celui-ci réfléchit quand il faudrait agir.

273. La mode étouffe le goût, et l'on ne cherche plus ce qui plaît, mais ce qui distingue. (J.-J. Rousseau.)

274. Le trafic de l'honneur n'enrichit pas.

(Vauvenargues.)

275. L'exemple est une morale vivante qui produit toujours plus d'impression que la morale qu'on trouve dans les livres.

276. Les personnes qui nous semblent les plus heureuses ne nous ne le paraîtraient guère, si nous pouvions compter avec leur fortune ou avec leur cœur.

277. Il faut, pour être heureux, un aliment au cœur;
Aimer, se voir aimé : voilà le vrai bonheur.

(Maillet. — *Élégie sur le Bonheur.*)

278. Il faut que les bons vous aiment, que les méchants vous craignent, et que tous vous estiment. (Fénelon.)

279. Les hommes qui montent vite prennent aisément le vertige. (Lamartine.)

280. Il n'est si humble métier que celui qui l'exerce ne puisse l'ennoblir. (Yvan.)

281. L'expérience est comme le médecin, elle n'arrive jamais qu'après la maladie. (Mme Fouqueau de Pussy.)

282. Ce qui achève de ruiner les pauvres, c'est qu'ils veulent paraître riches. (La même.)

283. Les politesses sont la petite monnaie du cœur. (La même.)

284. Hypocrisie! complément de tous les vices. (La même.)

285. La conscience est la voix de Dieu; la raison n'est que la voix de l'homme. (La même.)

286. Savoir souffrir, c'est savoir vivre. (La même.)

287. Le misanthrope fuit les hommes sans les haïr; l'égoïste les recherche sans les aimer.

288. Ne fléchissez pas le genou devant la fortune, mais accoutumez-vous à vous incliner devant la vertu. (V. Cousin.)

289. La conviction est la conscience de l'esprit. (Chamfort.)

290. Voulez-vous savoir comment il faut donner? — Mettez-vous à la place de celui qui reçoit. (Mme du Deffand.)

291. Souffrir est la première chose qu'on doit apprendre, c'est celle qu'on a le plus grand besoin de savoir.

(J.-J. Rousseau.)

292. L'homme passe sa vie à raisonner sur le passé, à se plaindre du présent, à trembler pour l'avenir. (Rivarol.)

293. Le plus riche des hommes, c'est l'économe; le plus pauvre, c'est l'avare. (Chamfort.)

294. Quiconque n'a pas de caractère n'est pas un homme, c'est une chose. (Le même.)

295. L'aliment de l'âme est la vérité et la justice. (Fénelon.)

296. Un esprit dépourvu d'imagination est comme un oiseau sans ailes : il ne va pas loin. (Dulrich.)

297. Les idées se jouent des distances, passent les mers, se font partout comprendre et accueillir. (Guizot.)

(La suite au prochain numéro.)

Bordeaux, imprimerie de J. Delmas, rue Sainte-Catherine, 159.

JOURNAL D'ÉDUCATION

PHYSIQUE, MORALE, ET INTELLECTUELLE.

14ᵐᵉ année. — Nᵒ 11. — Septembre 1863

1ʳᵉ PARTIE,
POUR LES PARENTS ET LES PROFESSEURS.

PÉDAGOGIE (OU SCIENCE DE L'ÉDUCATION.)
DIDACTIQUE (OU ART D'ENSEIGNER.)

SUR LE DÉVELOPPEMENT DE L'ACTIVITÉ INTELLECTUELLE
DES ENFANTS.

Il est un point dans nos écoles primaires sur lequel rous devrions, me semble-t-il, porter notre attention un peu plus que nous ne l'avons fait jusqu'à présent. Je veux parler de l'activité intellectuelle des enfants. Nous devrions chercher, par tous les moyens possibles, à éveiller, à diriger, à alimenter plus méthodiquement le sens de l'activité des jeunes élèves, parce que leurs progrès ultérieurs dépendent de là. En effet, l'élève parvenu à la première division profitera plus ou moins des leçons, selon que ses facultés intellectuelles auront été plus ou moins cultivées pendant le temps qu'il est resté dans les classes inférieures. Tout le temps que le jeune enfant reste dans la classe des commençants doit être pour lui un temps de préparation, un temps qu'on ne peut encore employer qu'à des exercices presque mécaniques, où l'on ne peut encore guère s'adresser à l'intelligence, parce que celle-ci est encore dans une sorte d'engourdissement, d'inertie, et comme dans un état d'insensibilité complète. Avant tout donc, il faut tâcher de tirer ce jeune esprit de l'état de torpeur qui tient ses facultés morales comme enveloppées dans un voile épais. Il faut tâcher de pénétrer dans cette jeune âme pour éveiller d'abord *la faculté d'agir*. Or, par quels moyens efficaces pouvons-nous arriver à stimuler l'act vité naturelle des enfants? Ce ne peut être que par le moyen d'une autre faculté qu'on appelle *la sensibilité*. Par l'exercice de la sensibilité, nous donnons aux élèves des idées d'objets extérieurs, de leurs qualités et de leur manière d'être. En exerçant la sensibilité, nous fournissons à l'esprit des enfants des idées, des mots, des connaissances premières sur lesquelles l'activité peut s'exercer ensuite. Aussi longtemps que l'esprit de l'enfant restera vide d'idées, de mots, la faculté d'agir devra rester forcément inactive; car elle ne peut s'exercer sur le néant. Donc la première chose à faire pour éveiller le sens de l'activité naturelle de l'enfant, c'est de commencer par lui fournir la matière première sur laquelle il pourra ensuite travailler. Quelle méthode devons-nous donc choisir pour obtenir le plus sûrement ce résultat? Comment devons-nous procéder pour donner aux enfants cette précieuse habitude du travail? Est-ce assez faire, comme cela se pratique généralement, que de lui donner sa leçon pendant la première demi-heure du matin, puis de le renvoyer à sa place, avec la recommandation de copier sur son ardoise les lettres et les syllabes qu'on lui a montrées? Fait-il ce que l'Instituteur lui a donné à faire, quand il est retourné à sa place? Le plus souvent, il ne fait rien; le plus souvent, il croupit le reste de la classe dans une inaction funeste. Contraint de ne bouger de sa place, il s'ennuie; *il est malheureux*; il prend l'école en grippe, parce qu'il ne peut s'y amuser, parce qu'on ne s'occupe pas de lui. Mais, dira-t-on, faites-le travailler, faites-lui faire sa tâche; punissez-le, s'il le faut; car, avant tout, il faut que les enfants obéissent au maître. Eh! mon Dieu, cet enfant sait-il travailler? lui avez-vous appris à travailler? Comment voulez-vous que ce pauvre petit s'occupe, lui dont l'esprit est encore si indigent? Peut-il sortir quelque chose du néant? Mais, dira-t-on encore, vous lui avez montré des lettres écrites au tableau, vous les lui avez expliquées, décomposées, recomposées; vous les lui avez fait écrire lui-même; il voit ces lettres sur la planche noire, il les voit dans son livre; donc il pourrait bien s'exercer à les copier, lorsqu'il est assis à sa place. Oui, il le pourrait bien, s'il savait agir et s'il savait vaincre son penchant pour la paresse. Mais cela n'est pas, chez la plupart des commençants. Car, pour que cela fût, il faudrait supposer chez eux l'exercice d'une troisième faculté, *la volonté*. Or, nous savons que les trois principales forces de son esprit, la sensibilité, l'activité et la volonté n'ont encore reçu aucune impulsion, n'ont encore été soumises à aucune direction. Elles n'existent encore chez lui qu'à l'état latent; il faut une cause extérieure pour les vivifier, pour les faire se manifester. L'École est par excellence cette cause; c'est elle qui doit veiller à ce que ces trois facultés, base de toute connaissance, se développent régulièrement.

Nous avons dit que la faculté de sentir est la source de nos idées; nous nous sommes demandé par quels procédés nous devons exercer cette faculté. C'est ce que nous dirons dans un autre article. — (*)

(La fin au prochain numéro).

JEUX ET DIVERTISSEMENTS DES ENFANTS.

Quels sont les jeux propres à la première enfance? — Si, pour résoudre cette question, nous essayions d'analyser, de spécialiser, nous risquerions fort de n'en jamais venir à bout. Tel enfant se divertit en s'asseyant à l'écart et en rêvant; tel autre en sautant et en criant à tue-tête, sans aucun motif apparent. Bien peu s'amusent d'une manière régulière, raisonnable, suivant l'expression des grandes personnes. Dans l'enfant abandonné à lui-même, les idées semblent décousues, sans suite; après le mouvement vient l'immobilité; après la chaleur de l'improvisation vient le silence. Nous ne comprenons pas le plaisir de l'enfant; le plus souvent, nous n'y croyons que parce qu'on nous affirme qu'il existe, et les plus sages se contentent en pareil cas de hausser les épaules.

Puisque les plaisirs de l'enfance se présentent à nous sous des formes si variées, presque incompréhensibles pour l'âge mûr, nous ne pouvons les définir que comme des manifestations de la vie. Cette explication nous semble confirmée par les milliers de faits qui se renouvellent tous les jours. Si l'enfant saute, crie, c'est qu'il a besoin de manifester sa vie intérieure par le mouvement; s'il aime à rêver, c'est que la vie de l'intelligence domine en lui; si ses paroles sont décousues, c'est parce qu'elles sont l'image fidèle de ses idées; s'il est inconstant dans ses jeux, c'est parce qu'il est essentiellement mobile et que la variété lui est nécessaire. Complétons notre définition : si les études étaient bien dirigées, si elles étaient les manifestations libres d'une jeune

---

(*) Extrait du *Progrès, Journal de l'Éducation populaire*, publié à Bruxelles. — Cet article est de M* Simon, Instituteur communal.

intelligence, elles prendraient tout naturellement leur place parmi les divertissements de l'enfance, et cette première période de l'existence se transformerait, suivant le vœu des mères, en une longue et joyeuse récréation, prélude doux et fortifiant à des années de lutte et de labeur.

Rien de tel qu'une bonne définition : c'est un point de départ, un point d'appui; disons mieux, c'est un principe d'où découlent nécessairement des conséquences vraies.

Si les jeux de l'enfant sont des manifestations de sa vie intérieure, concluons-en qu'ils doivent être un objet d'étude des plus instructifs pour l'éducateur et le philosophe. Voici le querelleur, voici le violent, voici le despote ; s'ils sont ensemble, quel bruit ! malheur au cheval de bois qu'ils se disputeront, non parce qu'ils en ont envie, mais parce que l'un veut satisfaire son amour des batailles et l'autre son penchant à la domination. L'enfant malingre ne joue pas; l'hypocrite et le menteur jouent peu; il n'y a que les bons petits cœurs qui jouent avec entrain, mais chacun à sa manière.

La petite fille câline et endort sa poupée; elle est aux petits soins pour son frère. Quant aux garçons, leur divertissement favori, c'est le tapage.

Regardez-bien, vous n'avez pas tout appris. Vous connaissez l'enfant, mais voici que vous allez vous connaître vous-même. On joue *école*. Vous ne vous êtes pas encore aperçue que vous réprimandez avec trop de vivacité : votre remplaçant le sait, et en battant des pieds, des mains, en élevant le diapason de sa voix, il reproduit votre caricature. Vous avez un petit faible : nos Argus l'ont découvert, et le chef de la bande le leur jette en pâture, tout comme Aristophane livrait les utopies de Socrate à la risée du peuple athénien. On joue au roi, à la dame, au papa; regardez bien, vous servez toujours de type. Soyez certaine qu'on ne se moque pas de vous; tout simplement on vous imite pour se grandir. Regardez donc bien ! Il n'y a pas de malice, du moins rarement.

Une autre conclusion se présente à notre esprit : respectez la spontanéité de ces manifestations de la vie. Toute intervention, qu'elle soit bien ou mal accueillie, est fatale, par cela seul qu'elle arrête l'élan et que l'enfant d'actif devient passif.

Votre supériorité même vous donne tort; ou bien l'enfant

n'est pas à la hauteur de votre conception et elle l'ennuie. Nous ne suivrons pas cette hypothèse, car il suffit de réfléchir un instant pour comprendre les funestes résultats de la contrainte, des *récréations ennuyeuses,* comme disent naïvement les écoliers.

Mais si les enfants comprennent votre conception, s'ils la trouvent supérieure à la leur, s'ils s'en emparent, ils perdent leur initiative, ils ne s'amusent plus sans vous. Les muscles sont encore en mouvement, la voix s'exerce, mais l'intelligence a cessé de créer : la vie a perdu une de ses manifestations les plus importantes à cette période de l'existence. — (1)

(Mlle Gatti de Gamoi d.)

EXERCICE D'ORTHOGRAPHE D'USAGE
Sur le doublement des Consonnes.

Une des difficultés incessantes de l'Orthographe d'Usage, et qui fait le désespoir des Maîtres et des Élèves, c'est sans contredit le *doublement des consonnes.* Les Maîtres ne savent ni ne peuvent donner de règles sur cette difficulté, et les Élèves accusent leur mémoire de les mal servir à cet égard. — Que faire pour surmonter cet obstacle?

Voici ce que nous proposons : c'est de *dresser une liste* des mots rebelles à la mémoire ; — puis, *copier* plusieurs fois chacun de ces mots ; — et enfin, se les faire *dicter,* pour s'assurer qu'on en a retenu l'orthographe.

Nous allons donner un *Exercice* qui renferme des mots à consonnes doubles, mêlés à d'autres mots à consonnes simples. — On se fera d'abord *dicter* tous ces mots, pour distinguer ceux qu'on sait de ceux qu'on ne sait pas ; — puis *on copiera* plusieurs fois (ainsi que nous l'avons déjà dit) ceux sur lesquels on se sera trompé, afin de les bien apprendre (2).

---

(1) Extrait de l'*Éducation de la Femme, Revue mensuelle dirigée par* Mlle Gatti de Gamond, à Bruxelles.

(2) Quand on copiera plusieurs fois ces mots, il faudra les écrire *les uns sous les autres,* en colonnes, pour que l'œil saisisse mieux leur conformation, leur physionomie, c'est-à-dire leur orthographe ; *car*

Il est inutile de faire remarquer que cet Exercice ne contient pas tous les mots où les consonnes se doublent ou ne se doublent pas. Il en est beaucoup d'autres moins usités, que chacun pourra ajouter selon ses besoins.

Cet Exercice est extrait d'un ouvrage manuscrit d'un de nos amis, Mr Lafaye, Professeur de Mathématiques très-distingué, à Bordeaux; ouvrage dont la publication serait fort utile aux Instituteurs et à leurs élèves.

Nota. — Il faut remarquer que sur les 20 consonnes, il n'y en a que 13 qui se doublent.

On a suivi l'orthographe du *Dictionnaire de l'Académie* (sixième et dernière édition, 1835.)

B. — Abbé, abbaye, abaisser, aberration, sabbat, rabbin, abolir, abreuver, abuser.

C. — Accointance, acacia, acajou, acariâtre, s'accroupir, accourir, accrocher, acquiescer, acquisition, bacchanal, saccager, pacager, bocage, ecclésiastique, occupation, oculiste, succomber, succursale, peccadille, succulent, accaparer, raccommoder, raccourcir, accumuler.

D. — Addition, adresse, reddition, adhésion, s'adonner, adosser.

F. — Offrande, offusquer, effigie, éfaufiler, raffineur, Afrique, bouffon, souffrir, soufrer, difforme, buffet, suffrage, pantoufle, joufflu, camouflet, escogriffe, chiffon, biffer, chiffre, fifre, taffetas, siffler, persifler, souffler, boursoufler, truffe, coffre, gaufre, greffier, greffer, chauffage, coiffure, carafe, girafe, giroflée, rafler, rafale, raffoler, piaffer, raifort, buffleterie.

G. — Agglomérer, aggraver, agrafer, agacer, agréer, agrégation, agresseur, agglutiner.

L. — Alléger, allégir, alourdir, ballade, ballet (danse), balai, balle, ballot, cristalliser, intervalle, dalle, ellipse, héliotrope, velléité, fidèle, modèle, moelle, clientèle, frêle, il gèle, il grêle,

---

l'œil a aussi sa mémoire; ce qui le prouve, c'est que lorsqu'on doute de l'orthographe d'un mot, on l'écrit quelquefois de deux manières, pour que l'œil *se rappelle* comment il l'a vu.

illicite, illisible, illuminer, illusion, allumette, alluvion, folliculaire, solitude, sollicitude, mollet, molaire, collége, collatéral, collet, collier, collerette, encolure, encollage, colline, colifichet, colibri, colloque, Apollon, apologie, colophane, pusillanime, syllabe, silex, silhoüette, tranquille, codicille, gille, gi.et, imbécile, imbécillité, idylle, ventilation, vacillation, barcarolle, bricole, étole, boussole, corolle, mollesse, ébullition, pulluler, nulle, nullité, annuler, bulle, tulle, globule, une salle, un salon, caleçon, cellule, pilule, emballer, empaler, hélice.

M. — Gamme, amalgame, épigramme, épithalame, immense, imaginable, immatériel, imminence, éminence, commère, commérage, commune, comédien, comestible, commotion, commissaire, comice, consommer, nommer, nomination, innommable, innomé, dommage, chómage, hommage, homicide, sciemment, conséquemment, patiemment, galamment, constamment, apparemment, nuitamment, indépendamment, ardemment, évidemment, différemment, prudemment, bonhomme, bonhomie, prud'homme, prud'homie.

N. — Annonce, annexe, anneau, annulaire, année, Suzanne, annuaire, annuité, fané, canal, cannelure, cannelé, cannelle, panneau, panache, tyrannie, tannerie, rubanerie, paysannerie, courtisanerie, sultane, musulmane, hygiène, méridienne, garenne, étrenne, innocence, inné, monnaie, monétaire, sansonnet, bergeronnette, marionnette, ramoneur, prôneur, pronostic, détonation, détonner, tonnerre, tonneau, donner, donation, donateur, donneur, consonnance, dissonance, gasconnade, gasconisme, canonnière, canonique, canonicat, chiffonnière, cartonnier, cartonnage, pontonnier, pontonage, cantonnement, cantonal, confessionnal, national, espionnage, patronage, patronnesse, patronal, patronymique, violoniste, bâtonniste, baronnie, colonne, colonie, colonel, maçonnique, nonne (religieuse), Sorbonne, sorboniste, carbonnade, cassonade, rationnel, rationaliste, Narbonne, Lacédémone, Carcassonne, Barcelone, Péronne, tunnel, nautonier, marronnier, occasionner, annoncer, énoncer, baïonnette, s'ennuyer, s'enivrer, s'enorgueillir, hennir, citronnier, limonier.

P. — Apparence, apercevoir, appartenir, appuyer, opposition, opportunité, monopole, supplice, supplanter, supplémentaire, supériorité, opprimer, écloppé, clopin-clopant, grappe, trappe, attraper, échapper, taper, envelopper, galoper, échoppe, crêpe, Dieppe, grippe, nippes, équipe, friperie, jupe, occupation, huppe, groupe, croupe, houppe, apaiser, apprécier, aplanir, aplatir, appauvrir, s'approprier, s'appesantir, Hippolyte, hypocrite, hypothèse, Apollon.

R. — Harasser, arroser, aromatiser, arrêter, une arête, arrivage, arrondissement, arrière, arable, arrogant, haras, carrosse, charrue, charrier, charroyer, barrique, baril, parrain, marraine, baraque, baroque, barrage, barrière, embarras, carrière, carrousel, tintamarre, jarre, cigare, désarroi, narration, bigarrure, bizarrerie, carrément, bagarre, gabare, ferrugineux, cirage, sérail, térébenthine, terrasser, interroger, intérieur, interrompre, perroquet, perruquier, merrain, verrue, verrou, derrière, cimeterre, cimetière, équerre, erroné, irascible, bouracan, bourrache, bourrasque, nourrisson, coriace, coryphée, correction, corruption, correspondance, abhorrer, torréfier, occurrence, résurrection, courir, courrier, catarrhe, tartare, hémorrhagie, perron, larron, marron, il enverra, il mourra, araignée, arrhes, marc, chariot, carriole, charrette, éruption, irruption.

S. — Transsubstantiation, désuétude, préséance, entresol, parasol, tournesol, havresac, monosyllabe, polysyllabe, dissyllabe, trissyllabe, se dessaisir, se ressouvenir, ressortir.

T. — Attirer, attroupement, atteler, atelier, atermoyer, atrabilaire, atout, combattre, bataille, abattre, abatis, latte, agate, flatteur, goutte (d'eau), goutte (maladie), dégoûtant (répugnant), dégouttant (laissant tomber des gouttes), nettoyer, trompette, il trompète, étiquette, il étiquète, inquiète, complète, requête, enquête, il projette, s'acquitter, pittoresque, grotesque, littéraire, grotte, carotte, papillote, marotte, gavotte, compote, il complote, il trotte, il chuchote, il clignote, il chevrote, il marmotte, il vivote, marmotte, marmite, lutte, hutte, cravate, redingote, lévite, capote, pelote, linotte, ballotter.

Z. — Lazzi, horizon, mezzo-termine, dizaine, azur.

FIN DE L'EXERCICE.

SUR LA MUSIQUE.

La Musique est de tous les beaux-arts celui qui enivre l'âme avec le plus de charme pour la transporter dans un monde idéal. (Joseph Droz.)

Les airs simples sont les seuls durables, les seuls qui s'adressent à l'âme et que tous les hommes comprennent.

(Le même.)

La musique donne à l'âme une véritable culture intérieure, et fait partie de l'éducation du peuple. Elle a pour effet de développer les deux organes de l'ouïe et de la parole, d'adoucir les mœurs, de civiliser les classes inférieures, d'alléger pour elles les fatigues de leurs travaux, et de leur ménager un plaisir innocent, à la place d'amusements souvent grossiers et ruineux.

(Guizot.)

QUELQUES RÉFLEXIONS SUR L'ÉDUCATION,
PAR DIVERS AUTEURS.

L'éducation faite en s'amusant disperse la pensée; la peine en tout genre est un des grands secrets de la nature. L'esprit de l'enfant doit s'accoutumer aux efforts de l'étude comme notre âme à la souffrance. (Mme de Staël.)

C'est à l'éducation des femmes qu'il faut s'appliquer surtout, car chaque mère est une école. (Michelet.)

Le premier et le plus essentiel objet de l'éducation est le développement moral de l'homme. Afin que l'homme possède d'une manière puissante toutes ses facultés, qu'il les exerce avec toute l'énergie, et qu'il leur donne toute la mesure de mouvement dont elles sont susceptibles, il faut que, dans le premier âge et dans tout ce qui devient l'objet de ses études, son cœur et son esprit, son imagination et sa sensibilité, agissent à la fois. (Thomas.)

C'est la mère qui imprime à l'enfant les premières idées et les habitudes les plus puissantes, comme elle commande les premières, les plus tendres et les plus durables affections. (Dubois.)

L'éducation reçue par les jeunes filles se propage beaucoup plus que l'éducation reçue par les hommes; l'homme reçoit l'instruction, il va la perdre dans les travaux extérieurs auxquels sa vie d'action le condamne ; la jeune fille la rapporte à la maison, la communique à ses frères, à ses sœurs, et, plus tard, à ses enfants. C'est un enseignement mutuel qui se répand dans une proportion toujours croissante ; il a toute l'efficacité d'un sentiment, il a la toute-puissance de la nature.   (Lamartine.)

Il faut cultiver l'intelligence en suivant une voie qui mette l'enfant en état de découvrir lui-même les règles, les motifs, les principes de ce qu'on lui enseigne. On ne possède bien que ce qu'on a trouvé soi-même.   (Baron.)

Il faut s'attacher à développer et à fortifier l'observation des enfants et des adolescents en portant leur attention sur les objets dont ils sont environnés, les diriger constamment vers un but utile à eux et à leurs semblables.   (Pestalozzi.)

PEU DE PRÉCEPTES, BEAUCOUP D'EXEMPLES.

Depuis longtemps, il est démontré qu'une méthode escortée de discours savants et étudiés, de règles et de principes, est longue et souvent hérissée d'épines ; tandis que celle qui procède *par des exemples* a le double avantage d'être plus courte et parsemée de fleurs. Donner des exemples, c'est instruire et amuser tout à la fois.   (Le chanoine Schmid.)

Peu de préceptes et beaucoup de pratique.   (Lacroix.)

L'expérience a prouvé que, dans le premier enseignement, la pratique doit précéder la théorie.   (G. Ritt.)

Maîtres, peu de discours !... Donnez vos leçons *en exemples*, et soyez sûrs de leur effet.   (J.-J. Rousseau.)

Les exemples instruisent plus que les préceptes.
       (Lebatteux.)

Peu de préceptes et beaucoup d'usage.   (Ramus.)

Per varios usus artem experientia fecit,
Exemplo monstrante viam.
       (Manilius.)

En mille essais divers, la sage expérience,
Par l'exemple guidée, a formé la science.
       (Traduction de M. le chevalier Allent.)

2me PARTIE,

POUR LES ÉLÈVES DES DEUX SEXES.

CONNAISSANCES DIVERSES.
MÉLANGES INSTRUCTIFS ET AMUSANTS.

NOUVEAU TAMBOUR.

L'influence du rhythme et des sons vibrants ou éclatants sur le moral de l'homme a été connue de tout temps : aussi voit-on tous les peuples, pour stimuler leur ardeur belliqueuse ou pour régler leurs marches et évolutions militaires, employer soit le chant, soit des instruments plus ou moins perfectionnés.

Les anciens peuples à demi sauvages, nos ancêtres les Gaulois, par exemple, avaient, indépendamment de leurs chants de guerre, des trompes faites de cornes d'animaux ; les Grecs et les Romains avaient des instruments de cuivre de formes diverses ; les Hébreux avaient aussi une sorte de musique militaire, puisque, d'après la Bible, ce fut au son des trompettes de Josué que tombèrent les murs de Jéricho.

Il était réservé aux Arabes, sinon d'inventer, du moins d'introduire en Europe un instrument dont l'origine première est chinoise et qui était destiné à régler le pas des plus grandes armées du monde, à entraîner au combat les nations les plus civilisées ; nous voulons parler de l'instrument à percussion appelé *tambour*.

L'emploi de cet instrument, dont le nom est arabe, commença en Europe à la suite des croisades et des invasions sarrasines ; la France le mit en usage vers le milieu du quatorzième siècle, sous le règne de Philippe de Valois. Depuis cette époque, il s'est de plus en plus généralisé, et aujourd'hui ce ne sont plus seulement les armées qui l'emploient, il est encore adopté dans la vie civile pour rassembler les populations, qu'il s'agisse d'une publication de l'autorité, de quelque sinistre appelant un secours urgent, ou enfin tout simplement d'une annonce pour quelque spectacle forain.

Malgré l'usage, pourrait-on dire universel, de cet instrument, peu de modifications, peu de perfectionnements surtout y avaient encore été apportés ; le mode de serrage de la peau était resté très imparfait ; le fût, malgré l'incommodité de son volume et de son poids, avait gardé à peu près les mêmes dimensions ; le besoin d'une caisse plus commode, généralement senti, n'avait pu encore être satisfait.

Aujourd'hui, Mr Grégoire offre un modèle de caisse plate, dont les conditions habilement conçues, perfectionnées encore depuis sa première apparition en 1851, réalisent, il est permis de le dire, le but que l'inventeur s'était proposé.

La *Tarole*, en effet, présente les avantages suivants sur l'ancienne caisse :

Avec le même diamètre, elle n'a que 18 centimètres de hauteur, et par conséquent est plus portative, plus légère et plus commode, soit pour le soldat en marche, soit à l'orchestre, soit pour la musique de cavalerie ou pour les chasseurs à pied, auxquels son emploi est d'une si grande utilité.

Elle se serre au moyen d'écrous, d'une manière plus facile et plus régulière.

Combinée d'après l'étude expérimentale des lois de l'acoustique, elle a la même puissance de sonorité et un timbre plus éclatant encore, ce qui est dû au moindre volume d'air qu'elle contient. Plus une caisse est longue, en effet, outre qu'elle est plus dure à battre, plus le son en est sourd et embrouillé ; la Tarole, au contraire, a le son clair, très net, et le plus faible coup de baguette est distinctement entendu, avantage particulièrement précieux, quand on l'emploie dans la musique.

Enfin, comme facilité d'entretien, comme solidité, elle ne peut que gagner à la comparaison avec les caisses de l'ancien système.

L'usage de la Tarole n'oblige à aucun changement dans le fourniment du tambour ; son emploi pourtant offre encore ces avantages comme économie et commodité, que l'on peut, soit réduire la largeur de l'ancien collier, soit le remplacer par le collier-sautoir, qui est composé d'une sangle ayant un coulant et une chape métallique à chacune des extrémités qui sont réunies par un anneau. Ce collier, qu'on peut aisément raccourcir ou rallonger à volonté, est propre à être mis par dessus aussi bien que par dessous le vêtement ; on peut d'une bretelle de caisse faire deux bretelles de Tarole, réduire aussi la cuissière et même la supprimer.

Au point de vue du rôle de l'instrument dans les marches, la Tarole offre encore un autre avantage : les tambours munis de la Tarole peuvent exécuter les batteries même au pas gymnastique, sans suspension ni altération ; aussi ils ont une véritable supériorité sur les tambours munis de l'ancienne caisse, qui tourne, bondit, gêne, et qui produit un frottement sur la jambe à chaque pas, incommodités qui fatiguent et nuisent beaucoup pour l'agilité. Ils ont la même supériorité sur les clairons, obligés de s'alterner pour reprendre haleine, et forcés de suspendre dans toutes les marches, car alors la troupe perd la cadence du pas, qui n'est pas enlevé, se fatigue beaucoup, et l'aspect militaire perd de sa grave régularité.

Ce nom de Tarole, dont les éléments se trouvent dans les deux mots *tambour* et *roulement,* en a été tiré pour être appliqué à la caisse plate par l'inventeur. A une chose nouvelle, il faut un nouveau nom ; le plus souvent, on cherche pour cela quelque racine grecque ou latine ; celui-ci est formé tout simplement de ces syllabes sonores propres à la fois à exprimer et à rappeler l'idée de l'instrument et de l'instrumentiste.

Il a l'avantage de pouvoir former des composés, ainsi que le montre déjà l'usage de désigner celui qui s'en sert par le nom de *taroliste.* — (*)

ADIEUX A UN RUISSEAU.

Charmant ruisseau, vous fuyez cet ombrage
Et ce vallon protégé par les cieux,
Comme si l'on pouvait être ailleurs plus heureux.
Vous avez tort de quitter ce bocage
Et ces bords paisibles et purs.
Imprudent, vous courez aux cités d'où j'arrive!...
Ah! pendant vos succès futurs,
Vous regretterez cette rive,
Et vos rochers déserts et vos antres obscurs :
Sans retour, onde fugitive,
On vous voit renoncer à des charmes si doux!...
Je ne ferai pas comme vous.

(Comte Anatole de Montesquiou.)

(*) Extrait de l'*Invention*, *Journal mensuel de la propriété industrielle ;* publié par Ch. DESNOS-GARDISSAL, ingénieur civil, etc., etc. — On s'abonne à Paris, boulevard St-Martin, 29. — (Prix : 8 francs par an.)

QUELQUES DÉTAILS DE STATISTIQUE.

Consommation du Pain, de la Viande, etc. — Durée moyenne de la vie en France. — Nombre des chiens et des chats.

La question de la Boulangerie a nécessité des recherches statistiques d'où résultent des faits assez curieux.

La population de la Capitale a été divisée par âges de la manière suivante : enfants de 1 à 5 ans mangeant 186 grammes de pain par jour ; enfants de 5 à 10 ans, 372 grammes ; de 10 à 15 ans, 558 grammes ; individus de 15 à 70 ans, 868 grammes pour les hommes et 434 grammes pour les femmes.

Ceux qui mangent le plus de pain frais et tendre ne sauraient en consommer par jour plus de 744 grammes. Les mangeurs ordinaires absorbent 558 grammes ; les ouvriers, 1 kil. 488 grammes ; les cultivateurs, 1 kil. 488 grammes ; les femmes qui nourrissent, 744 grammes ; les vieillards de 70 ans et au-dessus, 288 grammes ; enfin, on estime que les étrangers faisant partie de la population mobile, mangent de 454 à 868 grammes.

750 grammes de pain, 500 grammes de viande, 750 grammes de légumes ou autres, divisés en trois repas, suffisent ordinairement, pour un jour, à un appétit robuste.

Quant au vin, une bouteille par jour est une quantité considérable ; deux bouteilles de bière font moins d'effet. Cependant, aux hommes occupés à des travaux corporels, il faut une alimentation vigoureuse et quelques excitants.

La consommation du pain diminue toujours dans les années abondantes en vin, tandis qu'elle augmente dans les années stériles.

Plus le prix du blé est élevé, plus le nombre des décès augmente.

On a constaté que la durée moyenne de la vie en France, qui avait été de 32 ans de 1817 à 1830, a été de 1856 à 1859 de 37 ans et demi.

On compte un chat sur trente personnes, et un chien sur seize ; et on estime à 3 millions de kilogrammes par an le pain qu'ils consomment.

LE MOINEAU.
Fable.

Dans une belle cage, auprès de sa fenêtre,
  Un bon vieillard élevait un moineau.
    Heureux était l'oiseau,
    S'il suffit du bien-être !
    Parlant peu, mangeant bien,
  Il s'engraissait en ne pensant à rien.
Mais voici qu'un beau jour, de sa cage entr'ouverte,
  Voyant au loin briller la plaine verte,
  Il sort et vole où l'instinct le conduit.
  Là, dans un bois, sombre et charmant réduit,
    Il trouve et des sœurs et des frères,
  Et de la vie apprend les doux mystères.
Car, si moineau qu'on soit, on a toujours un cœur,
Et c'est en le donnant qu'on trouve le bonheur.
  Un jour pourtant il veut revoir son maître,
    Sa cage et sa fenêtre ;
    Car, chaumière ou château,
  Des lieux où s'écoula l'enfance,
    Qu'on soit homme ou moineau,
  Toujours on garde souvenance.
Doucement donc, le soir, au rameau d'un pêcher,
Vers son ancien logis il revient se percher.
  Le bon vieillard l'aperçoit et lui crie :
    — Ingrat ! tu m'as quitté !
N'avais-tu pas chez moi plus que la liberté ?
    S'il est dans la saison fleurie
Quelque attrait fugitif à la vie en plein air,
  Que feras-tu quand reviendra l'hiver ?
    Reviens, ami, dans la retraite
    Où, d'une paix parfaite,
Tu jouis près de moi. Laisse courir les sots,
Ou bientôt tu n'auras que la peau sur les os.
    L'oiseau répond : — Bon maître !
Loin de toi j'ai perdu mon facile bien-être
  Et tous les soins que tu me prodiguais ;
Mais là-bas mon bonheur, mes plaisirs sont plus vrais.
  J'ai pour palais la forêt verdoyante,
J'entends au point du jour ma compagne qui chante !

    Ah ! légère est la pauvreté
Quand on a pour trésors amour et liberté ! — (*)

(*) Extrait de *La Gerbe, Recueil d'Anecdotes instructives et morales*. (In-18, 1882 ; à Paris, chez Chastel, rue Roquépine prolongée, 4, boulevard Malesherbes.) — Prix : 80 c.

UNE APPLICATION ORIGINALE DE LA MÉCANIQUE.

Tout le monde a entendu parler de la fameuse machine à hacher le persil du docteur Smollet. Vers la fin du dernier siècle, une invention de ce genre passait pour ce qu'il y a au monde de plus excentrique : il vient de s'en produire une non moins originale, ayant pour but la fabrication rapide d'un objet pour lequel, de temps immémorial, l'homme n'avait jamais pensé à se servir d'autre chose que de ses doigts. M. Berghausen, de Cologne, vient d'inventer et de faire fonctionner, à la satisfaction générale des épiciers et débitants de tabac de la patrie du célèbre Jean-Marie Farina, une machine à faire les cornets de papier. Le mécanisme en est simple : une manivelle qui peut être tournée sans excès de fatigue par une femme ou par un enfant fait mouvoir des rouages qui, sur une plate-forme de bois, présentent à une lame mobile le papier, qu'elle débite par bandes, en morceaux de la grandeur désirée ; une pince reprend les morceaux, et les présente par un bord à un pinceau chargé de colle. De là les morceaux de papier encollé vont se placer successivement sur un moule conique qui les termine et les laisse tomber dans une corbeille. Tout cela est fait en moins de temps qu'il n'en faut pour le dire. Avec de très-légères modifications qui se font en un instant à l'aide de quelques pièces de rechange, la machine à faire les cornets de M. Berghausen fait également vite et bien les sacs de papier de diverses grandeurs. Faire des cornets de papier à la main, c'est une occupation qui laisse à l'esprit la liberté de se livrer à des réflexions philosophiques ou autres, au goût des personnes. Pour certains commerces de détail, cette occupation absorbe un temps considérable qui peut être mieux employé. Je n'ose pas vous dire combien la machine de M. Berghausen peut faire de cornets par heure : vous ne me croiriez pas. Le bon marché fabuleux des cornets fabriqués à la mécanique assure le succès de cette humble mais utile invention ; les petits débitants n'auront plus aucun intérêt à perdre leur temps à rouler des cornets de papier ; les détaillants sur une plus grande échelle trouveront de l'économie à acheter une machine Berghausen, dont le prix est extrêmement modéré. —(*)

(*) Extrait du *Journal des Instituteurs,* publié à Paris, par PAUL DUPONT.

CONSEILS D'UN PÈRE A SA FILLE.

Ma fille, tu grandis ; en sortant de l'enfance,
Quittes-en les défauts, gardes-en l'innocence.
Aimable et cher objet de mes plus tendres soins,
Ton amour est pour moi l'un des premiers besoins.
Puisqu'à dix ans, telle est ta précoce sagesse,
Qu'un discours sérieux te plaît et t'intéresse,
Écoute des avis d'où dépend ton bonheur ;
Ainsi que ton esprit, je dois former ton cœur.
Aux travaux de ton sexe, aux détails du ménage,
Prélude en imitant la mère la plus sage.
Règle, dans son essor, ta curiosité ;
Qu'elle soit naturelle et sans malignité.
De tout ce qu'en secret tu vois ou faire ou dire,
La vertu te défend de chercher à t'instruire.
Pour ton repos, tes mœurs, même pour ta santé,
Garde comme un trésor ton ingénuité.
A ce Dieu qui d'un souffle anima la matière,
Offre, soir et matin, tes vœux et ta prière.
Aux auteurs de tes jours, obéir est ta loi ;
Exécute à l'instant ce qu'ils veulent de toi.
Dans ta soumission, un retard, un murmure,
En blessant leur amour, outrage la nature.
Respecte la vieillesse et ses infirmités,
Ne plaisante jamais de ses difformités ;
Dans un corps contrefait, soupçonne une belle âme :
Le vice seul est laid et mérite le blâme.
Brille par la décence et par la propreté;
Tout autre luxe est fard et ternit la beauté.
Des besoins d'un ami que ton cœur t'avertisse ;
Dois-tu le reprocher, ne rends pas un service.
N'écoute ni ne tiens d'immodestes propos ;
Garde-toi de l'orgueil, c'est le vice des sots.
On refuse l'éloge à qui s'en montre avide ;
On aime le talent, mais modeste et timide.
Écoute, observe tout ; tais-toi si l'on médit :
Dans cette occasion, le silence est esprit.
De dégoûts, de regrets et de douleurs suivie,
La folle intempérance abrégerait ta vie.

Que la sobriété préside à tes repas ;
Satisfais tes besoins, ne les excite pas.
La sagesse sévère intimide, effarouche ;
Son aimable leçon nous captive et nous touche.
Sans affectation, sans apprêt, sans fadeur,
Prouve ta politesse, exerce ta douceur.
D'une vie uniforme adopte l'habitude ;
Du travail passe au jeu, du jeu passe à l'étude.
Point de prétentions ; avec grâce, avec goût,
Sache écrire, parler, travailler, faire tout.
Accorde sans hauteur, demande sans bassesse,
Donne avec abandon, reçois avec noblesse.
Apprends à réprimer ton premier mouvement ;
Commande sans humeur, discute poliment.
Songe qu'aux affligés la joie est importune ;
Riche, fais des heureux, soulage l'infortune.
Toi-même deviens-tu la victime du sort,
Sans compter sur autrui, rame et cherche le port.
Sois grande, libérale, évite l'avarice ;
De celui qu'elle atteint, elle fait le supplice.
De l'avare n'attends nul sentiment humain ;
Son âme se dessèche, et son cœur est d'airain.
La louange corrompt ; préfère la censure :
Son utile secours rendra ta marche sûre.
A plaire cherche moins qu'à te faire estimer :
On s'expose au mépris quand on veut tout charmer.
A ta promesse sache être toujours fidèle ;
Garde bien un secret ; défends-toi d'un faux zèle.
Rends le bien pour le mal ; use sans abuser ;
Sans engouement admire ; abstiens-toi de railler.
Aux calomniateurs réponds par le silence ;
On est fort quand on a pour soi sa conscience.
Stérile est la pitié qui s'exhale en discours ;
A qui souffre sois prompte à donner du secours.
Oppose le pardon à l'injure, à l'offense,
Le calme à la colère, au mal la patience.
De la vengeance, enfin, étouffe tout désir :
Haïr est un tourment, aimer est un plaisir.
C'est un devoir sacré que la reconnaissance ;
Aucun âge, aucun titre, aucun rang n'en dispense.

Plains l'ingrat ; il trahit ses propres intérêts ,
Pour lui seul à leur source il tarit les bienfaits.
Des efforts que sur soi l'on arrive à se faire,
L'inestimable prix est un bon caractère.
Seule, es-tu sur le point de mal faire, dis-toi :
Dieu remplit l'univers, il a les yeux sur moi.
Près des maux qui pourraient éprouver ta constance,
Dieu, pour te consoler, a placé l'espérance.
L'espérance ! sans elle à mourir destiné,
L'homme jouirait-il du bonheur d'être né ?
Si... combien cette idée alarme ma tendresse !
Si tu tombais un jour dans l'extrême détresse,
En te décourageant, n'accrois pas ton malheur ;
A la douce espérance ouvre plutôt ton cœur.
Ma fille, ici je veux, dans une loi précise,
T'offrir de la morale une exacte analyse.
Jusqu'au dernier moment chéris avec ardeur
Dieu, ton roi, ton pays, ta famille et l'honneur.
Quand des liens du corps l'ordre de la nature
Un jour affranchira ton âme chaste et pure,
De l'austère vertu tu n'auras pas en vain
Fidèlement suivi le pénible chemin ;
De gloire et de bonheur un héritage immense,
Au séjour des élus, sera ta récompense. — (1)

* * *

L'ENCRIER RENVERSÉ.

Le roi d'Espagne, Philippe II, avait passé la nuit entière à faire des dépêches ; vers le point du jour, il les donna à son secrétaire, qui les étala toutes sur une table pour y mettre les adresses. Pour qu'elles ne s'effaçassent pas, le secrétaire voulut y mettre du sable ; mais comme il était à moitié endormi, au lieu du sablier il prit l'encre, et la répandit tellement que tout l'ouvrage de la nuit fut perdu. Philippe lui dit tranquillement :

« Voilà l'encrier, et voici le sablier. » Et sans montrer d'impatience, sans faire de reproches, il se mit à récrire ce que l'inattentif secrétaire avait gâté. — (2)

<hr>

(1) Extrait d'un ouvrage de M\ L.-J. Larcher, intitulé : *Opinions des Anciens et des Modernes sur l'Éducation des filles, ou le Livre des Institutrices et des Mères de famille.* (In-12, à Paris, chez Larousse et Boyer, rue Saint-André-des-Arts, 49). — Prix : 3 fr.

(2) Extrait de *La Semaine des Enfants,* publiée à Paris, chez Lahure et C\.

QU'EST-CE QUE LA MER?

Le morceau qu'on va lire est extrait d'un article de la *Revue de l'Instruction publique* (publiée par la maison Hachette), à l'occasion d'un nouveau livre de M^r de La Landelle, intitulé : *Le Tableau de la Mer.* (Un vol. in–18.)

« D'abord, qu'est-ce que la mer? M. de La Landelle qui la connaît, qui l'aime, qui a consacré vingt volumes aux souvenirs variés qu'elle lui a laissés, serait peut-être lui-même fort embarrassé s'il était obligé de nous en donner une définition courte, nette et précise. Il y en a en effet un si grand nombre que le choix est difficile, car chacun la juge à son point de vue. C'est l'amas des eaux, dit la Genèse. Pour le géographe, c'est les trois quarts de la surface du globe; pour le grammairien, c'est seulement la masse d'eau qui entoure les continents. Les savants y voient toute autre chose : interrogez un chimiste, et il vous répondra gravement que la mer est un amas énorme de protoxyde d'hydrogène tenant en dissolution du chlorure de sodium dans la proportion de 4 pour 100, avec des molécules de sulfate d'oxyde de magnésium, et des particules iodurées et ammoniacales. Le physicien n'y verra point toutes ces belles choses, mais en revanche il vous parlera d'une foule de phénomènes merveilleux dont la science cherche sans beaucoup de succès l'explication : marées, trombes, tempêtes, courants, vents, etc. Aimez-vous mieux vous adresser à un naturaliste : la mer ne sera plus que le séjour d'une infinité d'êtres de toute grandeur, poissons, reptiles, oiseaux amphibies, mollusques, zoophytes, crustacés, plantes, coquillages, coraux, madrépores, etc.

» Tout cela n'est pas très-satisfaisant : que serait-ce si nous continuïons cette enquête, et si nous interrogions maintenant l'hydrographe, le jurisconsulte, l'astronome, le matelot, le poète, le poète surtout, qui nous donnerait tant de périphrases élégantes, tant de vers harmonieux, mais si peu d'expressions justes? Le négociant nous dirait que la mer est une grande route, le diplomate une question, le philosophe une goutte d'eau dans l'infini, l'historien un champ de bataille, le géomètre un corps dont on ne peut calculer exactement que la surface. Mais à quoi bon suivre plus longtemps l'auteur du *Tableau de la Mer* dans cette recherche qu'il semble n'avoir indiquée que pour mieux faire sentir la difficulté d'arriver à un résultat! Cette définition, M. de La Landelle lui-même ne la donne pas; ou plutôt il la met dans l'ensemble de son livre, longue, mais détaillée et complète : c'était le meilleur moyen de résoudre la question.

» Il en est des livres consacrés à la mer comme de la mer elle-même : ils offrent toujours un nouvel attrait. Quand on a vécu quelque temps de cette vie de rêveries et d'émotions, on en conserve, en dépit des maux soufferts, un souvenir que rien n'efface; et à peine échappé au naufrage, le matelot de nos jours s'empresse, comme celui d'Horace, de réparer son navire pour braver de nouveau l'élément qui a failli lui être fatal. Celui même qui, restant au rivage, a sans cesse sous les yeux ce grand et magnifique spectacle, subit aussi cet entraînement, et ne se lasse jamais de phénomènes dont le retour régulier et prévu serait bien vite monotone partout ailleurs. C'est que rien n'est plus varié que cette apparente uniformité. Aussi, malgré tous les volumes écrits jusqu'à ce jour sur la vie navale, tout n'est jamais dit et l'intérêt est loin d'être épuisé. »

. . . .

(Victor Chauvin.)

QUELQUES PENSÉES SUR L'ÉTUDE,
PAR DIVERS AUTEURS.

On ne sait bien quoi que ce soit que longtemps après l'avoir appris. (Joubert.)

L'étude, abstraction faite du motif qui en inspire le goût, est toujours une utile et noble occupation. Comme le feu, elle éclaire et purifie. (Laténa.)

L'isolement n'est supportable qu'à la condition du travail; l'homme ne peut rester oisif et seul. (Guizot.)

Faites que vos études coulent dans vos mœurs, et que tout le profit de vos lectures se tourne en vertu. (Mme de Lambert.)

Il faut avoir beaucoup étudié pour savoir peu. (Montesquieu.)

L'ennui est entré au monde par la paresse; elle a beaucoup de part dans la recherche que font les hommes des plaisirs, du jeu, de la société. Celui qui aime le travail a assez de soi-même.

(La Bruyère.)

La tempérance et le travail sont deux vrais médecins de l'homme ; le travail aiguise son appétit, et la tempérance l'empêche d'en abuser.   (J.-J. Rousseau.)

L'homme oisif est comme l'eau qui dort, il se corrompt.
                                                        (Laténa.)

L'oisiveté est l'ennemie de l'âme.   (Saint Benoît.)

Tout vice vient d'oisiveté ; tout désordre public vient du manque de travail.   (Paul-Louis Courier.)

LE DISPUTEUR.

Auriez-vous, par hasard, connu feu monsieur d'Aube,
Qu'une ardeur de dispute éveillait avant l'aube ?
Contiez-vous un combat de votre régiment,
Il savait mieux que vous, où, contre qui, comment.
Vous seul en auriez eu toute la renommée,
N'importe, il vous citait ses lettres de l'armée ;
Et, Richelieu présent, il aurait raconté
Ou Gênes défendue, ou Mahon emporté.
D'ailleurs, homme de sens, d'esprit et de mérite ;
Mais son meilleur ami redoutait sa visite.
L'un, bientôt rebuté d'une vaine clameur,
Gardait, en l'écoutant, un silence d'humeur.
J'en ai vu, dans le feu d'une dispute aigrie,
Près de l'injurier, le quitter de furie ;
Et, rejetant la porte à son double battant,
Ouvrir à leur colère un champ libre en sortant.
Ses neveux, qu'à sa suite attachait l'espérance,
Avaient vu dérouter toute leur complaisance.....
Un voisin asthmatique, en l'embrassant un soir,
Lui dit : « Mon médecin me défend de vous voir. »
Et, parmi cent vertus, cette unique faiblesse
Dans un triste abandon réduisit sa vieillesse.
Au sortir d'un sermon, la fièvre le saisit,
Las d'avoir écouté sans avoir contredit.
Et, tout près d'expirer, gardant son caractère,
Il faisait disputer le prêtre et le notaire.
Que la bonté divine, arbitre de son sort,
Lui donne le repos que nous rendit sa mort,
Si du moins il s'est tu devant ce grand arbitre !
                                                        (Rulhière.)

ESPRIT ET BON SENS,
ou Recueil de Pensées, Maximes, Réflexions sur divers sujets,
Extraites de différents auteurs.

(Suite. — *Voyez la dernière livraison, page 239.*)

298. L'esprit est le côté partiel de l'homme, le cœur est tout.
(Rivarol.)

299. Nous portons tous en nous des principes naturels d'é-
quité, de pudeur et de droiture. (Massillon.)

300. L'homme oisif tue le temps ; le temps tue l'homme oisif.
(Commerson.)

301. « Hé! qui n'a pas d'esprit dans le siècle où nous sommes?...
» Mais un peu de bon sens est ce qui manque aux hommes.»
(***)

302. On ne donne rien si libéralement que ses conseils.
(La Rochefoucauld.)

303. Quelque bien qu'on nous dise de nous, on ne nous apprend rien de nouveau. (Le même.)

304. Ce que vous connaissez utile, bon à savoir pour chacun,
vous ne le pouvez taire en conscience... Parler est bien, écrire
est mieux, imprimer est excellente chose.
(Paul-Louis Courier.)

305. Otez les passions, l'intérêt, l'injustice, quel calme dans
les plus grandes villes ! Les besoins et la subsistance n'y font pas
le tiers de l'embarras. (La Bruyère.)

306. Le moyen de faire des amis que l'on puisse garder longtemps, c'est d'être longtemps à les faire. (Héreau.)

307. Ne nous flattons pas d'avoir beaucoup d'amis, un revers
de fortune peut seul nous en apprendre le nombre. (Stanislas.)

308. O divine amitié! passion sublime! sentiment des grandes
âmes! bonheur du monde, devant lequel tous les maux disparaissent ou s'affaiblissent, et tous les biens s'embellissent et s'ac-
croissent! ton nom seul me rappelle tous les charmes de la vie.
(Lacépède.)

309. Il y a une espèce de honte d'être heureux à la vue de
certaines misères. (La Bruyère.)

310. L'avarice et l'ambition sont plus mécontentes de ce qu'elles n'ont pas encore, qu'elles ne sont satisfaites de tout ce qu'elles possèdent. (Fénelon.)

311. Quand on a toute liberté, il sied bien de garder toute mesure.   (Victor Hugo.)

312. Je sais qu'on vit avec de l'argent, mais il ne faut pas vivre pour de l'argent.   (Chamfort.)

313. Les orgueilleux sont des sots, le dédain n'est qu'une ignorance.   (Lamartine.)

314. La vie est courte et ennuyeuse, elle se passe toute à désirer : on remet à l'avenir son repos et ses joies, à cet âge souvent où les meilleurs biens ont déjà disparu : la santé et la jeunesse. Ce temps arrive, qui nous surprend encore dans les désirs; on en est là, quand la fièvre nous saisit et nous éteint. Si l'on eût guéri, ce n'était que pour désirer plus longtemps.
                                         (La Bruyère.)

315. En aucune chose peut-être, il n'est donné à l'homme d'arriver au but; sa gloire est d'y marcher.   (Guizot.)

316. L'estime vaut mieux que la célébrité; la considération vaut mieux que la renommée; et l'honneur vaut mieux que la gloire.   (Chamfort.)

317. Quand on ouvre son cœur à l'ambition, on le ferme au repos.   (M. de V.)

318. On est prompt à connaître ses plus petits avantages, et lent à pénétrer ses défauts; on n'ignore point qu'on a de beaux sourcils, les ongles bien faits; on sait à peine que l'on est borgne; on ne sait pas du tout que l'on manque d'esprit.
                                         (La Bruyère.)

319. L'impartialité de l'histoire n'est pas celle du miroir qui reflète seulement les objets, c'est celle du juge qui voit, qui écoute, et qui prononce.   (Lamartine.)

320. Il est aisé de critiquer un auteur, mais il est difficile de l'apprécier.   (Vauvenargues.)

321. Le génie seul a la vertu de convertir ses conceptions en créations; le génie est essentiellement la puissance de faire, d'inventer, de créer; le goût se contente d'observer et d'admirer.
                                         (Cousin.)

322. Le talent d'instruire est de faire que le disciple se plaise à l'instruction.   (J.-J. Rousseau.)

(La suite au prochain numéro.)

Bordeaux, imprimerie de J. Delmas, rue Sainte-Catherine, 139.

JOURNAL D'ÉDUCATION

PHYSIQUE, MORALE, ET INTELLECTUELLE.

14ᵐᵉ année. — Nº 12. — Octobre 1863.

1ʳᵉ PARTIE,
POUR LES PARENTS ET LES PROFESSEURS.

PÉDAGOGIE (OU SCIENCE DE L'ÉDUCATION.)
DIDACTIQUE (OU ART D'ENSEIGNER.)

SUR LE DÉVELOPPEMENT DE L'ACTIVITÉ INTELLECTUELLE DES ENFANTS.

(Suite et fin. — *Voyez la précédente livraison, page 241.*)

Nous avons dit que la source de nos connaissances réside dans la faculté générale de sentir. Or, pour mettre la sensibilité en mouvement, il n'y a pas de meilleur moyen que les exercices d'*intuition*. Par la méthode d'intuition, nous donnons aux élèves la connaissance des objets qui les environnent et même des vérités qui n'existent que dans l'esprit. Ils acquièrent une idée claire et exacte des premiers, lorsque nous leur faisons considérer attentivement et avec étude les objets du monde matériel; les choses du monde moral et du monde intellectuel leur sont révélées intuitivement, quand nous les leur rendons en quelque sorte sensibles au moyen de figures, de dessins ou descriptions vives, frappantes, qui leur mettent pour ainsi dire sous les yeux les choses les plus abstraites. Ainsi, en faisant considérer aux élèves les choses physiques, l'image de ces choses s'imprime dans l'esprit des enfants, et de là résulte l'idée, la connaissance. Mais cette idée-image se grave d'autant plus profondément dans l'âme, que l'impression de l'objet sur l'organe a été plus forte. Si donc l'enfant considère les objets sans attention, l'impression ne laissera aucune trace dans son esprit. Nous pouvons voir par nous-mêmes qu'une foule de choses passent journellement devant nos yeux, et pourtant nous n'en gardons aucun souvenir, parce que nous ne les observons pas avec attention. En un mot, l'*attention* est la condition première de toute connaissance réelle et

23

durable. Mais nous savons tous aussi combien il est difficile d'obtenir de nos élèves un peu d'attention. Voyez cette troupe de commençants que j'ai là devant moi, et auxquels je voudrais enseigner les premières lettres de leur livre de lecture. J'écris d'abord sur le tableau la voyelle *i*, qui est la lettre la plus simple de l'alphabet; puis je me mets en devoir de leur faire voir toutes les parties qui la composent. Pour cela, j'écris séparément sur la planche noire tous les traits élémentaires qui servent à former cette voyelle; j'explique minutieusement aux enfants chacun de ces traits en particulier; même je donne un nom à chaque trait, à chaque partie de la lettre, je leur fais répéter ces noms : ils doivent me dire encore où commence, où finit chaque trait, comment on doit s'y prendre pour les tracer; bref, je n'oublie rien de ce que prescrit la théorie en pareil cas. Hé bien! voyons si mes élèves ont profité de cette leçon si savamment donnée! Connaissent-ils maintenant la lettre qui a fait le sujet de ma leçon? En ont-ils, au fond de l'âme, une représentation exacte, claire, c'est-à-dire la voient-ils intuitivement? L'image de ce caractère s'est-elle tellement imprimée dans leur esprit qu'ils puissent se la représenter à volonté, lors même qu'ils n'ont plus devant les yeux la lettre écrite au tableau? Non, si dans ma démonstration il a manqué le nerf principal : *l'action*. Si je suis resté froid, ils m'ont regardé faire d'un air indifférent; si j'ai bredouillé, ils ne m'ont pas compris; si j'ai parlé trop savamment de toutes ces choses, mes discours leur auront paru une énigme; si je me suis étendu trop longuement sur chaque minutie, ils auront bâillé d'ennui. Mais si dans mon exposition j'ai su prendre ce ton chaleureux, pénétrant, que tout instituteur un peu enthousiasmé de son sujet sait prendre; si mon débit a été net, clair, simple et à la portée des enfants; si chacune de mes paroles a été pour eux un trait de lumière; si mes gestes ont été expressifs, mes traits illuminés, oh! alors, voyez comme la scène change!

Regardez mes enfants. Voyez comme leurs yeux s'éclairent tout à coup! comme leurs traits s'animent! C'est que leur sensibilité est mise en mouvement; aux agitations de leurs membres, je vois que leur esprit travaille; le voilà qui se reflète dans leurs regards; voyez-vous ces éclairs qui partent de leurs yeux comme des traits rapides? Comme les figures de ces chers petits sont in-

téressantes à voir ainsi, parce que l'intelligence y brille! Il y a
maintenant du plaisir à les instruire, parce que toutes les paroles
qu'on leur dit pénètrent jusqu'au fond de leurs âmes ; ils sont
avides d'apprendre, parce qu'ils comprennent. La leçon est pour
eux un amusement, parce que leur instituteur a su trouver la
voie de leur cœur ; parce qu'il sait les intéresser par ses manières engageantes, simples, douces, par son langage affectueux,
amical. Pendant une demi-heure, il a su captiver leur attention,
non pas en s'occupant tout ce temps du même objet, mais par
son habileté à passer agréablement d'une chose à l'autre, sans
que ses élèves eussent eu le temps de trouver la leçon trop longue. — (*)

RÉFLEXIONS SUR LES ENFANTS,
PAR LA BRUYÈRE.

Les enfants sont hautains, dédaigneux, colères, envieux, curieux, intéressés, paresseux, volages, timides, intempérants,
menteurs, dissimulés ; ils rient et pleurent facilement ; ils ont
des joies immodérées et des afflictions amères sur de très-petits
sujets ; ils ne veulent point souffrir de mal, et aiment à en faire :
ils sont déjà des hommes.

La paresse, l'indolence et l'oisiveté, vices si naturels aux enfants, disparaissent dans leurs jeux, où ils sont vifs, appliqués,
exacts, amoureux des règles de la symétrie, où ils ne se par-
donnent aucune faute les uns aux autres, et recommencent eux-
mêmes plusieurs fois une seule chose qu'ils ont manquée : pré-
sages certains qu'ils pourront un jour négliger leurs devoirs,
mais qu'ils n'oublieront rien pour leurs plaisirs.

C'est perdre toute confiance dans l'esprit des enfants et leur
devenir inutile, que de les punir de fautes qu'ils n'ont point
faites, ou même sévèrement de celles qui sont légères. Ils savent
précisément, et mieux que personne, ce qu'ils méritent, et ils
ne méritent guère que ce qu'ils craignent : ils connaissent si c'est
à tort ou avec raison qu'on les châtie ; et ne se gâtent pas moins
par des peines mal ordonnées, que par l'impunité.

(*) Extrait du *Progrès, Journal de l'Éducation populaire*, publié à
Bruxelles. — Cet article est de Mr SIMON, Instituteur communal.

DU RIRE CHEZ L'ENFANT.

Le rire de l'enfant ne naît pas, comme celui de l'homme, de la vue d'un ridicule ou d'un rapport étrange et inattendu entre les idées, mais tout simplement de la joie intérieure. Un rien fait éclater ce rire si franc, si frais, si riche en quelque sorte, et qui trahit un si profond contentement. L'homme éprouve quelquefois lui-même de ces rires d'enfants qui n'ont point de raison, et qui sont produits par les causes les plus futiles : c'est le rire le meilleur et le plus sain, il relâche utilement les fibres de l'âme et nous donne une idée du bonheur de l'enfance, bonheur que nous avons oublié, parce qu'il consiste précisément dans un abandon et un oubli de soi-même qui ne laisse point de traces après lui.

(Paul Janet.)

Voyez (1re année de ce Journal, page 124) un article intitulé : *Rire*, extrait du *Manuel des Mères*, de Pestalozzi.

Il a paru, en 1862, un livre qui a pour titre : *Des causes du rire*, par Léon Dumont. (In-8°; à Paris, chez Durand, rue des Grès.)

Nous signalons à nos lecteurs la spirituelle boutade de notre poète bordelais, Mr Hippolyte Minier : *On ne rit plus.* (Voyez les *Actes de l'Académie de Bordeaux*, 24e année, 1862, page 257.)

Enfin, on trouve en tête des *Œuvres complètes de Regnard*, — (2 gros vol. grand in-8°, avec gravures, 1854; à Paris, chez Adolphe Delahays), — une *Bibliographie des ouvrages concernant le rire et le comique*, par Alfred Michiels. Cette Bibliographie spéciale contient l'indication de 42 ouvrages sur ce sujet.

IL FAUT OBSERVER DANS L'ÉDUCATION DE L'ENFANT

les lois que suit la nature dans le développement physique et intellectuel de l'homme.

Considérée comme science, l'éducation n'est en définitive que l'exécution des plans de la nature; elle est à cette grande artiste ce qu'est à un sculpteur de génie un habile praticien. Il ne faut donc pas vouloir inventer de nouvelles lois, une nouvelle nature; il ne faut pas pousser la jeune plante à une maturité précoce, ou, pour jouir plus tôt de la fleur qu'elle doit donner, forcer le bouton à s'épanouir avant le temps. Un médecin expérimenté ne se fait pas illusion. S'il obtient la guérison d'un malade, il en attribue l'honneur non pas à son art, mais à la nature. De même, dans l'éducation, il ne faut jamais le perdre de vue, c'est la nature qui développe : la science se borne à indiquer les moyens de provoquer, de faciliter ce développement. Le rôle de l'éducation consiste uniquement à soutenir, à suivre, à aider la nature dans son travail. Vous donc qui vous êtes chargés de cette noble mission, ayez égard aux indications de la nature, aux qualités individuelles de ceux qui vous sont confiés. N'admettez jamais de règles absolues ; étudiez, analysez, appréciez l'individualité de votre enfant ; recherchez ce que l'on peut en faire, ce qu'il est appelé à devenir, en tenant compte de ses dispositions naturelles, et alors placez-le dans la sphère la plus convenable, dans les conditions les plus favorables pour qu'il se développe et atteigne son but final. — (*)

(Th. Braun. — Cours de Pédagogie.)

DE L'ART DE LIRE.

Lorsque, dans une famille, plusieurs personnes possèdent l'art de lire, savent bien déclamer et aiment la Littérature, c'est pour les enfants une source d'amusement et d'instruction, parce que nos livres classiques offrent mille et mille occasions de trouver dans les auteurs des scènes qui éclaircissent les sujets dont on se préoccupe. Lors donc qu'une lecture utile peut se faire devant vos enfants, efforcez-vous de la rendre agréable, et accoutumez peu à peu les jeunes auditeurs à lire haut la prose et les vers. C'est souvent un moyen de corriger chez eux des vices de prononciation, comme le bégaiement, le bredouillement et le grasseyement; et si un enfant se trouve dans de bonnes mains, il fera ainsi, dès ses plus jeunes années, un cours préparatoire de Belles-Lettres très-profitable pour former son goût et lui faire surmonter les dégoûts des classes.

(L.-L. Vallée.)

(*) Cet article est extrait du Journal de l'Instruction publique, publié à Montréal (Bas-Canada), sous la direction de M. CHAUVEAU, Surintendant de l'Éducation.

BIBLIOGRAPHIE.

BIBLIOTHÈQUE D'UNE ÉLÈVE DE SAINT-DENIS.
Nouvelles instructives et morales.
PAR Mme ADAM-BOISGONTIER. — (*).

Nous avons annoncé, il y a déjà quelques années, une publication intitulée : *Cahiers d'une Élève de Saint-Denis. Cours d'études complet et gradué pour les Filles, et pour les Garçons qui ne suivent pas les Classes du Collége; par deux anciennes Élèves de la Maison de la Légion d'Honneur, et L. BAUDE, ancien Professeur au Collége Stanislas.*

Cette publication, qui se compose de 12 volumes (in-12), traite de toutes les matières qui constituent une éducation complète, sérieuse et solide ; cette collection représente une durée de 6 années d'études (2 volumes par an, ou 1 volume par semestre).

Ces 12 volumes sont précédés de 2 volumes *préliminaires* et suivis d'un volume *supplémentaire*, ce qui forme un Cours d'enseignement des plus complets et des mieux rédigés qui aient paru jusqu'à ce jour. — Chaque volume peut s'acquérir séparément, et à mesure que l'élève avance dans ses études. (Divers prix : depuis 1 fr. 50 jusqu'à 5 fr.)

L'Éditeur de cette utile et intéressante collection se propose de publier une suite de volumes, qui portera le titre de *Bibliothèque d'une Élève de Saint-Denis*, et dont le but est clairement exposé dans l'*Avis de l'Éditeur*, placé en tête du 1er volume que nous annonçons aujourd'hui ; nous ne pouvons mieux faire que de le donner ici textuellement :

« L'accueil fait par les mères de famille aux *Cahiers d'une Élève de Saint-Denis* a décidé l'éditeur de cette considérable publication à compléter la pensée sous l'influence de laquelle ces *Cahiers* ont été conçus et consciencieusement exécutés.

» Les *Cahiers* d'une Élève de Saint-Denis, ce sont les études ; — pour aller de front avec elles et pour leur succéder plus tard,

---

(*) Un volume in-12, orné de 4 gravures. — A Paris, chez Armand Le Chevalier, éditeur, rue de Richelieu, 60 ; — et à Bordeaux, chez les principaux libraires. — (Prix, cartonné : 2 fr.)

la *Bibliothèque d'une Élève de Saint-Denis* devient un complément nécessaire.

» Tandis que l'élève étudie les lettres et les sciences, qu'il nourrit et forme son esprit, qu'il acquiert les connaissances qui ne l'abandonneront plus, il est salutaire, il est indispensable qu'on l'habitue à une autre étude, qui plus tard sera celle dont il recueillera les fruits à chaque pas dans la vie : l'étude du cœur humain. Vainement, une fois entré dans le monde, l'enfant déjà développé cherchera-t-il à se rendre compte des caractères, des passions, des sentiments qui se présenteront à ses regards, s'il n'a été initié aux premiers essais de cette étude du cœur humain par de saines et bonnes lectures.

» Ce sont ces lectures que nous voulons mettre à la disposition de nos élèves, en maintenant ces lectures à la portée des lecteurs.

» Nous en demanderons les matériaux aux grands maîtres de nos différents siècles, de nos différentes écoles, aux Fénelon, aux Bossuet, aux Rollin, à ces femmes d'élite, telles que la marquise de Lambert, qui ont légué à la postérité leurs saines et nobles pensées; mais nous ferons pareillement appel aux plumes non illustrées, mais honnêtes et sages, consacrées par leur propre pratique de la vie avec l'enfance, de ces femmes de bien qui tiennent pour plus profitable à leur conscience, pour plus agréable à leur cœur, d'avoir semé quelques graines de raison et de sagesse dans l'esprit d'un enfant, que d'avoir tenu en haleine toute une génération par des écrits qu'emporte avec lui le torrent des passions.

» C'est ce qui nous a fait choisir d'abord, avec sécurité, pour premier essai de notre *Bibliothèque d'une Élève de Saint-Denis*, ces pages de Mme Adam-Boisgontier.

» Nous aurions bien oublié notre rôle de père et d'ami chaleureux de l'enfance, de la jeunesse, si les volumes qui succéderont à celui-ci ne répondaient pas à cette pensée de tous nos instants.

» A part l'intérêt que nos enfants commandent par eux-mêmes, nous leur devons tous nos soins, toutes nos préoccupations, car l'avenir du monde est dans les mains des générations qui s'élèvent. »

BIBLIOTHÈQUE UTILE,
par une Société d'hommes de lettres et de savants,
sous la direction de Mᵣ H. LENEVEUX.

Sous ce titre paraît, depuis l'année 1859, une suite de petits volumes in–18, dont le but est de *vulgariser* les connaissances les plus indispensables. C'est une véritable encyclopédie populaire, dont l'ensemble comprendra *ce que chacun doit savoir.*

Il a été publié jusqu'à ce jour 30 volumes de cette utile collection, sur les Arts, les Sciences, l'Histoire, la Philosophie, etc.— Nous en avons déjà donné un extrait, au commencement de cette 14e année (page 32), dans un article intitulé : *Moyen de préserver les enfants de l'ennui*, par Maurice Cristal, article emprunté au volume qui a pour titre : *Les Délassements du travail,* (c'est le 18ᵐᵉ de la collection).

La *Bibliothèque utile* se trouve à Paris, chez Dubuisson et Cⁱᵉ, rue Coq-Héron, 5 ; — chez Martinon, rue Grenelle-Saint-Honoré, etc., etc. ; — et à Bordeaux, chez les principaux libraires. — (Prix de chaque volume in–18 : 60 centimes.)

RECUEIL DE COMPOSITIONS
(Discours et Versions),
Données à la Sorbonne, session d'Avril 1863 ; avec des Sujets de Discours choisis dans les sessions antérieures ;
Des Conseils, des Exercices, et quelques Modèles ;
Par HENRI CARLE.

On a bien raison de le répéter aux jeunes gens : rien ne peut suppléer à des études faites régulièrement, avec goût, en y donnant le temps qu'il faut, en laissant à l'esprit la faculté de digérer la nourriture qu'il a reçue. Les *Manuels*, qu'on accuse de favoriser l'impatience et la paresse, rendent eux-mêmes témoignage à cette vérité, si, comme il arrive parfois, ils sont faits avec conscience et de main d'ouvrier.

Voici un petit ouvrage d'une centaine de pages, dont toute la première moitié contient des textes de versions et des sujets de compositions ingénieusement rangés par catégories ; et dont la seconde moitié seule est didactique. Hé bien ! dans ces cinquante dernières pages, où l'Auteur se propose de « former les élèves à composer, et de les préparer à l'épreuve du discours latin, » il y a pour les plus laborieux la matière du plus sérieux travail : manières de varier le discours (y compris même les vers latins que l'Auteur recommande sur la foi de Cicéron comme un excellent moyen « d'acquérir la facilité d'élocution en toute matière : *versus prosunt, etiam mediocres),* périodes à imiter, extraits d'exordes et de péroraisons, formules de liaison, phrases pour les transitions, formules pour réclamer l'attention, pour citer des exemples et des témoignages, formules d'actions de grâces, exclamations, plaintes, imprécations, etc. » En un mot, tous les secrets de l'imitation; car ici, on le sait de reste, tout n'est guère qu'imitation. « Nous ne sommes pas des latins, disait à un de ses anciens condisciples, à sa sortie de l'École Normale, un jeune homme qui venait d'y achever de brillantes études (*); notre poésie, notre prose même, en latin, ne peuvent être qu'un calque. Il ne faut donc pas avoir honte de prendre ces petits moyens. Ces formes convenues sont ce qu'on appelle ici des *ficelles;* elles servent beaucoup, à ce qu'on dit. » — L'humble candidat au baccalauréat pourrait-il rougir d'employer les moyens qu'on ne dédaigne pas à l'École Normale pour arriver à la licence et à l'agrégation? — N'y a-t-il pas, au fond, dans ces exercices d'imitation, quelque chose d'un peu puéril et de trop mécanique, et n'y donne-t-on pas trop d'importance dans notre système d'études classiques? — C'est une question. — Mais, étant donnée la composition latine comme une des fins qu'on se propose, il est clair qu'il faut bien vouloir les moyens qui y conduisent.

Puis vient, dans le volume que nous examinons, l'indication des livres à consulter, riche nomenclature d'ouvrages dont l'utilité est depuis longtemps démontrée par l'expérience, et que plusieurs années d'étude approfondie de la langue latine ne suffiraient pas à épuiser.

Le dernier quart de l'ouvrage contient des Modèles à imiter. Ces modèles doivent être non-seulement lus, mais appris par cœur, et un des meilleurs conseils de l'Auteur aux candidats est

---

(*) Nous sera-t-il permis, sans commettre une indiscrétion, de nommer, à propos de si peu, Mr Bersot, ancien Professeur de Philosophie de l'Université, aujourd'hui rédacteur du Journal des Débats, écrivain d'esprit et de talent, une des gloires actuelles de notre cité?

celui qu'on lit à la page 56 : « Il importe de confier à la mémoire un grand nombre de morceaux choisis, dont on aura occasion de tirer parti ; car savoir sert beaucoup pour inventer, et ce n'est pas en vain que Mnémosyne est appelée la Mère des Muses. »

D'autres conseils sont empruntés à Rollin : c'est dire qu'ils sont excellents, et plût à Dieu que le candidat lût tout le *Traité des Études*, avant l'examen ; ce n'y serait pas une médiocre préparation.

A n'en croire que le titre du chapitre intitulé : *Conseils pour former les élèves à composer*, etc. (page 53), on pourrait penser que cette partie de l'ouvrage est un peu maigre. Le chapitre n'a que quatre pages et demie, dont trois à peu près sont tirées de Rollin ; mais tout ce qui suit (la moitié presque du volume), est mieux encore que les Conseils. C'est là que l'Auteur justifie ce qu'il annonce en tête de son *Avertissement* : « Ce recueil a un but tout pratique. » On y trouve en effet, et en abondance, toutes sortes de procédés et d'exemples qui donnent à son œuvre le caractère qu'il s'est proposé.

Toute la partie didactique du livre est consacrée à la composition latine. On n'y parle pas de la version, et cette lacune, qu'il était facile de combler, ne fût-ce qu'en faisant un résumé rapide et substantiel de l'excellent livre de Goffaux *(Conseils pour faire une version)*, paraît d'autant plus regrettable que l'Auteur lui-même reconnaît la difficulté de cette épreuve : « Les candidats qui ont fait des études régulières, dit-il à la page 57, subiront avec plus de sûreté l'épreuve de la composition latine que celle de la version latine, parce que, dans la composition d'un discours, on demeure toujours maître du choix des pensées comme de celui des expressions ; tandis que, dans une version, il faut démêler la pensée même de l'auteur, ce qui est quelquefois plus embarrassant pour l'élève. »

L'ouvrage de M. Henri Carle est donc un livre qui doit entrer dans la bibliothèque de l'aspirant au baccalauréat ès-lettres, et c'est avec confiance que nous le recommandons aux Professeurs comme aux Élèves.

Ce *Recueil de Compositions* se trouve à Paris, chez Eugène Belin, libraire, rue de Vaugirard, 52 ; — et chez l'Auteur, rue Saint-Placide, 31. (Un vol. in-12. Prix : 1 fr. 50.)

CONNAISSANCES DIVERSES.
MÉLANGES INSTRUCTIFS ET AMUSANTS.

LA MAISON DE ROLLIN.

Je commence à sentir et à aimer plus que jamais la douceur de la vie rustique, depuis que j'ai un petit jardin qui me tient lieu de maison de campagne. Je n'ai point de longues allées à perte de vue, mais deux petites seulement, dont l'une me donne de l'ombre sous un berceau assez propre; et l'autre, exposée au midi, me fournit du soleil pendant une bonne partie de la journée, et me promet beaucoup de fruits pour la saison. Un petit espalier, couvert de cinq abricotiers et de dix pêchers, fait tout mon fruitier. Je n'ai point de ruches à miel; mais j'ai le plaisir tous les jours de voir les abeilles voltiger sur les fleurs de mes arbres, et, attachées à leur proie, s'enrichir du suc qu'elles en tirent, sans me faire aucun tort. Ma joie n'est pourtant point sans inquiétude, et la tendresse que j'ai pour mon petit espalier et pour quelques œillets me fait craindre pour eux le froid de la nuit, que je ne sentirais point sans cela. Il ne manquera rien à mon bonheur, si mon jardin et ma solitude contribuent à me faire songer plus que jamais aux choses du Ciel.   (Rollin.)

Cette maison où se retira Rollin existe encore dans la rue Neuve-Sainte-Geneviève. On lit sur la porte les deux vers latins suivants, que cet ami de la jeunesse y avait fait inscrire :

> Ante alias dilecta domus, quà ruris et urbis
> Incola tranquillus meque Deoque fruor.

On a essayé de les traduire ainsi :

> Douce maison, champêtre asile,
> Chéri plus que tout autre lieu,
> Où près des champs et de la ville
> Je jouis de moi-même et je jouis de Dieu. — (*)

Voyez dans la 5ᵉ livraison de cette année, page 102, l'article intitulé : *Gerson et Rollin.*

(*) Extrait du *Recueil de Morceaux choisis en prose et en vers, avec des Notes,* par MM. MARGUERIN et MICHEL. (In-12, à Paris, chez Dézobry.)

LA PETITE MENDIANTE.

C'est la petite mendiante
Qui vous demande un peu de pain ;
Donnez à la pauvre innocente,
Donnez, donnez, car elle a faim.
Ne rejetez pas ma prière !
Votre cœur vous dira pourquoi....
J'ai six ans, je n'ai plus de mère ;
J'ai faim : ayez pitié de moi !

Hier, c'était la fête au village,
A moi personne n'a songé.
Chacun dansait sous le feuillage,
Hélas ! et je n'ai pas mangé.
Pardonnez-moi si je demande ;
Je ne demande que du pain.
Du pain ! je ne suis pas gourmande.
Ah ! ne me grondez pas, j'ai faim !

N'allez pas croire que j'ignore
Que dans ce monde il faut souffrir ;
Mais je suis si petite encore !
Ah ! ne me laissez pas mourir.
Donnez à la pauvre petite,
Et, pour vous, comme elle priera !
Elle a faim ; donnez, donnez vite ;
Donnez, quelqu'un vous le rendra.

Si ma plainte vous importune,
Hé bien ! je vais rire et chanter ;
De l'aspect de mon infortune
Je ne dois pas vous attrister.
Quand je pleure, l'on me rejette ;
Chacun me dit : « Éloigne-toi ! »
Écoutez donc ma chansonnette.
Je chante ! ayez pitié de moi !

(Boucher de Perthes.)

LES DEUX CONDITIONS DU BONHEUR.

« Le bonheur dans son idée absolue se compose de deux con-
» ditions : d'une part, l'activité intérieure, le développement de
» notre être à tous ses degrés ; de l'autre, l'harmonie, l'équilibre
» de nos facultés : c'est un composé d'activité et de paix, de
» mouvement et de repos. »   (Paul Janet.)

La première de ces conditions, c'est-à-dire le développement
de nos facultés, dépend de nous ; la seconde, c'est-à-dire le
calme, sans lequel il n'y a pas de bonheur complet, est subor-
donné aux choses extérieures, et c'est pour cela que le bonheur
absolu est une utopie que nous ne pourrions obtenir qu'en nous
dérobant aux influences extérieures par l'égoïsme et l'insensibilité ; et c'est surtout contre ces deux tendances que Mr Janet
s'élève avec le plus d'énergie ; s'il excuse les passions, il condamne et flétrit l'apathie et l'indolence. En effet, si les passions
précipitent le plus souvent l'homme dans le crime, ce sont elles
aussi qui le conduisent à l'héroïsme. Ce sont des forces qui, selon qu'on les gouverne ou qu'on se laisse gouverner par elles, produisent le bien ou le mal. L'apathie n'a jamais rien produit. —(*)

                              (Victor Géruzez.)

BONTÉ D'ANDRIEUX.

C'était avec une bonté toute paternelle qu'Andrieux parlait
aux studieux jeunes gens qui suivaient ses leçons. Celles-ci con-
sistaient plutôt en une charmante causerie que dans un enseignement doctrinal. Aussi arrivait-il quelquefois aux élèves de
l'École Polytechnique d'oublier le règlement de l'école qui leur
défendait de donner aucune marque d'approbation ou d'impro-
bation aux leçons des professeurs.

Un jour, une faute de ce genre avait été commise, et les élèves avaient applaudi Andrieux. Le général Dejean, qui était
alors Gouverneur de l'école, envoya au professeur, un peu avant
qu'il commençât la leçon suivante, un de ses aides-de-camp
porteur d'une lettre, dans laquelle il lui disait que les élèves

---

(*) Extrait de la *Revue de l'Instruction publique*, publiée à Paris, par
la maison Hachette.

avaient commis une infraction au règlement ; qu'il devait les consigner, mais qu'il aimait mieux user d'indulgence, à condition qu'Andrieux leur ferait lui-même sentir leur tort et qu'il les exhorterait à n'en plus avoir de semblable.

La position était embarrassante. Toutefois, Andrieux ne s'en effraya pas et engagea le jeune officier à assister à la leçon. En entrant, le professeur salua les élèves rangés sur les bancs. Par un usage plein de convenance, tous se levaient alors et ne rasseyaient que lorsqu'il était assis.

Il commença sa leçon comme à l'ordinaire ; puis il trouva moyen de faire arriver dans son discours quelques réflexions sur la nécessité, dans tout pays civilisé, de respecter et de suivre les lois, et quand on a été admis dans un établissement public, d'en observer les règlements qui sont des lois spéciales ; il rappela l'infraction commise par les élèves pendant la dernière leçon ; il leur dit ce que le Gouverneur lui avait écrit, et il ajouta : « J'ai des enfants dont je suis aussi le professeur ; je leur donne des leçons qui sont reçues comme celles que je donne ici ; mes enfants les écoutent, en profitent, m'en savent bon gré ; mais il ne leur est jamais une seule fois venu dans la pensée de m'applaudir pendant la leçon ; ils font mieux : ils m'aiment. Hé bien ! permettez-moi de vous le dire : Si vous croyez m'avoir quelque obligation, faites comme mes enfants, aimez-moi toujours et ne m'applaudissez jamais. » — (*)

<hr>

TOUT CHANGE EN NOUS ET AUTOUR DE NOUS.
TOUT SE TRANSFORME.

La science a démontré qu'il n'est pas un de nos organes dont les éléments ne soient, en un court espace de temps, complètement remplacés. Si le corps de l'homme est ainsi le théâtre d'un travail incessant de renouvellement et de transformation, quel ne doit pas être celui qui s'accomplit au sein du corps social, sur lequel tant d'influences exercent leur puissante action ? — (*)

(Victor Duruy.)

<hr>

(1) Extrait de l'*Encyclopédie Morale, ou Dictionnaire de l'Éducation*, par Émile Loubens, Chef d'Institution. (Grand in-8°; à Paris, chez l'auteur, rue du Rocher, 48.)

(2) Extrait de l'*Histoire des temps modernes*, depuis 1453 jusqu'à 1789, par Victor Duruy. (A Paris, chez Hachette.)

QU'EST-CE QU'UN MUSICIEN ?

Nos lecteurs ont déjà compris que, par le mot de *musicien*, nous n'entendons pas parler de l'artiste exécutant ou chanteur, dont la profession est d'interpréter les chefs-d'œuvre de notre art. Élevant nos vues plus haut, nous allons essayer de détailler les qualités naturelles et acquises qui constituent un musicien; c'est-à-dire une organisation d'élite servie par un talent quelconque, et souvent même privée de toute espèce de moyen matériel pour justifier cette belle et si rare qualification.

Être musicien, c'est avoir le sentiment inné du beau musical; c'est comprendre et admirer tout ce qu'il y a de grand, de poétique dans toutes les écoles; c'est n'avoir de répulsion que pour le laid, l'extravagant, le grotesque; c'est enfin être assez maître de soi pour avoir le courage d'écouter une œuvre qui mérite ce nom sans la juger d'après l'étiquette du sac. C'est savoir jouir enfin de tous les styles, sans pourtant renoncer à l'admiration sincère et non prévenue que vous inspire tel ou tel maître, tel ou tel virtuose avec lequel notre organisation nous fait plus volontiers entrer en communauté d'idées. Les Allemands ont créé le mot *éclectisme* pour exprimer cet état indépendant de l'âme dans ses jugements des choses d'art en général.

De même que l'on naît poète, on naît musicien; et tel homme qui n'a jamais su chanter un air, ou jouer d'un instrument, est souvent plus musicien que tel virtuose de profession.

De grands compositeurs ont eu le privilége de posséder ce don céleste, et, parmi ceux des maîtres contemporains que nous avons connus et le plus aimés, nous citerons notre cher maître Lesueur. Cet artiste, dont l'âme était élevée, n'exalta jamais devant nous une école au détriment d'une autre école. La venue de Rossini, qui excita tant de passions jalouses chez nos plus fameux compositeurs, fut saluée par Lesueur avec enthousiasme. Celle de Beethoven lui rendit une ardeur toute juvénile; et si le trio de *Guillaume Tell* fit couler ses larmes, l'*Andante* de la symphonie en *la* le fit pâlir d'émotion devant nous, au Conservatoire. *Robert le Diable*, le seul des opéras de Meyerbeer qu'il lui fut donné d'entendre, le remplit d'une admiration sincère; et, avant l'apparition de ces trois chefs-d'œuvre, il prouva, en écoutant la *Symphonie fantastique* de Berlioz, que saluant le progrès, qu'il vînt d'une plume novice ou de celle d'un maître éprouvé, il avait le courage de son opinion; et Berlioz, fortifié par les paroles prophétiques de notre professeur commun, leur dut de ne pas s'abandonner au découragement, qui n'enfante que le néant.

Un musicien est enfin celui qui, en écoutant une composition musicale, en découvre les beautés et sait exprimer son admiration ou son blâme avec une lucidité et une force d'arguments devant lesquelles la lettre morte des traités doit s'incliner. Dès le plus jeune âge, le sentiment musical se révèle. L'enfant qui, porté dans les bras de sa nourrice, rougit de plaisir lorsqu'une voix ou un instrument se fait entendre, est un musicien dans l'acception que nous donnons à ce mot; et le vieillard que les sons de l'orgue émeuvent jusqu'aux larmes prouve que le sentiment musical a survécu en lui à la perte de toutes les sensations qui n'existent que pour l'adolescent, et plus rarement pour l'homme fait.

Un musicien exécutant est l'artiste qui possède, outre les connaissances théoriques les plus étendues, le rhythme, la mesure et le sentiment du style des auteurs qu'il interprète. Pour les violonistes, la pierre de touche de cette qualité si rare existe dans l'exécution du quatuor. Parmi les violonistes de ce siècle, P. Baillot doit être cité en première ligne sous ce rapport. Ce grand artiste savait revêtir chaque maître de la couleur qui lui est propre : Boccherini, Haydn, Mozart et Beethoven n'eurent jamais d'interprète plus pénétré de leurs genres si différents.

Heureux ceux qui, nés avec le sentiment musical, peuvent jouir pleinement des joies célestes qu'il procure, sans avoir jamais été obligés, par état, de porter leurs lèvres à la coupe souvent amère de l'art militant. — (*)   (A. Elwart.)

⚬

ANIMAUX ANTÉDILUVIENS CONSERVÉS PAR LE FROID.

Le monde scientifique est ému en ce moment par une découverte propre à jeter une lumière nouvelle sur la physiologie des animaux gigantesques qui habitaient la terre dans les temps primitifs. Il existe dans les hautes régions de la Sibérie d'immenses lits de glace dans lesquels sont conservés non-seulement les

---

(*) Extrait de *l'Univers Musical*. Bureaux : à Paris, rue des Filles-du-Calvaire, 17. — (Prix : 12 fr. par an.)

squelettes, mais les corps entiers, pourvus de tous leurs organes à peine altérés, des grands mammifères et sauriens dont les ossements seuls se retrouvent dans les formations géologiques. A chaque fonte du printemps, des centaines de ces cadavres sont mis à nu, et leurs débris exhumés de leur linceul préservateur sont emportés par les eaux qui s'écoulent au hasard, sans que les gens du pays s'en occupent autrement que pour recueillir l'ivoire de leurs dents. Une commission scientifique vient de se former pour en rechercher quelques spécimens aussi intacts que possible, et obtenir, soit par la texture de leurs tissus, soit par la conformation anatomique de leurs organes essentiels, des données exactes sur leur mode d'existence, sur leur genre de nourriture, sur leurs mœurs et leurs rapports avec le milieu dans lequel ils vivaient. Dans la solution de ces problèmes gisent des notions que la science ne possède encore qu'à l'état d'hypothèses, et qui ne peuvent manquer d'être recueillies avec un puissant intérêt. — (*)

LE CHEVAL DE MOULIN.

FABLE.

Qui veut changer d'état y gagne rarement.
    Cet adage est plein de sagesse.
Puisque l'homme insensé l'oublie à tout moment,
    Il faut le répéter sans cesse.

Le cheval d'un meunier se plaignait de son sort,
    Et certes il avait grand tort;
    Car où trouver un meilleur maître?
Chaque matin, Thomas lui donnait avec soin
Sa ration d'avoine, et de paille et de foin;
Même alors dans un clos on l'avait mené paître.
Il était donc heureux autant qu'il pouvait l'être.
    Mais qui n'a pas d'ambition?
    La vanité, mauvaise conseillère,
    Dans son humble condition
    Ne lui faisait voir que misère.

(*) Extrait du *Cosmos*, qui a emprunté cet article au *Courrier des États-Unis*.

O honte! disait-il; moi, servir au moulin,
    Avec la plus vile canaille!
    Était-ce bien là mon destin?
Pourquoi ne suis-je pas un cheval de bataille?
On m'eût nommé César; ici je suis Cadet,
    Et fais l'office de baudet.
Que peut-il m'arriver de pis? Rien... Tout coup vaille;
    Délogeons. — Cadet, à ces mots,
    Franchit la barrière du clos,
Et le voilà parti sans tambour ni trompette.
Vive la liberté! c'est le mot qu'il répète.
    Il faut le voir courir à travers champs,
Puis sauter les fossés, puis bondir dans la plaine.
L'ébattement lui plaît, et dure assez longtemps;
    Mais force est de reprendre haleine.
— Reposons-nous, dit-il : j'ai pourtant un peu faim;
N'importe; la nuit tombe; attendons à demain,
    Et j'en prendrai pour toute la semaine.
Je suis libre, il suffit; est-il un bien plus doux?...
Que vois-je! une forêt! Entrons; c'est mon domaine.—
    Hélas! il y pénètre à peine,
    Qu'il est dévoré par des loups.

(Le Bailly.)

ESPRIT ET BON SENS,
ou Recueil de Pensées, Maximes, Réflexions sur divers sujets,
Extraites de différents auteurs.

(Suite et fin. — *Voyez la dernière livraison, page 263.*)

323. L'équitation est ce qu'un jeune prince apprend le mieux, parce que son cheval ne le flatte pas.   (M. de V.)

324. Nos plus sûrs protecteurs sont nos talents.
(Vauvenargues.)

325. Celui qui affecte de dire toujours comme vous dites et de faire toujours comme vous faites, n'est pas votre ami : c'est votre ombre.   (***)

326. La flatterie entre par une oreille et ne sort jamais par

l'autre : l'amour-propre la retient entre les deux , et la grave profondément et précieusement dans le souvenir.

(D'Ulrich.)

327. L'oisiveté n'est pas seulement un mauvais calcul d'égoïsme, c'est aussi une ignominie. Une vie toute personnelle, une existence qui s'isole et se concentre en soi, refusant de saisir le moindre bout de câble et d'aider, selon sa force, à la manœuvre humaine, est une existence hors la loi providentielle; elle usurpe sa place au soleil; si la terre était juste, elle la rejetterait de sa surface et ne lui prêterait même pas la largeur d'une tombe. (Octave Feuillet.)

328. On veut toujours briller par les qualités qu'on n'a pas.

(A. d'Houdetot.)

329. Ignorer et savoir qu'on ignore, bonne disposition pour apprendre; ignorer et croire que l'on sait, bonne disposition pour rester ignorant et sot. (Laténa.)

330. Une des plus grandes preuves de médiocrité, c'est de ne pas savoir reconnaître la supériorité là où elle se trouve réellement. (J.-B. Say.)

331. Il y a de certaines choses dont la médiocrité est insupportable : la poésie, la musique, la peinture, le discours public.

(La Bruyère.)

332. J'ai désiré de faire le bien, mais je n'ai pas désiré de faire du bruit, parce que j'ai senti que le bruit ne faisait pas de bien, et que le bien ne faisait pas de bruit. (Saint-Martin.)

333. L'espérance est une consolation, mais la résignation est une force. (***)

334. Le goût de l'extraordinaire est le caractère de la médiocrité; quand on désespère de faire une chose belle, naturelle et simple, on en tente une bizarre. (Diderot.)

335. Chaque siècle a un certain degré de lumière qui lui est propre. Les esprits médiocres demeurent au-dessous de ce degré, les bons esprits y atteignent, les excellents le dépassent, si on le peut dépasser. (Fontenelle.)

336. Si la vanité ne renverse pas toutes les vertus, du moins elle les ébranle toutes. (La Rochefoucauld.)

337. L'homme qui appelle l'attention sur ses traits d'esprit, est un pauvre qui fait sonner son argent. (Latena.)

TABLE DES MATIÈRES

CONTENUES DANS LES 12 NUMÉROS DE LA 14me ANNÉE
DU JOURNAL D'ÉDUCATION.

1862-1863.

1re PARTIE,

POUR LES PARENTS ET LES PROFESSEURS.

Pédagogie et Didactique.

	Pages.
Des Punitions et des Récompenses, des Reproches et des Encouragements	5
Extraits divers sur l'Éducation et sur l'Enseignement.	8
Hygiène de l'Ame	10
Étudiez le caractère des enfants	25
Un moyen pour faire apprendre vite l'Histoire de France, dans une École	27
Bonté et Sévérité	30
Moyen de préserver.les enfants de l'ennui	32
Ce qu'une Jeune Personne doit savoir en Dessin et en Peinture.	33
Curiosité des enfants, Avantages qu'on peut en tirer pour leur Éducation	34
Sentiments qu'il faut inspirer aux enfants. — Conseils aux Instituteurs.	49
Nous ne sommes plus au temps des Spartiates	52
Quelle est l'étude la plus importante ?	53
Dangers des études prématurées.	54
Nécessité de mettre le temps de la Jeunesse à profit	55
On devrait observer de plus près le naturel des enfants.	55
Moyen de vaincre la répugnance qu'opposent les jeunes enfants à l'ingestion des médicaments	56
Éducation du 1er âge.	73
Éducation du 2e âge	75
Avantages qu'on peut retirer de bons Livres élémentaires. — Difficultés d'écrire un ouvrage vraiment élémentaire	77
De l'utilité des Bibliographies spéciales.	78
De la Paresse intellectuelle.	79
Chaque impression physique, chez les enfants, est en même temps une impression morale.	80
Du Sentiment moral en Éducation	97
Le Dessin pour tous : Méthode *Cassagne*.	100
Gerson et Rollin : Modèles à suivre. — Conseils aux Instituteurs.	102
Des Promenades au point de vue de l'Enseignement.	121
Des Pleurs des enfants.	123
De la Propreté chez les enfants.	124
Du Choix des Lectures.	126
De la Politesse au point de vue de l'Éducation.	127
De l'Enseignement de l'Arithmétique dans les Écoles primaires.	128

Pages.

De la Toilette des femmes au point de vue moral, social, et économique. 145

Hygiène des Familles. 151

Appareil scolaire perfectionné. — Appendice à toutes les Méthodes de Lecture, d'Orthographe, et de Calcul. 153

De la Danse. 154

La première éducation appartient essentiellement à la Mère, et la première instruction doit aussi appartenir à la Femme. . . . 169

Dangers des études prématurées. 171

La Musique populaire, chorale, instrumentale, et religieuse. . . . 176

De la Douceur chez les enfants. 177

Guide médical des Mères de famille. 193

Comment on devrait enseigner l'Arithmétique aux enfants, à propos d'un nouveau livre de Mr *Jean Macé* 196

L'enfant est avide de tout connaître. Profitez de sa curiosité. . . 217

De la Natation 218

De la faiblesse d'attention chez les enfants. 223

Sur le Développement de l'activité intellectuelle des enfants. 241, 265

Jeux et Divertissements des enfants. 243

Exercice d'Orthographe d'usage sur le doublement des Consonnes 245

Sur la Musique. 249

Quelques Réflexions sur l'Éducation, par divers auteurs. 249

Peu de Préceptes, beaucoup d'Exemples. 250

Réflexions sur les enfants, par La Bruyère. 267

Du Rire chez l'enfant. 268

Il faut observer dans l'éducation de l'enfant les lois que suit la nature dans le développement physique et intellectuel de l'homme 268

De l'art de lire. 269

Précis d'Hygiène, ou Préceptes généraux pour conserver la santé et prolonger la vie. 148, 172, 199, 220

BIBLIOGRAPHIE.

Bulletin bibliographique : Livres. — Musique. — Dessin. — Cartes. — Atlas. 35, 57, 81, 106, 129, 155, 179, 201

Bibliothèque d'une Élève de Saint-Denis. Nouvelles instructives et morales, par Mme *Adam-Boisgontier*. 270

Bibliothèque utile, par une Société d'hommes de lettres et de savants, sous la direction de Mr H. *Leneveux*. 272

Recueil de Compositions (Discours et Versions), données à la Sorbonne, session d'Avril 1863 ; avec des sujets de Discours choisis dans les sessions antérieures ; — des Conseils, des Exercices, et quelques Modèles ; par *Henri Carle* 272

2me PARTIE,

POUR LES ÉLÈVES DES DEUX SEXES.

Connaissances diverses. — Mélanges instructifs et amusants.

Tape pour tape, ou la Loi du Talion. 13

Impromptu fait dans une belle nuit d'été. 14

Pages.

Exercez-vous à la Patience. 15
La Feuille flétrie. 16
Contrastes. (Sujet d'un tableau). 16
Une collection de fautes d'Orthographe 17
Exemple frappant de souvenir chez un chien. 19
Chaque soir, interrogez votre conscience. 19
Des plaisirs de l'esprit; ils sont bien supérieurs aux plaisirs du
    corps. 20
Quelques beaux Vers retrouvés. 20
Le véritable Bonheur de l'homme. 21
L'Aumône. 24
De la Condition des Artistes. 37
Le Cygne. 40
A mes Oiseaux. 41
Sensations qu'on éprouve à l'aspect des Montagnes. 42
Prix de certains Autographes. 43
Le Père et l'Enfant. 45
Un chien invoquant la Police. 45
Hygiène. — Température des Appartements. 46
Un des travers de notre siècle. 59
Sur le Jardinage. 60
De la Colère. 61
Quelques-unes des Merveilles de l'Exposition de Londres. 62
Caron et une Ombre. — Dialogue. 63
De l'avantage qu'il y a d'être laid. 66
Le Lézard 68
Avis aux Jeunes personnes qui ont des chats ou des chiens qu'el-
    les affectionnent. 69
Moyen de prolonger la beauté des fleurs. 69
Jusqu'à quel point l'air est-il nécessaire à la respiration pendant le
    sommeil? 83
Réflexion d'un Bonhomme. 84
Le Gâteau de Roi. — Le Roi de la fève, ou le Roi boit. 85
Inconvénient d'une petite taille. 88
La Fauvette et ses Petits. 90
Il faut cultiver le monde sans trop l'aimer. — Conseils à un Jeune
    Homme. 91
L'Aveugle. 92
Découragement et Réveil. 92
Les Voyages à pied : leur agrément. 93
Le Ciel. 93
L'art de l'Imprimerie. 96
Plus de Tabac. 109
Société pour prohiber l'usage du Tabac. 110
L'homme est le révélateur de Dieu. 111
Bonheur du Vieillard. 112
Le Bon ton. 112
Le Bibliomane. 112
De la Gaîté. 113
Comment vient la goutte. 113

	Pages.
Clidamant le narrateur.	114
Savoir écouter, — parler, — et se taire.	115
Quelques Pensées de Mme de Boufflers, pour servir de Règles de conduite.	116
Les deux Cortéges.	117
La Fleur divine.	118
L'Enfant de neige.	118
Les Sœurs de charité. — La Sœur Rosalie.	131
Ne nous vengeons pas.	135
Tous les hommes n'ont pas le sentiment du Beau ; — à propos de l'étude de l'Archéologie.	136
Moyen de n'avoir jamais de querelle avec personne.	137
Une Bûche.	138
Patience et Activité.	139
La Petite Fille.	140
Conseils hygiéniques pour le mois d'Avril.	140
Sur le bord de la Mer.	141
Contemplation.	141
Singulière Statistique, ou 300 millions de francs qui s'en vont en fumée.	142
Où sont-ils ?.	142
Les Animaux destructeurs des Serpents.	157
Les Puces artistes.	159
Origine du Poisson d'avril.	159
Origine des Œufs de Pâques.	160
Pourrait-on remplacer les animaux par les machines à vapeur ?.	162
La petite Anna.	163
Fournée de pain qui date de 1800 ans, découverte dans les ruines de Pompéia.	163
Au Rossignol.	164
Le Curé de village.	165
Des Femmes, membres de Sociétés savantes.	181
Des Femmes, reçues Bachelières.	182
Remarques singulières sur les chiffres qui expriment l'année 1863.	183
Mon Fils est là.	184
Jusqu'où peut aller la Bibliomanie.	185
De la Politesse.	186
Distinction entre la Politesse et la Civilité.	187
La Fortune et le Mérite.	187
Pensée.	187
Le Doute.	188
Supériorité de l'homme des champs.	189
Quel motif vous amène à Paris ?.	190
Le Torrent et le Ruisseau.	190
Les Plantations commémoratives.	203
Le vrai Bonheur.	204
La Vengeance de Callot.	205
La Patience et l'Ambition.	206
Moyens de mener une vie heureuse.	207
Tout ne périt pas avec nous.	207

Pages.

De la Consommation à Londres et à Paris. 208
Singulière distraction d'un écrivain, dans une critique littéraire. . 208
Le Printemps. 209
A ceux qui s'ennuient aux Eaux, dans les montagnes. 210
L'Étude et la Méditation. 212
La Marquise du Deffant. 212
L'Homme est-il réellement le Roi de la terre?. 213
Nuée de sauterelles. 213
Deux Épigrammes en jeux de mots, par les académiciens Michaud
   et Campenon. 214
Les Mystères de l'Histoire. — L'Homme au masque de fer. 227
La Douleur et L'Ennui. 231
L'Enfant. 232
Vaucanson et Buffon. 232
Les Trois Poupées. Histoire orientale. 233
Du Tabac à fumer. — Production. — Consommation. — Influence. 234
Le Voyageur et sa montre. 235
L'Esprit. 236
La Médiocrité. 236
Une Bibliothèque, à propos d'une Bibliothèque de Gruel, sculptée
   par Guyonney. 237
Nouveau Tambour. 251
Adieux à un ruisseau. 253
Quelques détails de Statistique. — Consommation du Pain, de la
   Viande, etc. — Durée moyenne de la vie en France. — Nombre
   des chiens et des chats. 254
Le Moineau. — Fable 255
Une application originale de la Mécanique. 256
Conseils d'un Père à sa Fille. 257
L'Encrier renversé. 259
Qu'est-ce que la Mer?. 260
Quelques Pensées sur l'Étude, par divers auteurs. 261
Le Disputeur. 262
La Maison de Rollin. 275
La Petite Mendiante. 276
Les deux conditions du bonheur. 277
Bonté d'Andrieux. 277
Tout change en nous et autour de nous. Tout se transforme. . . 278
Qu'est-ce qu'un Musicien? 279
Animaux antédiluviens conservés par le froid. 280
Le Cheval de Moulin. — Fable. 281
Esprit et bon Sens, ou Recueil de Pensées, Maximes, Réflexions
   sur divers sujets, extraites de différents auteurs. 22, 47, 70, 94, 119,
           143, 167, 191, 215, 239, 263, 282
Table des Matières contenues dans les 12 numéros de la 14ᵉ année
   du *Journal d'Éducation.* 284

FIN DE LA TABLE ET DU VOLUME.

Bordeaux, imprimerie de J. Delmas, rue Sainte-Catherine, 159.

9 782329 748108